NeuroPricing

NeuroPricing

Wie Kunden über Preise denken

Dr. Kai-Markus Müller

Haufe Gruppe
Freiburg · München

Bibliografische Information der Deutschen Nationalbibliothek
Die Deutsche Nationalbibliothek verzeichnet diese Publikation in der Deutschen Nationalbibliografie; detaillierte bibliografische Daten sind im Internet über http://dnb.d-nb.de abrufbar.

Print: ISBN: 978-3-648-03025-7   Bestell-Nr. 01332-0001
EPUB: ISBN: 978-3-648-03027-1   Bestell-Nr. 01332-0100
EPDF: ISBN: 978-3-648-03029-5   Bestell-Nr. 01332-0150

Dr. Kai-Markus Müller
NeuroPricing
1. Auflage 2012
© 2012, Haufe-Lexware GmbH & Co. KG, Munzinger Straße 9, 79111 Freiburg

Redaktionsanschrift: Fraunhoferstraße 5, 82152 Planegg/München
Telefon: (089) 895 17-0
Telefax: (089) 895 17-290
Internet: www.haufe.de
E-Mail: online@haufe.de
Produktmanagement: Steffen Kurth

Unter redaktioneller Mitarbeit von Friedhelm Schwarz
Lektorat: Helmut Haunreiter
Satz: kühn & weyh Software GmbH, 79110 Freiburg
Umschlag: RED GmbH, 82152 Krailing
Druck: fgb · freiburger graphische betriebe, 79108 Freiburg

Alle Angaben/Daten nach bestem Wissen, jedoch ohne Gewähr für Vollständigkeit und Richtigkeit. Alle Rechte, auch die des auszugsweisen Nachdrucks, der fotomechanischen Wiedergabe (einschließlich Mikrokopie) sowie der Auswertung durch Datenbanken oder ähnliche Einrichtungen, vorbehalten.

Vorwort

Das vorliegende Buch ist das erste deutschsprachige Werk, das sich den Preisen von Waren und Dienstleistungen aus neurowissenschaftlicher Sicht widmet. Viele Leser werden sich fragen, was die Hirnforschung mit einem Thema zu tun hat, das bisher doch hauptsächlich der Betriebswirtschaft vorbehalten war. In diesem Buch werden Sie erfahren, weshalb die Preise nicht einfach nur eine Addition betriebswirtschaftlicher Größen sind, sondern höchst fragile Gebilde, die erst im Kopf des Kunden eine Kontur gewinnen und ihre Wirkung entfalten.

In der bislang publizierten Neuromarketing-Literatur wird Preisbildung, Preisdarstellung und Preiswahrnehmung zwar berücksichtigt, tritt aber zumeist gegenüber den Aspekten der Produktgestaltung, der Marketingkommunikation und der Zielgruppenpsychologie in den Hintergrund. Dr. Müllers Buch macht klar, dass der Preisaspekt zu Unrecht vernachlässigt wird. Das in diesem Buch gesammelte Wissen über die preisbestimmenden Prozesse im Kopf des Konsumenten wird zunehmend wettbewerbsentscheidend sein, da auf Anbieterseite bereits ein Umdenken zugunsten eines höheren Preisbewusstseins stattfindet.

Im Zusammenhang mit dem Thema NeuroPricing werden auch einige kulturelle Unterschiede zwischen den USA und Europa deutlich, die von zunehmender Relevanz für Unternehmer sind. Dies betrifft vor allem die Trennung (beziehungsweise die Zusammenarbeit) zwischen Wissenschaft und Praxis. In den USA stellen Wissenschaftler ihre Ergebnisse gerne Praktikern zur Verfügung. Unternehmer sind dazu geneigt, diese neuen Erkenntnisse pragmatisch zu testen und umgehend zu verwenden, falls sie sich als nützlich erweisen.

In Europa wird häufig noch eine harsche Trennung zwischen Grundlagen- und anwendungsbezogener Forschung gezogen, die in vielen Fällen weder gerechtfertigt noch nützlich ist. Gleichzeitig ist eine gewisse Neigung von Unternehmen beim Bewährten zu bleiben und Neues nicht auszuprobieren vielerorts noch stark ausgeprägt. Gerade beim Thema Preisbildung ist diese Haltung jedoch höchst problematisch, da sie einen Verzicht auf Gewinn bedeuten kann. Dieses Buch soll den Pfad von der Wissenschaft zur Praxis ebnen. Der Autor hat dementsprechend eine Darstellungsweise gewählt, die es dem Leser leicht macht, schnell zu den wesentlichen Erkenntnissen vorzudringen, ohne den Lesespaß zu verlieren.

Ich kenne Kai-Markus Müller seit mehr als zehn Jahren, seit wir uns zum ersten Mal in der International Max Planck Research School in Tübingen begegneten. Zwi-

Vorwort

schen 2005 und 2009 haben wir dann gemeinsam an der Unit of Cognitive Neurophysiology and Imaging des National Institute of Mental Health (NIMH) in den USA geforscht. Dr. Müller hat während dieser Zeit einen exzellenten wissenschaftlichen Hintergrund aufgebaut, den er später in beeindruckende wirtschaftliche Erfolge umsetzte. Wahrscheinlich ist es ihm gerade deshalb gelungen, mit diesem Buch eine Brücke zwischen Wissenschaft und Praxis zu schlagen. Der wissenschaftliche Hintergrund vieler Überlegungen wird für den Praktiker verständlich und nachvollziehbar, während er gleichzeitig konkrete Antworten auf Fragen erhält, die mit dem Thema Preis zu tun haben.

Als mir Kai-Markus Müller im Jahr 2011 erzählte, dass er sich für den Weg des Unternehmensgründers entschieden hat, stimmte ich ihm freudig zu. Die Zusammenarbeit von Wissenschaft und Unternehmertum wird nicht nur in den USA, sondern auch in Europa zunehmend Bedeutung erlangen. Ich wünsche diesem Buch viele Leser, die sich daraus wertvolle Anregungen holen. Den Neuromarketing Labs wünsche ich darüber hinaus viele spannende Aufgaben und deren Auftraggebern neue gewinnbringende Erkenntnisse.

Univ. Prof. Dr. rer. nat. Alexander V. Maier
Department of Psychology
Vanderbilt University
Nashville, Tennessee, USA

Inhaltsverzeichnis

Vorwort		5
Teil I:	Gut zu wissen	9
1	**Was der Preis mit dem Gehirn zu tun hat**	**11**
1.1	NeuroPricing – Pricing mit Köpfchen	11
1.2	Kunden wissen meist nicht, wie Preise zustande kommen	12
2	**Von der Psychophysik zur Prospect Theory**	**27**
2.1	Die Psychophysik als Grundlage für die Wahrnehmung von Reizen	27
2.2	Adaptationstheorie – Anpassung an sensorische Erfahrungen und evolutionäre Veränderungen	30
2.3	Wie Handlungen von Erinnerungen gelenkt werden	45
2.4	Kaufen oder Nichtkaufen – Wie wir Entscheidungen treffen	46
2.5	Die vier Systeme des Gehirns, die an Entscheidungen beteiligt sind	54
3	**Die hohe Kunst des Pricings**	**65**
3.1	Die Pricing Power ist in vielen Unternehmen ungenutzt	65
3.2	Der Preis als wichtigste Stellschraube zur Gewinnsteigerung	69
4	**Die klassische Marktforschung und die Methoden des Neuromarketing**	**75**
4.1	Marktforschung hilft dem Wirtschaftswunder auf die Sprünge	75
4.2	Weshalb NeuroPricing?	80
4.3	So funktioniert NeuroPricing	83
4.4	Preisforschung mit modernen Methoden	86
4.5	Zusammenfassung Teil I	99
Teil II:	Es ist mehr drin, als Sie denken – Von der Zahlungsbereitschaft zur Preisoptimierung	101
5	**Die Denkfallen der Verkäufer**	**103**
5.1	Auch für Verkäufer gilt die Prospect Theory	103
5.2	Das Ultimatumspiel als Lehrstück für Verhandlungen	109

Inhaltsverzeichnis

6	Zahlen, Preise, Preissysteme	113
6.1	Viele Zahlen sind noch kein Preis	113
6.2	Die Aufmerksamkeit lenken	127
6.3	Preise schöner machen – Der Preisfärbungseffekt	130
6.4	Die Übersicht nehmen und Verwirrung stiften	135
6.5	Vertuschung oder Vorteil?	148

7	Wie wir die Stärken und Schwächen des Gehirns nutzen können	153
7.1	Der Preis allein ist nicht entscheidend	153
7.2	Wenn Geld auf Wirklichkeit stößt – Ohne Geld kein Preis	159
7.3	Kunden haben keine Ahnung vom Wert der Produkte	170
7.4	Das Gehirn ist ungeduldig – Was Preise mit Zeit zu tun haben	178

Teil III: An den Stellschrauben drehen — 185

8	NeuroPricing in der Praxis	187
8.1	Wenn nur der Nutzen zählt – Value Based Pricing	187
8.2	Verbraucherwünsche als Preismaßstab	191
8.3	Mit innovativen Produkten das Geschäft ankurbeln	193
8.4	Teuer hilft und heilt – Preiseffekte bei Medikamenten	195
8.5	Ausblick	196

Literaturverzeichnis — 197

Danksagungen — 205

Stichwortverzeichnis — 207

Teil I:
Gut zu wissen

1 Was der Preis mit dem Gehirn zu tun hat

Was Sie in diesem Kapitel erwartet:

Bei der Preisbildung kommt es nicht, wie von der klassischen Nationalökonomie postuliert, nur auf die Struktur und Situation des Markts an, sondern einer der entscheidenden Bestimmungsfaktoren darüber hinaus ist das menschliche Gehirn. Die ausschlaggebende Rolle spielen die Erwartung des Verkäufers über die Zahlungsbereitschaft des Kunden und in erster Linie die Wahrnehmung, die Informationsverarbeitung und die Entscheidungsfindung des Käufers.

1.1 NeuroPricing – Pricing mit Köpfchen

„NeuroPricing — Was ist denn das?", haben Sie sich möglicherweise beim Anblick dieses Buchs gefragt. Der eine oder andere Leser wird vielleicht schon mit „Neuromarketing" in Berührung gekommen sein. Unter Neuromarketing versteht man den Einsatz der Technologien moderner Hirnforschung im Bereich Marketing und Marktforschung. Der Fortschritt der Hirnforschung — der Neurowissenschaften — war in den letzten Jahrzehnten atemberaubend. Auch im Bereich der technischen Methoden wurden faszinierende Fortschritte erzielt. Mittlerweile kann man mit der funktionellen Kernspintomografie (fMRI) Hirnaktivität auf den Millimeter genau lokalisieren. Es ist möglich, mittels Elektroenzephalografie (EEG) und Magnetoenzephalografie (MEG) Hirnaktivität in Echtzeit zu verfolgen. Diese Fortschritte sind auch der Wirtschaft nicht verborgen geblieben.

Mit Hirnscans kann man heute sehr viel bessere Einblicke in die Gedanken- und Gefühlswelt von Konsumenten bekommen als mit Methoden der klassischen Marktforschung. Dies wurde mehrfach durch hochwertige wissenschaftliche Arbeiten untermauert.

Fasziniert von der Kombination Hirnforschung und Marketing gründete ich „The Neuromarketing Labs" — ein Unternehmen, das EEG-Hirnscans, Eye Tracking und eine Reihe weiterer physiologischer Messungen durchführt, um Konsumenten tiefgreifend zu verstehen. Seit 2012 kooperieren wir mit Neurensics, einem der internationalen Marktführer für fMRI-Konsumentenstudien, eine Ausgründung der Universität Amsterdam, deren fMRI-Scans und -Analysen wir im deutschsprachigen Raum exklusiv anbieten. Unter anderem beantworten wir bei den Neuromarketing Labs und bei Neurensics verschiedene Fragestellungen des Pricings.

Letztlich war es nur eine Frage der Zeit, bis sich auch das Pricing den Methoden der modernen Hirnforschung zuwendete. Beim Pricing geht es darum, den richtigen Preis zu finden. Ein Preis, der zum Produkt passt, der in den Markt passt, der den höchsten Gewinn verspricht und — ganz besonders wichtig — ein Preis, den Kunden auch gerne bezahlen. Die Kerngebiete des NeuroPricings sind vielfältig: Ob es um die Ermittlung der Zahlungsbereitschaft geht oder um das Lösen so kniffliger Aufgaben wie die „gehirngerechte" Gestaltung von Rabattsignalen, die Preiskommunikation oder die Gestaltung von Preisschildern — von der Möglichkeit, per Hirnscan einen Blick in das Konsumentengehirn zu werfen, kann auf vielfältige Weise profitiert werden. NeuroPricing, das sich mit diesen Fragestellungen beschäftigt, ist ein Teilgebiet des Neuromarketing und mit dem vorliegenden Buch möchte ich Ihnen dieses Thema vorstellen.

1.2 Kunden wissen meist nicht, wie Preise zustande kommen

Warum kostet ein Liter Kraftstoff an der Tankstelle am Freitag Vormittag mehr als am Montag Nachmittag? Warum ändert sich der Kraftstoffpreis manchmal sogar mehrmals täglich? Warum wird in den Tageszeitungen ausführlich darüber berichtet, wenn bei Aldi Milch und Butter ein paar Cent teurer oder billiger werden? Warum interessiert es niemanden, wenn das Gleiche bei einer Leberwurst oder einem Glas Rollmöpse passiert? Warum werden so viele Neuwagen von Anfang an mit hohen Rabatten, Nullprozentfinanzierungen oder sogenannten Tageszulassungen verkauft? Und warum verfügen diese Fahrzeuge meist über eine Sonderausstattung?

Hinter all diesen Preisen, Preisinformationen und Preisbewegungen müssen doch ganz bestimmte Mechanismen und Absichten stecken, die auf das Verhalten der Käufer zielen.

Wenn ich Sie, liebe Leserinnen und Leser, jetzt frage, wie der Preis einer Ware oder Dienstleistung zustande kommt, werden Sie mir mit Sicherheit eine sehr durchdachte und vernünftige Antwort geben. Schließlich haben wir alle schon in der

Schule gelernt, wie Wirtschaft funktioniert. In den USA wird dieses Grundwissen als „Economics 101" bezeichnet, weil die einführenden Grundkurse in allen Studienfächern der Universitäten die Nummer 101 tragen.

„Der Preis ist der Tauschwert eines Guts und er kommt zustande, wenn sich die Preisforderung eines Anbieters mit dem Preisgebot eines Nachfragers deckt. In einer Marktwirtschaft wird der Preis eines Gutes durch Angebot und Nachfrage bestimmt." Das hat uns Adam Smith schon in seinem 1776 erschienenen Buch „Der Wohlstand der Nationen", dem Grundstein der klassischen Nationalökonomie, erklärt.

1.2.1 Der Mensch ist kein Homo oeconomicus

In der Theorie und als rationales Erklärungsmodell ist das oben Gesagte alles richtig. Der Mensch wird in diesen Betrachtungen als Homo oeconomicus gesehen, der in jeder Situation so logisch und eindeutig nachvollziehbar wie ein Taschenrechner funktioniert. Nur leider ist das in der alltäglichen Praxis überhaupt nicht so. Im Prinzip wissen wir das alle auch aus eigener Erfahrung. Der Mensch wirft ständig die schönen Theorien über den Haufen, weil er eben nicht nach den strengen ökonomischen Regeln entscheidet und handelt, sondern seinen Wünschen und Bedürfnissen folgt.

Welche Rolle spielt der Preis einer Eiskugel, wenn wir im Sommer in der Schlange vor der Eisdiele stehen? Wie ist es mit dem Preis für einen Becher Glühwein auf dem Weihnachtsmarkt? Und wie ist es mit dem Preis für ein halbes Grillhähnchen, wenn uns der Heißhunger packt, weil es beim Hühnerhugo vor dem Supermarkt so gut duftet? Alles Ausnahmen, werden Sie sagen. Wenn es darauf ankommt, achte ich natürlich schon auf den Preis. Erst recht, wenn es sich um größere Anschaffungen handelt oder ich im Auftrag meiner Firma einkaufe.

Zahlreiche verhaltensökonomische Experimente haben allerdings aufgezeigt, dass es viele Parameter sind, welche die Zahlungsbereitschaft beeinflussen. Einige neurobiologische Grundlagen dieser Beeinflussung werde ich in den folgenden Kapiteln ausführlich erläutern.

Der Mensch handelt oft nicht rational wie ein Homo oeconomicus.

Was der Preis mit dem Gehirn zu tun hat

1.2.2 Die Erwartungen des Verkäufers bestimmen den Preis

Bevor ich Ihnen von meinem befreundeten Ehepaar erzähle, möchte ich Ihnen noch einen Hinweis geben: Ich werde Ihnen in diesem Buch immer wieder Anekdoten erzählen und meine Ausführungen mit Beispielen illustrieren. Anekdoten bleiben besser im Gedächtnis und lassen sich leichter lesen als trockene Fakten und komplexe Theorien — wobei die Beispiele und Geschichten selbstverständlich auf wissenschaftlich fundierten Erkenntnissen beruhen.

Ergänzend finden Sie im Literaturverzeichnis viele Hinweise zu wissenschaftlichen Arbeiten, Überblicksartikeln oder Büchern anderer Wissenschaftler zu den hier behandelten Themen.

Nun aber endlich zum Beispiel des befreundeten Ehepaars. Die beiden hatten ihr Haus umgebaut und wollten sich nun eine neue Schrankwand für das Schlafzimmer kaufen. In ihrem bevorzugten Möbelhaus fanden sie auch eine, die ihnen gefiel. Sie war nicht zu teuer — es gab einige, die kosteten fast das Doppelte — und sie sah deutlich besser aus als die billigeren Schrankwände. Also war die Entscheidung klar. Die wollten sie haben. Leider stellte sich dann heraus, dass diese Schrankwand erst in drei Monaten wieder lieferbar war. Das dauerte ihnen zu lange.

Aber statt sich dann für ein teureres Modell zu entscheiden, entschloss sich das Ehepaar, ein paar Kilometer weiter zu einem anderen Möbelhaus zu fahren. Und siehe da, es gab dort die gleiche Schrankwand vom selben Hersteller und sie war zudem noch sofort lieferbar. Das Beste aber war, sie war auch noch um 30 Prozent billiger als im anderen Möbelhaus. Gab es an der Geschichte einen Haken? Nein, keinen Haken. Dieser Händler hatte nur andere Erwartungen hinsichtlich der Zahlungsbereitschaft seiner Kunden als der vorherige. Es handelte sich weder um ein Sonderangebot noch um einen Ausverkaufspreis. Weil die gleiche Schrankwand sofort verfügbar war, hätte nach den Gesetzen des Markts der Preis höher sein müssen, nach den Erwartungen des Händlers aber offenbar nicht.

Erwartungen des Verkäufers über die Zahlungsbereitschaft des Kunden fließen in den Preisbildungsprozess ein.

Ganz offensichtlich wird ein Preis nicht nur durch Angebot und Nachfrage gebildet, sondern auch durch die Erwartungen des Verkäufers an die Zahlungsbereitschaft seiner Kunden. Eine Kugel Eis kostet in der Fußgängerzone einer Großstadt mehr als in den Wohnbezirken am Rande der Stadt. Und wer kann sich schon an den Glühweinpreis auf dem Weihnachtsmarkt vom vergangenen Jahr erinnern? Der Preis für eine Mass Bier auf dem Münchner Oktoberfest ist allerdings jedes Jahr wieder ein Politikum, das auch in der Presse heiß diskutiert wird.

1.2.3 Je mehr man fordert, desto mehr bekommt man

In seinem Buch mit dem Titel „Priceless" beschreibt William Poundstone folgenden Fall, der sich im Jahr 1994 in den USA tatsächlich ereignet hat:

Eine 81 Jahre alte Dame ließ sich von ihrem Enkel mit dem Auto zu einer Niederlassung einer Hamburger-Kette fahren, um an dem Autoschalter einen Kaffee zu kaufen. Nachdem sie den Kaffee in einem Pappbecher mit Deckel erhalten hatte, hielt der Wagen noch einmal kurz an, weil sie noch Milch und Zucker in den Kaffee schütten wollte. Zu diesem Zweck hielt sie den Kaffeebecher zwischen den Beinen fest und versuchte, den Deckel zu öffnen. Dabei passierte das Unglück. Der Becher kippte um und der heiße Kaffee ergoss sich über ihre Oberschenkel.

Für diesen Schaden forderte sie von der Hamburger-Kette Schadenersatz und Wiedergutmachung. In Deutschland würde man sich fragen, wieso von der Hamburger-Kette? War sie nicht selbst schuld, weil sie sich ungeschickt angestellt hat und deshalb den Kaffee selbst verschüttete? Oder war vielleicht der Enkel schuld? Hatte er zu stark gebremst?

In den USA sah man das anders. Schuld war nicht die alte Dame, sondern tatsächlich die Hamburger-Kette. Ihr Kaffee war nämlich beim Verkauf heißer als der Kaffee anderer Hamburger-Ketten und wahrscheinlich stand auf dem Kaffeebecher auch nicht, dass der Kaffee heiß ist und man ihn nicht verschütten darf. Vielleicht war die Hamburger-Kette auch schuld, weil der verwendete Deckel nicht fest genug auf dem Becher war. Also zog die Dame mit einem auf solche Fälle spezialisierten Anwalt vor Gericht.

Der Anwalt war jetzt in der Rolle des Verkäufers, der seinen Kunden, nämlich der Laienjury des Gerichts, klarmachen musste, dass hier ein Schaden entstanden und ein entsprechender finanzieller Ausgleich dafür zu zahlen war. Dass es einen Schaden gegeben hatte, war unzweifelhaft, und dass die Hamburger-Kette ihn mit ihrem heißen Kaffee verursacht hatte, wurde nach der amerikanischen Rechtsauffassung ebenfalls nicht bezweifelt. Also ging es darum, wie hoch der Schaden zu bewerten war.

Der Anwalt setzte folgenden Preisanker (was ein Anker ist und wie er im Gehirn funktioniert, werden Sie im Laufe dieses Buchs noch genau erfahren). Die Hamburger-Kette macht jeden Tag weltweit einen Riesenumsatz mit Kaffee, den sie verkauft. Die Jury möge doch bitte entscheiden, ob man den Umsatz von einem, von zwei oder von drei Tagen zugrunde legen sollte. Die Jury begann, darüber nachzudenken.

Was der Preis mit dem Gehirn zu tun hat

Was ist für so einen Schaden eine faire Summe? Ein Tagesumsatz, zwei Tagesumsätze, drei Tagesumsätze? Schließlich verdient so eine Hamburger-Kette ja am nächsten Tag wieder genausoviel und kann bei 365 Tagen im Jahr durchaus auf einige Tageseinnahmen verzichten. Das war logisch und einsichtig. Dass es vielleicht gar kein ganzer Tagesumsatz sein muss und weshalb überhaupt ein Tagesumsatz den Maßstab für die Entschädigung bilden sollte, wurde von niemandem mehr hinterfragt. Der Ankerpreis war gesetzt und nur noch um ihn ging es.

Wenn eine Gruppe von Menschen eine Entscheidung zu treffen hat, wählt sie meist einen Mittelweg, was in unserem Fall nicht die niedrigste und auch nicht die höchste Summe bedeuten würde. Man schließt einen Kompromiss, denn eine Jury eines amerikanischen Gerichts muss ein einstimmiges Urteil fällen. Also trafen sie sich in der Mitte. Der Tagesumsatz mit Kaffee betrug bei dieser Hamburger-Kette 1,35 Millionen Dollar. Also sprach die Jury der älteren Dame als Kompensation für den erlittenen Schaden eine Zahlung in Höhe von 2,9 Millionen Dollar zu. Es soll in der Jury sogar jemanden gegeben haben, der ihr 9,6 Millionen Dollar zusprechen wollte.

Der Richter war über diesen Vorschlag vollkommen konsterniert, denn er lag absolut jenseits von Gut und Böse. Deshalb machte er seinerseits den Vorschlag, insgesamt 640.000 Dollar zu zahlen. Die Hamburger-Kette einigte sich dann mit der älteren Dame in aller Verschwiegenheit über eine Summe, die sich irgendwo kurz unterhalb von 600.000 Dollar bewegte. Aber auch das war für die Lady ein echter Glückstreffer als Ersatz für einen zwar heißen, aber selbst verschütteten Kaffee im Wert von 49 Cent.

Was kann man daraus lernen?

Erstens: Die meisten Menschen wissen absolut nicht, welche Preise wofür fair und angemessen sind. Denn Fairness ist nur ein ungefähres Gefühl, das nirgendwo exakt definiert wurde. Fairness hängt vom Einzelfall und von der Situation ab. Der Anwalt war ein guter Verkäufer, der den Ankerpreis nicht in nackten Zahlen auf den Tisch legte, sondern in Form eines Tagessatzes, der, bezogen auf ein Jahr als 1/365, ziemlich klein aussieht. Tagessätze sind fair und werden auch bei uns als gerecht angesehen. Geldstrafen werden auch in Deutschland in Form von Tagessätzen, die sich am Gehalt des Straftäters orientieren, ausgesprochen. Wer wenig verdient, muss nur wenig zahlen, wer viel verdient, eben mehr. Es wird also durchaus als fair angesehen, einen Preis in Relation zu demjenigen zu setzen, der ihn bezahlen soll.

Zweitens: Wer viel fordert, bekommt auch viel. Wenn derjenige, der über die Höhe eines Preises und die Fairness dieses Preises urteilen soll, keinen Maßstab hat, an

Kunden wissen meist nicht, wie Preise zustande kommen

dem er sich orientieren kann, wird die Forderung selbst zum Maßstab. Auch dies beschreibt Poundstone. Psychologen haben mit einer Gruppe von Jurastudenten die unterschiedlichen Reaktionen auf Schadenersatzforderungen nachgespielt.

Wurde ein Schadenersatz in Höhe von 100 Dollar gefordert, sprach die Jury dem Geschädigten eine Summe von 990 Dollar zu. Wurde für den identischen Schaden eine Summe von 20.000 Dollar gefordert, betrug der Entschädigungsbetrag 36.000 Dollar. Man mag annehmen, dass in diesen beiden Fällen immer Fairness und Gerechtigkeitsempfinden ausschlaggebend waren. Als jedoch die Forderung für denselben Schaden bei fünf Millionen Dollar angesetzt wurde, hielt man eine Entschädigung von 440.000 Dollar für angemessen.

Viele Menschen glauben, dass es einen Bumerangeffekt gibt, wenn eine Preisforderung eindeutig zu hoch ist. Sie fürchten sich davor, für ihre unverschämte Forderung auf die eine oder andere Weise „bestraft" zu werden und bleiben deshalb lieber bescheiden. Dass dieser Effekt real nicht existiert, zeigte sich, als die Entschädigungsforderung auf eine Milliarde Dollar heraufgesetzt wurde. Hier sprach die Jury dem Geschädigten immerhin eine Summe von 490.000 Dollar zu. Man kann jetzt sagen, dass diese große Differenz zwischen Forderung und Entschädigung eine Folge der Unverschämtheit des Fordernden sei. Aber man muss sich vor Augen führen, dass die zwar ebenfalls überzogene, aber deutlich geringere Forderung von fünf Millionen Dollar nur 440.000 Dollar Entschädigung gebracht hat, also 50.000 Dollar weniger als die Höchstforderung von einer Milliarde Dollar.

Dass diese Regel, wer viel fordert, bekommt auch viel, auch in unserem Alltag funktioniert, habe ich selbst erlebt. Ein kleines Mädchen aus meiner Nachbarschaft klingelte an der Tür des Hauses nebenan. Es hielt ein Bund Möhren in der Hand. Als meine Nachbarin öffnete, hielt das Kind die Möhren hoch und sagte „Hier, von meiner Mutter. Wir haben so viele Möhren im Garten, da wollte sie Ihnen welche abgeben", und die Nachbarin nahm die Möhren mit einem Lächeln entgegen. „Oh, das ist ja lieb von dir. Kann ich dir denn jetzt auch etwas schenken?"

Das kleine Mädchen überlegte keine Sekunde. „Zehn Euro". Meine Nachbarin war erstaunt. „Na, ist das nicht ein bisschen viel?" Das Kind schüttelte den Kopf. „Zehn Euro!" Da meine Nachbarin eine sehr nette Frau ist und Streit vermeiden wollte, zückte sie ihr Portemonnaie und gab dem Mädchen die geforderten zehn Euro. Glücklich war sie damit aber nicht. Auch hier war ein vollkommen überzogener Preis als Anker gesetzt worden. Ob das Kind keine Vorstellung vom Wert des Gelds hatte oder ob es die eigenen Möhren für so wertvoll hielt, weiß ich nicht.

Hier kam auch noch ein zweiter Mechanismus zum Tragen, den wir auch in der Geschäftswelt finden: Es ist das Tit-for-tat-Prinzip. Wie du mir, so ich dir. Schenke ich dir etwas, musst du mir auch etwas schenken. Bei vielen Probierständen in Supermärkten geht es deshalb gar nicht darum, den Kunden von der Qualität eines Produkts zu überzeugen, sondern die Probe soll als Geschenk betrachtet werden und den Kunden im Gegenzug dazu verpflichten, nun auch etwas zu kaufen.

Zuletzt sei angemerkt, dass es sich bei den Beispielen in diesem Abschnitt fast immer um Verhandlungssituationen handelt. Die extremen Preisanker funktionieren also sehr gut, wenn man sie als Verhandlungstaktik, beispielsweise beim Hauskauf oder vor Gericht einsetzt. Da sie aber weniger gut bei Massenprodukten einsetzbar sind, lassen sich die Beispiele hier nicht direkt auf den Handel übertragen. Selbstverständlich kann man ein Glas Marmelade nicht plötzlich für 100 Euro anbieten.

Dennoch setzt auch der Handel manchmal extreme Preisanker ein: Vor kurzem lernte ich, dass in einem hochwertigen Bekleidungshaus im Großraum Stuttgart den Besuchern zunächst Kaschmirpullover für 800 Euro angepriesen wurden. Dass die zuletzt verkauften Kaschmirpullover für 250 Euro immer noch überteuert waren, fiel den Kunden gar nicht mehr auf. Die Mechanismen und Anwendungen dieses sogenannten Kontrastprinzips werden uns in den kommenden Kapiteln immer wieder begegnen.

Wer viel fordert, bekommt auch viel.

1.2.4 Gedankenvorgänge des Käufers verstehen

Wie die vorherigen Abschnitte gezeigt haben, gibt es viele Aspekte, die einen Einfluss auf das Thema Preis haben. Doch welche Rolle spielt dabei der Kunde selbst? Wann ist der Preis für ihn wichtig und wann nicht? Wann lehnt er einen Preis ab und kauft aber dann vielleicht doch? Wann akzeptiert er den geforderten Preis? Und wäre er vielleicht bereit gewesen, mehr zu zahlen als gefordert wurde? Was muss ein Hersteller oder Händler tun, um den geforderten Preis annehmbar und im besten Falle sogar begehrenswert zu machen? Die Antworten auf diese und andere Fragen wurden lange Zeit mithilfe der klassischen Marktforschung gesucht und zum Teil auch gefunden. Aber eben nur zum Teil.

Eine wissenschaftliche Disziplin, die schon seit geraumer Zeit untersucht, wie Kunden Preise aufnehmen, Preisinformationen verarbeiten und Preisentscheidungen treffen, ist die Behavioral-Pricing-Forschung, die auf Verhaltensdaten basiert. In der ZfB Zeitschrift für Betriebswirtschaft gab Prof. Christian Homburg, Inhaber des

Lehrstuhls für ABWL und Marketing an der Universität Mannheim, gemeinsam mit Dr. Nicole Koschate — mittlerweile Professorin an der Universität Erlangen — im Jahr 2005 über diese Disziplin einen umfassenden Überblick.

Homburg und Koschate machten deutlich, dass sich Behavioral Pricing nicht auf spekulative Modelle, sondern vielmehr auf experimentelle Ergebnisse fokussiert. In diesem Ansatz kommt — etwas flapsig formuliert — die Überzeugung „Probieren geht über Studieren" zum Ausdruck. Naturwissenschaftler bezeichnen diese Art zu arbeiten und zu schlussfolgern als empirischen Ansatz.

Während meiner wissenschaftlichen Studien in Deutschland und in den USA arbeitete ich ebenfalls empirisch. In der Arbeitsgruppe um David Leopold im US-Gesundheitsministerium, wo ich mehrere Jahre forsche, galt es als selbstverständlich, dass man erst bei einer ausreichenden Menge experimenteller Ergebnisse beginnen „sollte", über mögliche Mechanismen des Gehirns Hypothesen aufzustellen.

Dementsprechend arbeiten auch unsere Unternehmen „The Neuromarketing Labs" und „Neurensics" rein empirisch. Ungesicherte Theorien oder spekulative Hypothesen sind nicht zielführend, wenn es darum geht, Einsichten ins Konsumentengehirn zu gewinnen. Statistisch gesicherte Ergebnisse und fundierte Untersuchungen dagegen erlauben faszinierende Einblicke in die Wirklichkeit.

Der Schwerpunkt der Arbeiten der Behavioral-Pricing-Forschung lag zu dem Zeitpunkt, als Homburg und Koschate ihre Studie veröffentlichten, auf der Phase der Preisinformationsbeurteilung: Im Rahmen der Preisinformationsaufnahme wurden hauptsächlich das Preisinteresse und die Preissuche der Kunden erforscht. Was unternimmt ein Kunde, um Preisinformationen über verschiedene Produkte zu erhalten? Wie verhält er sich hinsichtlich der Auswahl des Geschäfts, in dem er kauft? Und wie verhält er sich innerhalb des Geschäfts bei der Suche nach dem richtigen Produkt mit dem richtigen Preis?

Schnell kamen die Autoren zum Schluss, dass Kunden keineswegs über eine vollständige Preisinformation verfügen, wie noch in der klassischen Preistheorie angenommen wurde. Empirische Untersuchungen haben gezeigt, dass Kunden gern einfache Entscheidungsregeln (Heuristiken) anwenden und dass sie je nach Situation auf unterschiedliche Entscheidungsregeln zurückgreifen.

Wenn sie also an einer Stelle einen hohen Preisnachlass entdeckt haben, stellen die Kunden ihre Suche ein und verzichten darauf, auch noch in anderen Geschäften nach günstigen Preisen Ausschau zu halten. Der Aufwand wäre im Verhältnis zum Nutzen in der Regel einfach zu groß.

Was der Preis mit dem Gehirn zu tun hat

Heute wird von Kunden oftmals der Online-Preisvergleich bevorzugt, zum Beispiel innerhalb der Angebote großer Verkaufsplattformen oder durch die Nutzung von Preisportalen. Die empirischen Arbeiten dokumentieren allerdings, so Prof. Homburg, dass die Kunden nicht mit der Intensität nach Preisen suchen, wie es ihnen die Informationsökonomie nahelegen würde.

Die Themen der Behavioral-Pricing-Forschung im Zusammenhang mit der Preisinformationsbeurteilung sind insbesondere Preisschwellen und gebrochene beziehungsweise runde Preise, Referenzpreise, Beziehungen zwischen Preis und wahrgenommener Qualität sowie Preisfairness. All dies spielt natürlich auch beim NeuroPricing eine große Rolle.

Preisschwellen bezeichnen das paradoxe Phänomen, dass die Preisbeurteilung in Stufen erfolgt. 1,99 Euro wird noch als günstig wahrgenommen, 2,01 Euro als teuer. Diese intuitive Annahme ist allerdings in der Wissenschaft nicht ganz unumstritten. Viele Studien konnten diesen Effekt bestätigen, aber einige Studien fanden keinen solchen Wahrnehmungseffekt. Vermutlich ist dieser Preisschwelleneffekt in vielen Fällen tatsächlich vorhanden.

Als gesichert gilt indes, dass gerundete Preise (zum Beispiel 40.000 Euro) als überteuert wahrgenommen werden. Möglicherweise wird der Verkäufer bei solchen Preisen verdächtigt, einfach grob aufgerundet und damit den Käufer um einen exakten und fairen Preis betrogen zu haben. Wenn Sie also demnächst Ihren Gebrauchtwagen verkaufen, empfehle ich Ihnen, stellen Sie diesen nicht für 10.000 Euro ins Internet, sondern für beispielsweise 10.855 Euro. Denn erstens werden Sie sowieso heruntergehandelt, aber viel wichtiger, Sie werden nicht des Aufrundens verdächtigt, sondern man unterstellt Ihnen, dass Sie sich Gedanken über einen fairen Preis gemacht haben. Das bringt Sie in eine wesentlich bessere Verhandlungsposition.

Trotz der teilweise unsicheren Datenlage haben sich Neuner-Preisendungen in der Praxis durchgesetzt. Auch hier werden offenbar die gleichen Mechanismen im Gehirn des Käufers angeregt, die dazu führen, dass der Verkäufer nicht des ungerechten Aufrundens verdächtigt wird. Im Rahmen der verhaltenswissenschaftlichen Forschung wurde die Wirkungsweise der Neuner-Preisendungen inzwischen intensiv untersucht, wie noch ausführlich dargestellt wird.

Insgesamt bewegt sich der für den Kunden akzeptable Preis innerhalb unterschiedlich großer Bereiche, die sowohl nach oben als auch nach unten durch die definitive Entscheidung „Nichtkaufen" abgegrenzt sind. Innerhalb dieses Bereichs werden die Preise dann nach „günstig" oder „nicht günstig" beurteilt. Manche

Kunden wissen meist nicht, wie Preise zustande kommen

Experten der Behavioral-Pricing-Forschung vermuten, dass Preisschwellen im Gehirn des Käufers sowohl durch gebrochene als auch durch runde Preise gesetzt sein können. Runde Preise sind all jene, die am Ende auf eine oder mehrere Nullen enden.

Je mehr Kunden allerdings über fundierte Kenntnisse hinsichtlich eines Produkts verfügen, desto weniger spielt der Preis bei der Beurteilung eine Rolle. Auch bei der Behavioral-Pricing-Forschung hat sich herausgestellt, dass zwischen Marke und wahrgenommener Qualität eine signifikante Verbindung besteht. Prof. Homburg und Dr. Koschate machten in ihrem Überblick weiterhin deutlich, dass Preisfairness, Preiszufriedenheit, Preisvertrauen und Preisehrlichkeit eng zusammenhängen.

Sowohl bei den Erkenntnissen zur Speicherung von Preisinformationen als auch bei der Bewertung unbewusster Prozesse und Emotionen gibt es hinsichtlich der wissenschaftlichen Grundlagen viele Verbindungen zwischen dem angewandten NeuroPricing und der Behavioral-Pricing-Forschung.

Ausschlaggebend für einen optimalen Preis sind die Wahrnehmung, die Informationsverarbeitung und die Entscheidungsfindung des Kunden.

Heute ist die Neuroökonomie (engl. Neuroeconomics) als interdisziplinäre Verknüpfung der Neurowissenschaften mit den Wirtschaftswissenschaften angetreten, das Entscheidungsverhalten von Konsumenten, aber auch von Investoren an den Finanzmärkten zu durchleuchten. Wir haben erkannt, dass es nicht mehr reicht, wie zu Zeiten von Adam Smith nur den Markt zu beobachten, um festzustellen, wie Wirtschaft funktioniert, sondern wir müssen dem Menschen direkt ins Gehirn schauen. Dabei geht es im Wesentlichen um drei große Bereiche: die Wahrnehmung, die Informationsverarbeitung und die Entscheidungsfindung.

Auch wenn weltweit Zigtausende von Wissenschaftlern an der Entschlüsselung der Funktionsweise des Gehirns arbeiten, beträgt der Anteil an gesicherten Erkenntnissen von dem, was man wissen müsste, um das Gehirn in seiner Gesamtheit zu verstehen, vermutlich nur einen Bruchteil. Die grobe Anatomie ist weitgehend bekannt. Doch beim Feinaufbau und den molekularen Vorgängen ist dies noch lange nicht so. Auch bei Fragen, wie Neuronen miteinander in Netzwerken kommunizieren und wie durch diese Kommunikation Wahrnehmung, Handlung und Bewusstsein entsteht, sucht man weiterhin nach Erklärungen.

Sehr deutlich wird unsere Unkenntnis über die Biologie des Gehirns, wenn es um neurologische und psychiatrische Krankheiten geht. Während in anderen medizinischen Bereichen in den letzten Jahrzehnten große Fortschritte gemacht wurden, können Mediziner schwere Krankheiten des Nervensystems wie Parkinson, Alzheimer oder ALS nach wie vor bestenfalls im Verlauf hinauszögern, nicht aber heilen oder effektiv davor schützen.

Das Gehirn ist einfach zu komplex. Schließlich ist es auch das leistungsfähigste Organ des Menschen und eines der komplexesten Systeme des Universums, das uns Menschen bekannt ist. 100 Milliarden Nervenzellen sind über Synapsen verknüpft. Pro Nervenzelle können bis zu 15.000 Kontaktstellen vorhanden sein. Das heißt, das gesamte vernetzte System verfügt über 100 Billionen Kontaktstellen, zumindest theoretisch.

Was dabei aber besonders zu berücksichtigen ist: Das Gehirn verharrt nicht statisch in einem einmal erreichten Zustand, sondern ist als dynamisches System auf ständige Veränderungen ausgelegt. Dafür braucht es Energie, sehr viel Energie. Obwohl das Gehirn nur zwei Prozent der Körpermasse eines Erwachsenen ausmacht, verbraucht es 20 Prozent der Energie, die wir dem Körper zuführen. Dass das Gehirn des Menschen eine ganz herausragende Stellung in seiner Evolution eingenommen hat, erkennt man daran, dass 50 Prozent des menschlichen Genoms für den Aufbau, den Unterhalt, aber auch für den natürlichen Abbau des Gehirns verantwortlich sind.

Ein beliebtes Forschungsgebiet sowohl der Neuroökonomie als auch der Behavioral-Pricing-Forschung ist, wie sich Preise und Qualität in der Wahrnehmung gegenseitig beeinflussen. Dabei kam man zu dem Ergebnis, dass der Preis als Qualitätsindikator in dem Maß an Bedeutung gewinnt, in dem die Preise innerhalb einer Produktkategorie immer stärker variieren.

Weine sind ein solches Beispiel. Praktischerweise gibt es bei Weinen riesige Unterschiede im Preis. Eine neuroökonomische Forschergruppe um Antonio Rangel und Hilke Plassmann am California Institute of Technology (Caltech) hat sich diese Tatsache für ihre Forschung zunutze gemacht und konnte nachweisen, dass Weine mit höheren Preisen geschmacklich als deutlich besser wahrgenommen wurden als billigere Weine. Hierbei war irrelevant, dass es sich in Wirklichkeit um ein und dasselbe Getränk handelte. Dies allein ist bereits eine faszinierende Erkenntnis.

Hilke Plassmann und ihre Kollegen gingen allerdings noch einen Schritt weiter. Ihre Studienteilnehmer unterzogen sich einem fMRI-Hirnscan. Damit kann festgestellt werden, inwiefern sich die Durchblutung von Hirnarealen ändert, was wiederum Rückschlüsse darauf zulässt, welche Hirnareale bei einer Handlung, Entscheidung oder Wahrnehmung aktiviert wurden. Nun ist das alles etwas schwierig, denn die

Studienteilnehmer müssen im Kernspintomografen ruhig liegen und bekommen den Wein über einen Schlauch in den Mund geträufelt. Wissenschaftler müssen hier oftmals sehr kreativ an Probleme herangehen und am besten den Probanden auch noch ein Gewirr aus mehreren Schläuchen und Fläschchen zeigen, damit diese wirklich daran glauben, dass ihnen verschiedene Weine verköstigt werden.

Die Forschergruppe konnte also mit ihrer innovativen Idee und ihrem technischen Versuchsaufbau nachweisen, dass der mediale orbitofrontale Cortex, ein kleines Hirnareal nicht weit entfernt vom Augapfel, beim Genuss des vermeintlich teureren Weins stärker aktiviert war. Aus anderen Studien ist bekannt, dass der mediale orbitofrontale Cortex bei angenehmen Gefühlen aktiviert wird.

Nun könnte man den Umkehrschluss antreten und behaupten, dass die Aktivierung des medialen orbitofrontalen Cortex ein Nachweis für angenehme Gefühle ist. Solche Umkehrschlüsse sind allerdings wissenschaftlich umstritten. Im Infokasten „Reverse Inference" finden Sie detailliertere Informationen zu dieser für das Neuromarketing wichtigen Thematik.

INFOKASTEN: Reverse Inference

Wenn es regnet, ist die Straße nass. Ich gebe Ihnen nun am Telefon folgende Information: „Bei uns regnet es." Nun wissen Sie, dass die Straße bei mir zuhause nass sein muss. Ich kann Ihnen aber auch eine andere Information geben: „Die Straße ist nass." Wissen sie nun, ob es gerade regnet? Nein, denn vielleicht hat mein Nachbar gerade seinen Rasen gesprengt und die Straße wurde dadurch nass. Oder es hat vor drei Minuten aufgehört zu regnen. Die Straße ist aber immer noch nass. Vielleicht wohne ich auch gegenüber der Autowaschanlage und meine Straße ist deswegen immer nass?!
Die Tatsache, dass A immer B bedingt (bei Regen ist die Straße nass), bedeutet also nicht zwangsläufig, dass umgekehrt B ausschließlich bei A eintreten kann (eine Straße kann auch nass sein, wenn es nicht regnet).
Um zu wissen, ob es bei mir regnet, sollten Sie also möglichst weitere Informationen über meine Umgebung und die vor meiner Haustür liegende Straße sammeln. Wenn ich Ihnen dann die Information gebe, dass die Straße nass ist, dann können sie, je nach meiner Wohnlage, berechnen, wie hoch die Wahrscheinlichkeit ist, dass es gerade bei mir zuhause regnet.
Was hat dieser Exkurs zum Thema Logik bzw. zur Frage, auf welche Weise korrekt Schlüsse gezogen werden, mit Neuromarketing zu tun? Beim Neuromarketing stehen wir vor folgendem Problem: Wir wissen zum Beispiel, dass das Sehen eines Gesichts zur Aktivierung des fusiformen Gyrus, eines Hirnareals

nahe der Schläfe, führt. Was bedeutet es aber, wenn man lediglich weiß, dass der fusiforme Gyrus aktiviert war? Dann kann man daraus nicht sicher ableiten, dass die Person im Hirnscanner tatsächlich ein Gesicht gesehen hat. Man kann aber — wie beim Beispiel mit der nassen Straße beschrieben — auch in Verbindung mit Hirnscandaten Wahrscheinlichkeiten bestimmen. Man kann also berechnen, wie hoch die Wahrscheinlichkeit ist, dass der Proband ein Gesicht gesehen hat.

Wenn man die beschriebenen Prinzipien bei der Hirnforschung missachtet, kann es schnell zu einem Aufschrei der wissenschaftlichen Gemeinschaft kommen. Der Autor Martin Lindstrom musste beispielsweise herbe Kritik einstecken, als er in der New York Times behauptete, die Aktivierung des Hirnareals „Insula" beim Betrachten eines iPhones wäre ein Beweis für Liebe zu diesem Gerät. Es stimmt zwar, dass die Insula beim Gefühl der Liebe stärker durchblutet wird, allerdings wird sie auch bei vielen anderen Emotionen aktiviert. Daher war Lindstroms Rückschluss unzulässig.

Dieser logische Fehler wird in der Fachwelt als „Reverse Inference" bezeichnet. Um Reverse-Inference-Gefahren in einer Studie zu minimieren, bedarf es genauer Kenntnisse in Statistik und ausgefeilter neurowissenschaftlicher Expertise, insbesondere dann, wenn man sich mit Marktforschungsfragen beschäftigt. Seriöse Neuromarketing-Agenturen verfügen selbstverständlich über diese Fachkenntnis.

Interessanterweise wird die Reverse Inference meist mit Neuromarketing assoziiert, obwohl sie natürlich überall präsent ist. Gerade in der Marktforschung sollte Reverse Inference genauso intensiv diskutiert werden wie im Neuromarketing. Stellen Sie sich z. B. einen typischen Erinnerungstest, wie er in der Werbeforschung häufig eingesetzt wird, vor: „Wir haben Ihnen gerade einige Werbespots gezeigt, bitte sagen Sie uns, an welche Sie sich erinnern." Wenn der Befragte nun antwortet, er erinnere sich an Spot Y, kann man davon ausgehen, dass dies auch der Fall ist. Der Umkehrschluss ist aber unzulässig und ein klassischer Reverse-Inference-Fehler: Man kann nicht sagen, dass Spot Z nicht erinnert wird, nur weil er nicht genannt wurde.

Die Messlatte, die auf gutes Neuromarketing angelegt wird, ist hoch. Man muss von Neuromarketing-Experten erwarten können, dass sie Reverse-Inference-Überlegungen stets bei ihren statistischen Analysen berücksichtigen. Eine weitere Qualität des Neuromarketing in diesem Kontext ist, dass man bei neuronalen Ableitungen wie z. B. beim EEG oder fMRI kein Schwarz-Weiß-Abbild erhält (im Sinne von erinnert vs. nicht erinnert), sondern graduelle Werte, da Gedächtnisschleifen etwas stärker oder etwas schwächer aktiviert sein können. Wenn Sie sich für die statistischen Grundlagen dieser sogenannten, „bedingten Wahrscheinlichkeiten" weiter interessieren, dann empfehle ich Ihnen das

Buch „Das Ziegenproblem: Denken in Wahrscheinlichkeiten". Der Autor und Wissenschaftsjournalist Gero von Randow erklärt darin ausführlich die für die Reverse-Inference-Thematik relevante Statistik in einfachen und sehr amüsanten Worten.

2 Von der Psychophysik zur Prospect Theory

Was Sie in diesem Kapitel erwartet:

Zunächst werden die wissenschaftlichen Grundlagen für die Wahrnehmung erläutert, wie sie die Psychophysik, die Sinnesphysiologie und die Adaptationstheorie darstellen, und zwar immer im Kontext mit der Preiswahrnehmung. Anschließend geht es darum, wie die wahrgenommenen Sinnesreize und Informationen im Gehirn verarbeitet werden. Wir erfahren, dass das Gedächtnis dabei eine wichtige Rolle spielt und es die Gedächtnisinhalte sind, die uns beeinflussbar machen.

Die Prospect Theory beschreibt, wie der Mensch Entscheidungen trifft. Sie macht deutlich, wie unterschiedlich Gewinne und Verluste vom Gehirn bewertet werden und wie sich dies auf die Entscheidungsfindung auswirkt. Sowohl Gewinn- als auch Verlustwahrnehmungen spielen bei Preisentscheidungen eine große Rolle. Anschließend betrachten wir die vier Zentren im Gehirn, die bei Entscheidungen beteiligt sind.

2.1 Die Psychophysik als Grundlage für die Wahrnehmung von Reizen

Die Grundlagen für die nachfolgenden Überlegungen beruhen zu großen Teilen auf Erkenntnissen der Psychophysik. Diese befasst sich mit den gesetzmäßigen Relationen zwischen den messbaren Gegebenheiten der physikalischen Umwelt und deren erlebtem psychischen Abbild.

Begründet wurde die Psychophysik von dem deutschen Physiker und Psychologen Gustav Theodor Fechner (1801 — 1887). Sie gehört sowohl zur experimentellen Psychologie als auch zur Sinnesphysiologie, Wahrnehmungspsychologie und der Psychophysiologie. Lange Zeit wurde die Psychophysik in ihrer Bedeutung unterschätzt und erst in den 1960er-Jahren neu entdeckt.

Der deutsche Anatom und Physiologe Ernst Heinrich Weber (1795 — 1878) war der Begründer der Sinnesphysiologie. Am bekanntesten sind seine Versuche zur Gewichtswahrnehmung. Er legte der Versuchsperson verschiedene Gewichte auf den

Rücken der ausgestreckten Hand und forderte sie auf, die Unterschiede zwischen diesen Gewichten zu bestimmen. Dabei ging es ihm darum, herauszufinden welche Gewichte noch als erkennbar verschieden wahrgenommen wurden.

Es zeigte sich: Je schwerer die Gewichte sind, desto größer müssen die Gewichtsunterschiede sein, damit der Unterschied zwischen den Gewichten bemerkbar wird.

Dies können Sie auf einfache Weise selbst überprüfen:

Sie benötigen zwei volle Ein-Liter-Kartons Milch (je ca. ein Kilogramm) und drei Briefe (je ca. zehn Gramm). Legen Sie auf einen der beiden Milchkartons einen Brief, auf den anderen hingegen nicht. Lassen Sie sich nun, während Sie die Augen geschlossen haben, von jemand anderem erst den einen und dann den anderen Milchkarton in die Hand geben. Sie können nicht unterscheiden, welcher Karton der leichtere und welcher der um zehn Gramm schwerere ist. Wenn Sie allerdings das Gewicht von zwei Briefen gegenüber dem Gewicht von einem vergleichen, dann werden Sie sehr wohl unterscheiden können, welches der beiden Päckchen das schwerere ist.

Das menschliche sensorische System ist also durchaus in der Lage, einen Unterschied von zehn Gramm zu bemerken, aber Gehirn und Sensorik passen sich den Umgebungsbedingungen an. Evolutionär ist dies auch sehr sinnvoll. Ab einem gewissen Gewicht spielt ein Unterschied von zehn Gramm keine große Rolle mehr.

Webers eigentliche Entdeckung ist jedoch, dass die Schwelle, ab wann ein Gewichtsunterschied gerade noch wahrnehmbar ist, vom Ausgangsgewicht abhängt. Die Wahrnehmungsschwelle liegt bei etwa zwei Prozent Unterschied, wobei dieser Prozentsatz, der sogenannte Weber-Bruch, für eine große Bandbreite an Gewichten gültig ist.

Im Laufe der Zeit wurden von Psychophysikern allerlei durchaus skurrile sensorische Bereiche untersucht. So liegt für die „Salzigkeit" einer Speise der Weber-Bruch bei acht Prozent, das heißt, man muss einer Suppe mindestens acht Prozent des bisherigen Salzgehalts zufügen, damit man einen Unterschied schmeckt. Bei der Intensitätsschätzung eines elektrischen Schocks liegt der Weberbruch zum Beispiel bei einem Prozent.

Die Wahrnehmbarkeitsschwelle eines Unterschieds zweier Sinneseindrücke hängt von deren Intensität ab (Webersches Gesetz).

Bezogen auf die Preiswahrnehmung bedeutet dies, dass die gleiche absolute Preisdifferenz vom Kunden bei einem hohen Preisniveau weniger „gefühlt" wird als bei einem niedrigen Preisniveau.

Die Preiswahrnehmung kann man selbstverständlich nicht so einfach testen wie die klassischen sensorischen Wahrnehmungen. Schließlich kann jeder problemlos einen Unterschied von einem Cent erkennen, egal, ob man nun 50 mit 51 Cent vergleicht oder 500,00 mit 500,01 Euro. Dennoch weisen klassische Untersuchungen von Daniel Kahneman und Amos Tversky sowie neuere Studien der Forschergruppe um Stanislas Dehaene darauf hin, dass es bei Preisen ähnliche Effekte gibt wie bei der sensorischen Wahrnehmung.

Ein Beispiel, das diese Ähnlichkeit zwischen Preiswahrnehmung und sensorischer Wahrnehmung verdeutlicht, ist folgendes: Beim Kauf eines Auto freut sich ein Konsument über eine Preisreduktion von 20.000 auf 19.000 Euro in etwa genauso wie über eine geschenkte Schokoladentafel beim Kauf von 19 weiteren Tafeln, obwohl sich die Preisnachlässe in den beiden Fällen um mehrere Größenordnungen unterscheiden. Solche irrationalen Denkmuster unserer Gehirne werden einerseits von intelligenten Käufern durchschaut, andererseits aber auch von guten Verkäufern ausgenutzt.

Da der Weber-Bruch, zumindest mit gewissen Abstrichen, auf die Preiswahrnehmung übertragbar ist, kann ein Unternehmen davon ausgehen, dass die Preiserhöhung für ein bestimmtes Produkt von beispielsweise 19,80 auf 19,90 Euro oder eine Preissenkung von 19,80 auf 19,70 Euro den Kunden in seiner Kaufentscheidung wenig beeinflussen würde, da er diese Veränderung kaum oder gar nicht wahrnehmen würde. Anders verhält es sich allerdings, wenn der Preis für ein Produkt, das bisher 20 Cent gekostet hat, auf 30 Cent herauf- oder auf zehn Cent herabgesetzt werden würde. Der Kunde würde die Veränderung um zehn Cent als signifikant empfinden. Dieser Wahrnehmungsaspekt sollte also in jede Preiskalkulation einfließen.

Die gleiche absolute Preisdifferenz wird bei einem hohen Preisniveau weniger „gefühlt" als bei einem niedrigen.

In den USA wurde die Psychophysik von Stanley Smith Stevens (1906 — 1973) durch weitere Forschungsarbeiten unter anderem durch Experimente für die amerikanische Luftwaffe etabliert. Stevens war der erste und einzige Professor der Harvard Universität, der den Titel Professor für Psychophysik trug.

2.2 Adaptationstheorie – Anpassung an sensorische Erfahrungen und evolutionäre Veränderungen

Der Experimentalpsychologe Harry Helson (1898 – 1977) veröffentlichte 1964 die Adaptationsniveautheorie. Diese geht davon aus, dass sensorische Urteile auf einem Vergleich der aktuellen Wahrnehmung mit einem Adaptationsniveau aus den jüngsten sensorischen Erfahrungen beruhen. Was das genau bedeutet, erschließt sich, wenn man weiß, wie Helson auf seine Theorie gestoßen ist: Entdeckt hatte er dieses Phänomen, als er sich in der Dunkelkammer seines Fotolabors eine Zigarette anzündete. In Dunkelkammern für Schwarz-Weiß-Fotografie wird ein rotes Licht eingesetzt, auf das die Fotopapiere nicht sensibel reagieren. Die Zigarette, die Helson rauchte, strahlte in einem anderen rötlichen Spektrum und er nahm sie plötzlich als grün wahr. Seine Augen und sein Gehirn hatten zuvor an das Rotlicht der Dunkelkammer adaptiert.

Sie werden im Laufe dieses Buches häufiger mit dem Begriff Adaptation, also Anpassung, konfrontiert werden. Manche Autoren benutzen den Begriff nur für genetisch erworbene Anpassungen. Im Rahmen der Evolutionstheorie bedeutet Adaptation, dass sich ein Organismus so entwickelt, dass er sich aufgrund kurzfristiger, langfristiger oder sich wiederholender Wirkungen von Umweltreizen unter Einbeziehung der verschiedenen Funktionsebenen an ebendiese Umwelt so optimal wie möglich anpasst. Ändert sich die Umwelt, sind erneute Anpassungsleistungen notwendig.

In der Sinnesphysiologie hingegen bezeichnet der Begriff Adaptation Mechanismen, die eine reversible und nur vorübergehende Anpassung der Empfindlichkeit eines Sinnessystems an Änderungen der Reizintensität darstellen. Drei Wahrnehmungsphänomene, die alle auch für die Preiswahrnehmung relevant sind, spielen hierbei eine Rolle: die Abnahme der Wahrnehmungsintensität, die Erhöhung der Empfindlichkeit für Änderungen sowie Nacheffekte.

Adaptation ist eine grundlegende Eigenschaft jedes biologischen Systems.

2.2.1 Drei Effekte der Adaptation

Das erste Wahrnehmungsphänomen, die Abnahme der Intensität, können Sie mithilfe der Abbildung 1, die den Troxler-Effekt veranschaulicht, selbst erleben. Starren Sie mitten ins Bild und bewegen Sie Ihre Augen nicht. Sie werden sehen, Ihre Augen adaptieren, ermüden und langsam oder plötzlich verschwindet der pinke Punkt

Adaptationstheorie – Anpassung an sensorische Erfahrungen und evolutionäre Veränderungen

aus Ihrer Wahrnehmung. Ein klassisches Beispiel ist Ihnen sicherlich auch im Zusammenhang mit dem Geruchssinn geläufig: Wenn Sie in einen Raum treten, der einen charakteristischen Geruch hat, nimmt die Geruchsempfindung schnell ab und bald nehmen Sie den anfänglichen Geruch gar nicht mehr wahr. Ihr Nervensystem hat sich an den Geruch „gewöhnt". Was bei dieser Gewöhnung genau passiert, können Sie im Abschnitt „Neuronale Adaptation und Prototypen" nachlesen.

Im Hinblick auf Preise finden selbstverständlich ebenfalls Adaptations-Prozesse statt. Wenn Sie zum Beispiel vor 20 Jahren einen Transatlantikflug zu einem Bruchteil eines durchschnittlichen Monatsgehalts hätten erwerben können, wäre Ihnen das außerordentlich günstig erschienen. Heutzutage sind solche Preise normal, denn unsere Gehirne haben im Laufe der Zeit an diese neuen Preisgefüge adaptiert. Adaptation im Sinne der Intensitätsabnahme zeigt uns, dass sich das Gehirn weniger für die absolute Intensität einer Wahrnehmung interessiert als vielmehr insbesondere für Änderungen in der Außenwelt. Manche Hirnforscher gehen sogar so weit, unseren Wahrnehmungsapparat als reinen Änderungsdetektor zu beschreiben.

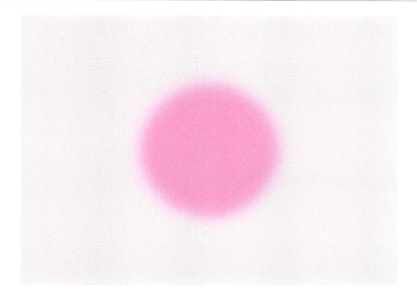

Abb. 1: Der Troxler-Effekt

Adaptation verringert die Intensität eines wahrgenommenen Reizes.

Der zweite Wahrnehmungseffekt, der mit Adaptation einhergeht, ist die Erhöhung der Empfindlichkeit und die Anpassung an neue Relationen. Wenn Sie zum Beispiel nachts zu einem Spaziergang in den Wald gehen, dann sehen Sie zunächst recht wenig, denn Ihre Augen sind noch an das künstliche Licht im Haus gewöhnt (sofern der Wald direkt vor Ihrer Haustüre beginnt). Innerhalb recht kurzer Zeit adaptieren die Nervenzellen in Ihren Augen, die Stäbchen und Zapfen, an die Dunkelheit. Plötzlich erkennen Sie Umrisse und Formen, die Sie zuvor nicht sehen konnten.

Auch diese Form der Wahrnehmungsschärfung ist bei Preisen beobachtbar. Wenn heutzutage Preise im Internet vergleichbar sind, dann lernen Konsumenten das Preisniveau des Produkts, für das sie sich interessieren, sehr schnell und können innerhalb kürzester Zeit zwischen guten und schlechten Angeboten unterscheiden.

Auch im Urlaub sind solche eher kurzfristigen Adaptationseffekte gut zu beobachten. Beim Skifahren beispielsweise gewöhnen wir uns schnell an das hohe Preisniveau und lernen wiederum innerhalb dieses Preisniveaus zwischen niedrigen und hohen Preisen zu unterscheiden. Verglichen mit den anderen Angeboten auf einer teuren Skihütte mag uns der Preis einer einfachen Wurst als relativ günstig erscheinen, beim Würstelgrill vor dem heimischen Supermarkt würden wir ihn aber als Wucher empfinden.

Adaptation schärft die Wahrnehmung.

Die dritte Kategorie von Wahrnehmungseffekten, die mit Adaptation einhergehen, sind Nacheffekte. Im Rahmen meiner Promotion erforschte ich über mehrere Jahre verschiedene Nacheffekte und maß die Aktivierung einzelner Nervenzellen während der Wahrnehmung eines Nacheffekts.

Visuelle Nacheffekte sollte man nicht beschreiben, sondern erleben. Deshalb habe ich in Abbildung 2 einige Nacheffekte dargestellt, die Sie sich gerne anschauen können, bevor Sie weiterlesen. Starren Sie in der Abbildung oben links auf den schwarzen Punkt in der Mitte der Flagge. Bewegen Sie Ihre Augen nicht. Nach 20 Sekunden schauen Sie nach rechts und starren wieder auf den Punkt. Welche Flagge sehen Sie? Unten wiederholen Sie die Prozedur. Links adaptieren und rechts testen. Sie werden sehen, die eigentlich senkrechten Linien erscheinen nach der Adaptation leicht nach rechts gewinkelt.

Adaptationstheorie – Anpassung an sensorische Erfahrungen und evolutionäre Veränderungen

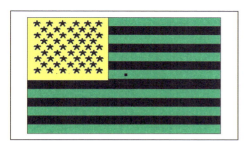
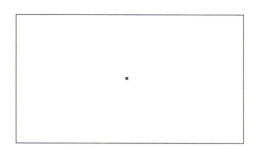

Abb. 2: Visuelle Nacheffekte

Das charakteristische Merkmal eines visuellen Nacheffekts ist, dass das Adaptationsbild das Testbild auf einer oder mehreren Dimensionen „wegstößt". Das Testbild wird also als ein stärkerer Kontrast zum Adaptationsbild wahrgenommen, als dies tatsächlich der Fall ist.

Mit folgenden Beispielen möchte ich Ihnen verdeutlichen, worauf ich mit dem Wegstoßen auf verschiedene Dimensionen abziele: Adaptieren Sie an einen grünen Punkt, dann sehen Sie ein rotes Nachbild an der weißen Wand (rot und grün sind Gegenfarben), adaptieren Sie an ein Frauengesicht, erscheint ein androgynes Gesicht männlicher, adaptieren Sie an den Uhrzeiger auf 11:00, scheint der lotrechte Uhrzeiger auf kurz nach 12:00 Uhr zu stehen und so weiter.

Weil sich Nacheffekte sehr gut dazu eignen, wissenschaftliche Theorien über das Gehirn zu testen, füllen die wissenschaftlich publizierten Forschungen zu dieser Form von Wahrnehmungstäuschungen ganze Bibliotheksregale.

Nacheffekte sind nicht nur auf das visuelle System beschränkt, sondern wieder einmal ein ganz generelles Wahrnehmungsphänomen des Gehirns. Joggen Sie beispielsweise eine halbe Stunde auf einem Laufband, schalten Sie dieses dann ab und stellen Sie sich hin. Sie werden bemerken, dass Sie einen Bewegungsnacheffekt spüren. Das Laufband hat sich beim Joggen nach hinten bewegt, denn Sie sind ja nach vorne gelaufen. Allerdings sind Sie nicht vom Fleck gekommen. Nun stehen Sie auf dem abgeschalteten Laufband und Ihr adaptiertes Gehirn täuscht Sie mit einem Nacheffekt: Man meint, das Laufband bewege sich vorwärts! Sicher können Sie sich bereits meine Schlussfolgerung denken: Natürlich gibt es auch bei Preisen Nacheffekte. Die Adaptationsreize, die Preisnacheffekte hervorrufen, nennt man Preisanker oder Ankerpreise. Wir werden diese essenziell wichtigen Konzepte in den folgenden Kapiteln immer wieder aufgreifen.

2.2.2 Psychologische Adaptation und Prototypen

Eine Theorie, die viele Wahrnehmungseffekte der Adaptation erklärt, ist die Prototypentheorie. Ich bin überzeugt davon, dass die Prototypentheorie auch im Pricing Bedeutung hat. Die Prototypentheorie geht davon aus, dass Wahrnehmung im Gehirn auf Prototypen basiert. Man könnte sich beispielsweise vorstellen, dass es einen Gesichtsprototyp gibt. Dieser Gesichtsprototyp ist nichts anderes als der Durchschnitt aller Gesichter, die man in seinem Leben gesehen hat.

Wenn wir nun ein spezielles Gesicht sehen, dann weicht dieses Gesicht natürlich etwas vom Durchschnitt — also vom Gesichtsprototyp — ab. Es wird sogar auf jeder Dimension von unserem eigenen Durchschnitt abweichen. Vielleicht hat es blaue Augen, einen kleineren Mund, tiefliegende, blonde Augenbrauen und eine breitere, aber dennoch spitze Nase, ein leichtes Doppelkinn und so weiter. Wenn im Gehirn die Informationen aller Dimensionen verarbeitet wurden, dann kommt es zur Gesichtserkennung: das ist Angela Merkel. Unser Gehirn erkennt also Frau Merkel, weil sie vom Durchschnitt auf eine nur für sie charakteristische Weise abweicht. Es gibt zahlreiche wissenschaftliche Hinweise darauf, dass diese Berechnungen im Gehirn wirklich so ablaufen, aber wie so oft in der Wissenschaft gibt es auch gute konkurrierende Theorien.

Wahrnehmung und Erkennung basiert auf gespeicherten Prototypen.

Eine Anekdote des Anthropologen Bronislaw Malinowski (1884 — 1942) veranschaulicht die Prototypentheorie besonders gut. Man geht heute davon aus, dass Schönheit bei Menschen (insbesondere bei Frauengesichtern) nicht wie landläufig angenommen auf Symmetrie, sondern auf dem Durchschnitt basiert. Das durchschnittlichste Gesicht ist also das schönste. Malinowski verbrachte im Zuge seiner

Adaptationstheorie – Anpassung an sensorische Erfahrungen und evolutionäre Veränderungen

Studien eine Zeit auf den Trobriand-Inseln, einer Inselgruppe, die zu Papua-Neuguinea gehört, und studierte die dortige polynesische Kultur.

Als Europäer in den 1920ern, ohne Fernsehen und Internet, hatte er Zeit seines Lebens fast nur Europäer gesehen und er hatte ein gewisses Schönheitsideal, das er aus Polen und England mitgebracht hatte. Dieses Schönheitsideal war das durchschnittliche europäische Frauengesicht. Nun kam er auf die Trobriand-Inseln und stellte fest, dass die Männer ganz andere Frauen attraktiv fanden wie er selbst. Er wunderte sich also über den Geschmack der Polynesier.

Nach einigen Monaten aber bemerkte er, wie seine eigene Wahrnehmung sich änderte. Sein Geschmack glich sich dem der Polynesier an. Was war passiert? In Malinowskis Gehirn hatte sich der Gesichtsprototyp geändert. Er hatte täglich Polynesierinnen gesehen und sein Gehirn adaptierte an diese neue Umgebung. Sein persönlicher Gesichtsdurchschnitt war nun viel stärker mit polynesischen Gesichtszügen gewichtet. Dies spiegelte sich natürlich auch in seiner Wahrnehmung und letztlich in seinem Geschmack wider.

Adaptation ändert Prototypen. Ein solcher Prozess kann sich über Monate hinziehen, wie bei Malinowski, oder innerhalb weniger Sekunden stattfinden, wie bei manchen visuellen Nacheffekten. Abbildung 3 veranschaulicht, was mit dem Prototypen bei der Adaptation passiert. Der Prototyp ist der Durchschnitt. Dieser Durchschnitt ändert sich aufgrund der Plastizität des Gehirns permanent.

Adaptation ändert gespeicherte Prototypen hin zum Adaptationsreiz.

Lassen Sie uns dies an einem einfachen Beispiel aus meiner eigenen Forschungsarbeit durchspielen. In Abbildung 2 haben Sie die folgende Illusion bereits kennengelernt: Jeder Mensch hat einen Prototyp für eine senkrechte Linie. Dies liegt daran, dass jeder ein internes, geistiges Koordinatensystem hat. Wenn Sie einen ungefähr vertikalen Strich anschauen, können Sie recht genau sagen, ob dieser wirklich senkrecht ist, oder ob er etwas von der Vertikalen abweicht („schief hängt"). Wenn Sie nun an eine schiefe Linie adaptieren, also einfach eine Weile auf eine Linie starren, die beispielsweise auf 11:00 Uhr zeigt, dann ändert sich Ihr geistiges Koordinatensystem (= ihre Prototypen für vertikal und horizontal). Diese wissenschaftliche Hypothese lässt sich mit drei beobachtbaren Phänomenen untermauern, wie Abbildung 3 veranschaulicht:

- Erstens kann man während der Adaptationszeit beobachten, dass sich die Linie in der Wahrnehmung des Betrachters dem Prototypen annähert. Die Linie scheint also nach einigen Sekunden Adaptation näher bei 12:00 Uhr zu sein als

am Anfang. Dies liegt daran, dass der Prototyp für die senkrechte Linie nicht mehr senkrecht ist, sondern sich aufgrund der Adaptation leicht in Richtung 11:00 Uhr neigt.
- Zweitens, wenn Sie nun eine wirklich senkrechte Linie anschauen, dann erscheint diese in Richtung 1:00 Uhr geneigt. Auch dies liegt daran, dass sich der Prototyp für die senkrechte Richtung nach 11:00 Uhr gedreht hat.
- Zuletzt kann man die Änderung des Prototypen eines internen Koordinatensystems mittels eines horizontalen Teststrichs belegen. Dieser erscheint nicht auf 9:00 Uhr, sondern etwas im Uhrzeigersinn gedreht. Die nahe Achse wird also in der Wahrnehmung weggestoßen, die weite Achse angezogen. Abbildung 3 verdeutlicht, wie das Gehirn hier vorgeht.

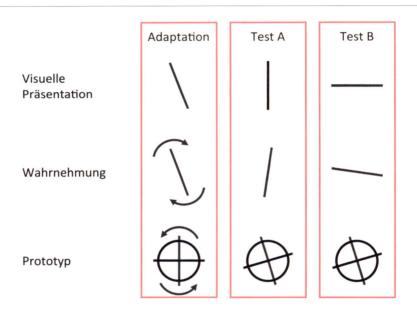

Abb. 3: Änderungen eines Prototypen und daraus resultierende Auswirkungen auf die Wahrnehmung

Durch Adaptation an eine andere Referenz ändert sich die Wahrnehmung der horizontalen und vertikalen Achse. Noch einmal zusammengefasst: Adaptiert man für längere Zeit an eine Linie, die auf 11:00 Uhr zeigt, dreht sich das in der „Gehirnsoftware" gespeicherte Koordinatensystem gegen den Uhrzeigersinn. Dies führt zu der Wahrnehmung, dass sich die 11:00-Uhr-Linie vermeintlich im Uhrzeigersinn dreht. Betrachtet man nun eine tatsächlich vertikale Linie (Test A), dann erscheint diese aufgrund des gedrehten Koordinatensystems als im Uhrzeigersinn gedreht.

Dasselbe passiert auch mit einer horizontalen Testlinie (Test B): Sie erscheint nicht horizontal, sondern ebenfalls leicht im Uhrzeigersinn gedreht.

Lassen Sie mich die wichtigsten Eckpunkte in Bezug auf die Adaptation und die Relation zu den Preisen zusammenfassen: Adaptation ändert den Prototypen (Durchschnitt) hin in Richtung Adaptationsreiz. Deshalb erscheint der Adaptationsreiz bald nicht mehr als große Abweichung. Der neue Durchschnitt liegt näher am Adaptationsreiz. Der alte Mittelwert erscheint deshalb weiter weg vom Adaptationsreiz. Für den Anhänger etwas klarerer Marketingworte: Nennen Sie hohe Zahlen, dann scheinen hohe Preise bald nicht mehr hoch, Standardpreise scheinen niedrig und die Zahlungsbereitschaft steigt!

Es gibt auch bei Preisen Prototypen. Der prototypische Preis für ein iPad liegt bei ca. 500 Euro. Wohlgemerkt, jeder Mensch hat aufgrund seiner Vorkenntnisse und Erfahrungen einen eigenen prototypischen Preis. Das ist wie bei Malinowski, der einen anderen Gesichtsprototyp hatte als seine polynesischen Freunde. Wenn man aber weiß, dass der prototypische Preis für ein iPad bei rund 500 Euro liegt, dann kann ein cleverer Verkäufer dieses Wissen nutzen: Er zeigt einem Neukunden zunächst ein sehr teures Modell, das zum Beispiel über sehr viel Speicherplatz verfügt und 900 Euro kostet. Damit verschiebt er kurzfristig den prototypischen Preis des iPads von 500 Euro auf beispielsweise 580 Euro.

Mit dem verschobenen prototypischen Preis steigt auch die Bereitschaft, mehr zu zahlen, und damit die Wahrscheinlichkeit, dem Kunden ein teureres Gerät mit einer deutlich höheren absoluten Gewinnspanne zu verkaufen. Gleichzeitig steigt die Kaufwahrscheinlichkeit im Allgemeinen, denn das iPad für 500 Euro erscheint nun als günstiges Schnäppchen — „Es sind ja nur ein paar Gigabyte weniger, dafür bekomme ich aber ein tolles Gerät." Im Kapitel „NeuroPricing in der Praxis" werde ich detaillierter auf solche Taktiken eingehen.

Sowohl visuelle Nacheffekte als auch die Effekte von Preisankern basieren auf der Änderung des Prototypen hin zum Adaptationsreiz.

2.2.3 Neuronale Adaptation und Prototypen

Was genau passiert im Gehirn während der Adaptation? Abbildung 4 zeigt das Konzept der sogenannten „Tuningkurven". Nervenzellen sind spezialisiert. Viele Nervenzellen des Sehsystems reagieren nur auf eine eng umschriebene Fläche des Sehfelds. Darüber hinaus reagieren sie nur dann, wenn in dieser Fläche eine Linie mit einer bestimmten Orientierung gezeigt wird. Man sagt, die Zellen sind „getunt". Die Zellen reagieren also auf eine spezielle Orientierung eines Strichs besonders gut, beispielsweise die Orientierung auf 1:00 Uhr. Die Nachbarzellen reagieren dagegen besonders gut auf die Orientierung 2:00 Uhr.

Die Tuningrichtung einer Zelle wird in der Abbildung ganz oben in rot gezeigt. Die sogenannte Tuningkurve wird in schwarz dargestellt. Die Tuningkurve zeigt, wie empfindlich die Zelle ist. In grün ist die Aktivität von acht hypothetischen Neuronen dargestellt. Neuronen kommunizieren untereinander mit elektrischen Impulsen. Man sagt auch, sie „feuern". Wenn die Feuerrate eines bestimmten Neurons ansteigt, dann bedeutet das also, dass das Gehirn an einem bestimmten Fleck im Sehfeld eine bestimmte Linie mit einem bestimmten Neigungswinkel wahrnimmt.

In Teil B der Abbildung sehen Sie, was passiert: Eine Linie wird gezeigt und die Nervenzellen, die für diesen Neigungswinkel sensitiv sind, werden aktiv und tragen zur Wahrnehmung der Linie bei.

In Teil C der Abbildung sehen Sie an den Tuningkurven, dass die Empfindlichkeit der eben noch aktiven Zellen abgenommen hat. Dies kann beispielsweise an Ermüdung oder an Hemmungsvorgängen liegen. Mit Ermüdung meint man im biochemischen Sinne, dass es den Neuronen recht schnell an Energie und Botenstoffen fehlt, um dauernd die gleiche Orientierung zu signalisieren. Wahrscheinlich spielen bei diesen Mechanismen sowohl Ermüdung als auch Hemmung eine wichtige Rolle.

Wenn nun eine senkrechte Linie gezeigt wird, dann sehen Sie, dass sich aufgrund der veränderten Tuningkurven der Schwerpunkt der grünen Aktivität weiter nach rechts verschiebt, als dies ohne Adaptation der Fall wäre. Das Resultat dieser Verschiebung ist die Wahrnehmung des Orientierungsnacheffekts.

Ermüdung und Hemmung von Nervenzellen bedingen in vielen Fällen die Wahrnehmungseffekte der Adaptation.

2 Adaptationstheorie – Anpassung an sensorische Erfahrungen und evolutionäre Veränderungen

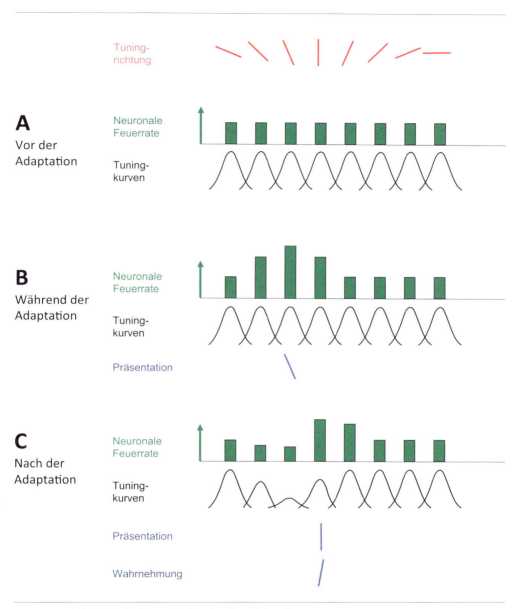

Abb. 4: Tuningkurven in der visuellen Wahrnehmung

Von der Psychophysik zur Prospect Theory

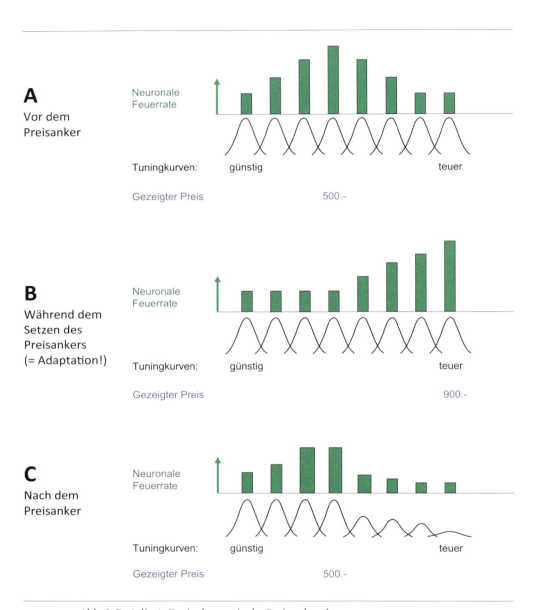

Abb. 5: Postulierte Tuningkurven in der Preiswahrnehmung

Es ist gut möglich, dass es beim Menschen Zellen gibt, die ein Kontinuum von günstig über fair bis teuer repräsentieren. Beim Sehsystem konnte man die orientierungssensitiven Zellen, die ich in Abbildung 4 schematisch beschrieben habe, nachweisen. Da für solche Versuche Elektroden in das Gehirn von Versuchstieren eingeführt werden müssen, kann man sie bei Menschen aus ethischen Gründen nicht durchführen. Da man aber weiß, dass neuronale Prozesse oftmals ähnlich ablaufen, ist es sehr plausibel, „Teuer-Neuronen" und „Günstig-Neuronen" anzunehmen. Diese könnten beispielsweise im Emotionssystem vorhanden sein oder auch bei den Neuronen im Scheitellappen, die für nummerische Verarbeitung zuständig sind.

Schauen Sie sich Abbildung 5 an. Die postulierten Teuer-günstig-Nervenzellen reagieren in Teil A wie erwartet. Der Preis von 500 Euro ist also weder richtig teuer noch richtig günstig. Vielleicht ist der Preis sogar optimal. Durch den Preisanker, der in Teil B gesetzt wird, verändert sich die Sensitivität der „Teuer-Neuronen". Daher verschiebt sich der Schwerpunkt der Aktivität in Teil C nach links. Diese Aktivitätsverschiebung im Gehirn führt dazu, dass der Preis von 500 Euro plötzlich billiger erscheint, denn die Günstig-Neuronen sind ja nun aktiver als die Teuer-Neuronen.

Wahrscheinlich gibt es auch Zellen beim Menschen, die die Wahrnehmung von Kosten und Preisfairness mittels Tuningkurven repräsentieren.

Vielleicht fragen Sie sich, welcher Zusammenhang zwischen der Änderung des Prototypen durch Adaptation und der neuronalen Adaptation besteht. Die beiden Erklärungen für Nacheffekte schließen sich nicht aus. Die Prototypentheorie ist allerdings eher ein Konzept, das der kognitiven Psychologie entsprungen ist, während die neuronale Adaptationserklärung durch die in der Neurophysiologie entdeckten Tuningkurven inspiriert wurde. Die neuronale Codierung mittels Tuningkurven kann durchaus als biologische Implementation der Prototypen-Theorie verstanden werden. Einige mir bekannte Universitätslabors, die in der Grundlagenforschung arbeiten, widmen sich intensiv diesen Fragestellungen. Wir dürfen also gespannt sein, inwiefern die Neurowissenschaften und die kognitive Psychologie uns hier in den kommenden Jahren neue experimentelle Erkenntnisse liefern, die den Zusammenhang zwischen diesen Theorien aufzeigen.

2.2.4 Die Wahrnehmung von Preisen

Einer der ersten, der die Erkenntnisse der Psychophysik auf preisbezogene Fragestellungen anwendete, war Kent B. Monroe, Professor an der Universität von Illinois. Noch bevor Daniel Kahneman und Amos Tversky im Jahr 1979 ihre Prospect Theory vorlegten, wurden schon verhaltenswissenschaftliche Untersuchungen zum Thema Preise angestellt. Dieses waren allerdings oft einfache Fragebogenerhebungen unter nicht kontrollierten Bedingungen.

Reize müssen wahrgenommen und interpretiert werden, bevor sie Entscheidungen und Verhalten beeinflussen.

Im Rahmen der kognitiven Informationsverarbeitung befasste man sich mit den Prozessen des Wahrnehmens, Denkens, Entscheidens und Erinnerns. Dabei ging man davon aus, dass externe Reize nicht direkt, sondern lediglich indirekt das Verhalten beeinflussen. Reize müssen also zunächst wahrgenommen und interpretiert werden, bevor sie Entscheidungsprozesse beeinflussen und sich auf das Verhalten auswirken.

Die Wahrnehmung von Preisen unterscheidet sich nicht von der Wahrnehmung anderer Reize.

Unsere Alltagserfahrung vermittelt uns den Eindruck, dass unsere fünf Sinne Sehen, Hören, Riechen, Schmecken und Fühlen uns objektive Informationen über die Außenwelt zur Verfügung stellen und weitgehend unabhängig voneinander funktionieren. Das heißt, wir glauben, dass wir eine visuelle Information unabhängig von einer gleichzeitigen akustischen Information wahrnehmen und bewerten. Tatsächlich funktioniert Wahrnehmung aber ganz anders, als wir sie zu erleben glauben.

Das beginnt damit, dass unsere Sinnesorgane die empfangene physikalische Energie, also Photonen, Luftdruckwellen oder die chemische Zusammensetzung der Luft in einen neuronalen Code, also zum Beispiel Farben, Töne und Gerüche umsetzen. Schon allein die Annahme, dass das Wahrnehmungssystem die Aufgabe hat, eine physikalisch korrekte Beschreibung der Eingangsinformationen zu leisten, führt dazu, dass wir zwischen dem „Normalfall" einer korrekten Wahrnehmung und einer Wahrnehmungstäuschung unterscheiden. Eine der wichtigsten Einsichten der Wahrnehmungspsychologie in der jüngeren Vergangenheit war, dass die Struktur der Wahrnehmung nicht auf die Struktur der Sinnesorgane reduziert werden kann. Wahrnehmen und Denken gehören zusammen.

Während Wahrnehmungsprozesse schnell, vergleichsweise starr und stereotyp sind und kaum der bewussten Kontrolle zugänglich gemacht werden können, ist das Denken hochgradig flexibel, aber langsam und scheinbar einer bewussten Kontrolle zugänglich. Tatsächlich muss der gesamte sensorische Input im Gehirn nicht nur nach verschiedenen Kriterien wie zum Beispiel „wichtig" oder „unwichtig" sortiert werden, sondern er muss auch interpretiert werden.

Adaptationstheorie – Anpassung an sensorische Erfahrungen und evolutionäre Veränderungen

Das setzt allerdings voraus, dass das Wahrnehmungssystem über mehr Informationen verfügen muss, als ihm durch den sensorischen Reiz zur Verfügung gestellt werden. Wir brauchen für die Interpretation der Sinnesreize also ganz bestimmte Annahmen darüber, was in der physikalischen Welt tatsächlich zu sehen, zu hören, zu riechen, zu schmecken und zu fühlen ist.

Einerseits haben sich im Laufe des Lebens ganz bestimmte innere Repräsentationen gebildet, die zum Verständnis der äußeren Welt beitragen. Zum Beispiel „wissen" wir, dass die Sonne am Himmel steht und nicht etwa ein zweites Mal in einer glatten Wasseroberfläche vorhanden ist, wenn sich die Sonne darin reflektiert. Welches Vorwissen dem Gehirn allerdings in seiner ganzen Komplexität zur Verfügung steht und wie es damit umgeht, ist eine der großen Kernfragen der Kognitionsforschung.

Zumindest die Grundbausteine der Wahrnehmung, mit denen wir die Welt interpretieren, sind feste Bestandteile unserer biologischen Ausstattung und der strukturellen Prinzipien und Prozesse des Gehirns. Wie weit unsere Wahrnehmungsleistungen reichen, wird immer noch akribisch erforscht. Die meisten Untersuchungen zeigen jedoch, dass sich der sensorische Input weniger als ein „Bild der Umwelt" auffassen lässt, sondern eher eine Art „Stichwortgeber" ist, der es den inneren Strukturen ermöglicht, das komplexe Geschehen außerhalb richtig zu interpretieren.

Unser Gehirn verfügt sozusagen über ein ganz bestimmtes Repertoire an „Geschichten" über die Beschaffenheit der Außenwelt, die durch den sensorischen Input abgerufen werden. Wir sehen, hören, fühlen, riechen und schmecken im weitesten Sinne also nur das, was wir erwarten und ohnehin schon kennen.

Ein gutes Beispiel sind Fehler in der Wahrnehmung aufgrund optischer Täuschungen, wozu auch die oben diskutierten Nacheffekte zählen. Hierbei werden bestimmte Reize in einer ganz gewissen Weise interpretiert, die nicht den von den Augen empfangenen Sinneseindrücken entsprechen. Bei optischen Täuschungen nehmen wir etwas wahr, was in Wirklichkeit gar nicht existiert. Solche Täuschungen finden wir nicht nur im optischen Bereich, sondern auch bei allen anderen Sinnen, zum Beispiel wenn es um Größe und Gewicht geht, und erst recht, wenn es darum geht, bestimmten Situationen einen Erlebniswert zuzuschreiben.

Das bedeutet natürlich nicht, dass wir nicht dazu lernen und Irrtümer erkennen können, aber es bedeutet, dass wir „auf dem kurzen Wege" bestimmte neue Informationen mit bereits vorhandenen Vorstellungen in Verbindung bringen und diese dann als real akzeptieren. Das Wahrnehmungssystem soll uns also im weitesten

Von der Psychophysik zur Prospect Theory

Sinne handlungs- und entscheidungsfähig machen und nicht unbedingt ein korrektes Bild der physikalischen Welt bereitstellen.

Der Mensch sieht, hört, fühlt, riecht und schmeckt oft das, was er erwartet und ohnehin schon kennt.

Der Mensch sieht nur, was er erwartet. Schauen Sie sich die Abbildung 6 von links nach rechts an. Was sehen Sie ganz rechts? Einen Mann mit Brille und Glatze?

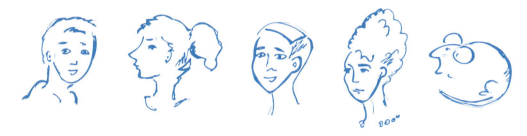

Abb. 6: Fünf unterschiedliche Köpfe

Wenden wir uns nun Abbildung 7 zu. Schauen Sie wieder von links nach rechts die Figuren der folgenden Abbildung durch. Was sehen Sie dieses Mal ganz rechts? Immer noch einen Mann? Oder eine Maus? Wiederholen Sie das Experiment in der Familie oder mit Kollegen. Sie werden sehen, je nachdem, ob Sie Ihrer Versuchsperson Abbildung 6 oder Abbildung 7 zeigen, bekommen Sie eine andere Antwort darauf, was denn die Figur ganz rechts darstellt. In der Reihe mit den Köpfen sehen die meisten Versuchspersonen einen fünften Kopf, in der Reihe mit den Tieren sieht der Großteil der Versuchspersonen ein fünftes Tier.

Abb. 7: Fünf unterschiedliche Tiere

2.3 Wie Handlungen von Erinnerungen gelenkt werden

Die Wahrnehmung von Sinnesreizen und ihre Verarbeitung lassen sich zwar wissenschaftlich durchaus getrennt voneinander untersuchen, sie bilden aber im Ergebnis eine Einheit. Ein ganz wesentlicher Teil der unbewussten Verarbeitung von Wahrnehmungen ist die Einbeziehung von Gedächtnisinhalten. Unser Gedächtnis ist ein höchst komplexes Gebilde, in dem höchst unterschiedliche Informationen gespeichert, verknüpft und mit Emotionen verbunden sind. Wahrscheinlich sind es diese Gedächtnisinhalte, die jeden Menschen in einer ganz besonderen Art einzigartig machen.

Das hat auch die Zwillingsforschung ergeben. Selbst eineiige Zwillinge bewerten dieselben Sachverhalte oder Ereignisse oft unterschiedlich. Von Geburt an entsteht bei jedem Menschen ein Erinnerungsmuster, das mit jeder neuen Wahrnehmung verändert und fortgeschrieben wird. Das bedeutet allerdings nicht, dass jeder Mensch so einzigartig ist, dass sich die Gehirne von außen gesehen drastisch unterscheiden.

Gedächtnisinhalte entfalten im Unbewussten eine so große Wirkung, dass sie uns beeinflussbar machen, ohne dass wir dies bewusst kontrollieren können.

Die Aufnahme mancher Gedächtnisinhalte ist schon von der Evolution vorbereitet worden. Angst vor Spinnen ist beispielsweise schneller lernbar als Angst vor Autos, obwohl Autos viel gefährlicher sind. Die Evolution hat uns aber auf die Angst vor Spinnen über Jahrmillionen vorbereitet. Die Fähigkeiten, Sprache und Gesichter zu erkennen und diese zu deuten, sind weitere Beispiele für die evolutionäre Vorbereitung des Gehirns auf bestimmte Gedächtnisinhalte.

Andere soziale Fähigkeiten werden in der kindlichen Entwicklung weiter geformt und verfeinert. Auch die Kultur, in der man aufwächst, hinterlässt tiefe, lebenslange Spuren. Diese Gemeinsamkeiten, die von klein an in der Familie und der Gesellschaft erworben werden, sind es, die neben den höchst individuellen Erinnerungen unbewusst eine so große Wirkung entfalten, dass sie uns beeinflussbar machen, ohne dass wir dies bewusst kontrollieren können.

Dass diese Mechanismen tatsächlich existieren, wurde von Verhaltenspsychologen und Verhaltensökonomen in Experimenten inzwischen so oft nachgewiesen, dass sie die Selbstwahrnehmung eines jeden Einzelnen, nämlich rational und vernünftig zu handeln und genau zu wissen, warum man etwas tut oder nicht tut, widerlegen.

So ließ zum Beispiel der Wirtschaftspsychologe Lawrence Williams Studenten mit einem Fahrstuhl zu dem Raum fahren, in dem das Experiment stattfinden sollte. Die Aufgabe der Studenten bestand darin, die Beschreibung von Personen zu bewerten. Das jedenfalls glaubten die Studenten. Die eigentliche Manipulation fand nämlich schon während der Fahrstuhlfahrt statt.

Vor dem Fahrstuhl stand ein Assistent mit einem Berg Akten und zwei Getränkebechern. Der Assistent bat die Studenten, ihm die Getränkebehälter abzunehmen, damit er die Akten tragen könne. Die eine Hälfte der Studenten erhielt Becher mit einem heißen Getränk, die andere Hälfte erhielt Becher mit einem kalten Getränk. Es war nur eine kurze Fahrt im Fahrstuhl und dennoch beurteilten die Studenten, die heiße Getränke in den Händen gehabt hatten, die identischen Personenbeschreibungen deutlich positiver. Sie sprachen von warmherzigen Personen, während diejenigen Studenten, die eiskalte Getränke in der Hand gehalten hatten, die Personen eher als distanziert und kühl interpretierten.

In beiden Experimenten wurden also Sinneseindrücke unbewusst wahrgenommen und anschließend mit Verhalten und Entscheidungen verknüpft, die ursächlich überhaupt nichts mit den Sinneseindrücken zu tun hatten.

Das Gehirn verknüpft wahrgenommene Sinneseindrücke mit Entscheidungen, die nichts damit zu tun haben.

Dass es nun im Zusammenhang mit der Preiswahrnehmung ebenfalls wirksame unbewusste Mechanismen gibt, die sich durch Zahlen, Geld, Geldsymbole, aber auch durch Farben, Töne und Gerüche aktivieren lassen, dürfte einsichtig sein.

2.4 Kaufen oder Nichtkaufen – Wie wir Entscheidungen treffen

Einige der wichtigsten Impulse für das NeuroPricing kamen 1979 von der Prospect Theory. Diese von Daniel Kahneman und Amos Tversky entwickelte verhaltenswissenschaftliche Entscheidungstheorie erlaubt die Beschreibung der Entscheidungsfindung in Situationen der Unsicherheit. Mit Unsicherheit sind in diesem Zusammenhang Fälle gemeint, in welchen eine Entscheidung nur mit einer bestimmten

Wahrscheinlichkeit zu einem bestimmten Ergebnis führt. Wenn ich mit Ihnen würfle, bis einer von uns eine höhere Zahl würfelt, dann sind meine Gewinnchancen 50 Prozent. Ob ich mich also mit Ihnen auf das Würfelspiel einlasse, ist eine Entscheidung unter Unsicherheit, denn ich weiß vorher nicht, ob ich gewinnen oder verlieren werde. Genauso ist es eine Entscheidung unter Unsicherheit, ob ich rauche oder nicht. Rauchen führt ja nicht zwangsläufig zu einer Krebserkrankung, aber das Risiko steigt eben.

Die Prospect Theory beruht auf experimentellen Arbeiten und stellt in einem mathematischen Modell dar, wie Individuen erwartete Gewinne beziehungsweise Verluste bewerten. Dabei zeigt sich, dass Verluste stärker negativ bewertet werden, als die positive Bewertung für gleich hohe Gewinne ausfällt. Der Nachweis einer Verlustaversion ist einer der wesentlichen Eckpunkte der Prospect Theory.

Finanzielle Verluste werden als negativer bewertet wie gleich hohe Gewinne als positiv empfunden werden.

In der Theorie von Kahneman und Tversky wird auch die These vertreten, dass verschiedene kognitive Verzerrungen (Biases) das Entscheidungsverhalten unter Unsicherheit beeinflussen, wobei der Grad der Unsicherheit und die Bedeutung der Entscheidung für die Zukunft eher nebensächlich sind. Jede Entscheidung und damit auch alle Preisentscheidungen funktionieren also nach ähnlichen Mustern und Bedingungen.

Ein ganz wesentlicher Punkt ist die sogenannte Ankerheuristik. Hier werden Wahrnehmungen oder Aussagen zum Bezugspunkt für die nachfolgende Entscheidung, auch wenn diese „Anker" objektiv betrachtet absolut nichts mit der zu treffenden Entscheidung zu tun haben. Dadurch, dass diese Anker unbewusst wahrgenommen worden sind und in den Entscheidungsprozess einbezogen werden, kann sich kein Mensch dagegen wehren, selbst wenn ihm dieser Effekt bekannt ist. Dies ist genau wie bei der visuellen Adaptation. Selbst wenn man weiß, dass ein Element in Wahrheit anders aussehen sollte, kann man sich des Nacheffekts nicht erwehren. Beim Ankereffekt hat sich der Prototyp verschoben und der Entscheidungsprozess wird beeinflusst.

Anker beeinflussen Entscheidungen, auch wenn sie nichts mit ihnen zu tun haben.

Von der Psychophysik zur Prospect Theory

2.4.1 Relative Wahrnehmung und Kontrastprinzip

Bei Adaptation und Nacheffekten haben wir gesehen, dass nach einer gewissen Adaptationszeit Nacheffekte einsetzen, was ich als zeitversetzte Wahrnehmungsverzerrung bezeichne. Unsere Gehirne zeigen jedoch nicht nur zeitverschobene spezifische Wahrnehmungsverzerrungen, sondern auch gleichzeitige, dafür aber räumlich verschobene. Abbildung 8 zeigt die Ebbinghaus-Illusion. Der gleiche Kreis erscheint entweder größer oder kleiner, je nachdem in welchem Kontext er präsentiert wird. Allerdings sind, wie Sie sich sicher denken können, beide blauen Kreise gleich groß. Interessanterweise ändert es nichts an der Wahrnehmung zu wissen, dass die beiden Kreise gleich groß sind. Der linke Kreis erscheint trotzdem kleiner als der rechte.

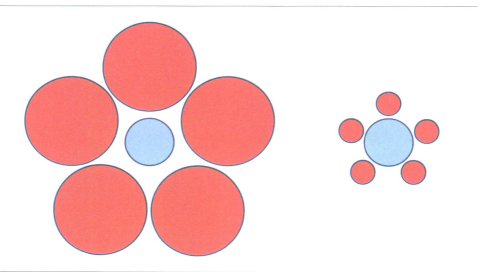

Abb. 8: Die Ebbinghaus-Illusion

Bei Preisen finden sich ähnliche Phänomene wie in der elementaren visuellen Wahrnehmung. Hier spricht man zwar eher vom „Kontrastprinzip", aber prinzipiell handelt es sich um vergleichbare Mechanismen des Gehirns.

Vergleichen Sie die beiden Preistafeln unserer hypothetischen Coffee-Shops in Abbildung 9. Eine Tasse Kaffee kostet in beiden Coffee-Shops 1,80 Euro. In der „Schickeria" ist dieses Produkt in ein hochpreisiges Sortiment erlesener Getränke eingebettet. In der Studibude dagegen gibt es kein teureres Produkt. In der Studibude erscheint der Kaffee ausgesprochen teuer, während er in der Schickeria als sehr günstig erscheint.

2 Kaufen oder Nichtkaufen – Wie wir Entscheidungen treffen

Auch bei Preisen gibt es das Phänomen, dass solche Effekte bestehen bleiben, selbst wenn man sich der Verzerrung bewusst ist oder sogar davor gewarnt wird. Timothy Wilson von der University of Virginia und seine Kollegen wiesen dies in den 1990er-Jahren in einem Experiment nach. Sie klärten Versuchspersonen vollständig darüber auf, dass zuvor genannte Zahlen eine Schätzung stark beeinflussen können. Es half nicht viel. Wenn einer Versuchsperson eine Zahl gezeigt wurde, beeinflusste dies trotz der vorherigen Erklärung die nachfolgende Schätzung. Dies ist ähnlich wie bei der Ebbinghaus-Illusion. Es handelt sich bei der visuellen Wahrnehmung wie bei der Zahl- und Preiswahrnehmung um vorprogrammierte neuronale Mechanismen, die man nicht einfach willentlich ausschalten kann.

Jede Form der Wahrnehmung ist relativ, auch die Preiswahrnehmung.

Coffee-Shop **Schickeria**	
Fairtrade-Schokoriegel	1,90
Petit Four Törtchen	3,50
Chai Latte	3,10
Frozen Soypuccino	4,30
Tasse Kaffee	1,80
Latte Macchiato	3,50
Cappuccino	3,20
White Latte Macchiato	3,80
Earl Grey Tee	2.10

Coffee-Shop **Studibude**	
Snickers	0,90
Kuchen	1,20
Milchtee	1,10
Eiskaffee	1,80
Tasse Kaffee	1,80
Latte Macchiato	1,80
Cappuccino	1,80
White Latte Macchiato	1,80
Earl Grey Tee	1.00

Abb. 9: Das Kontrastprinzip

2.4.2 Involvement – Was von Interesse ist

Auch das Involvement, also der Grad der inneren Beteiligung einer Person an einer bestimmten Handlung oder Entscheidung, spielt beim Pricing eine große Rolle. High-Involvement-Produkte sind Produkte, die nach reiflicher Überlegung gekauft werden, weil sie mit einer wichtigen emotionalen und/oder finanziellen Komponente einhergehen. Low-Involvement-Produkte werden ohne große Überlegung gekauft, oftmals weil sie weder emotional noch finanziell bedeutsam sind. Ob ein Produkt High- oder Low-Involvement ist, hängt prinzipiell vom Käufer bzw. eigentlich von dessen Gehirn ab. Man kann aber davon ausgehen, dass für die meisten Menschen ein Auto oder ein Brautkleid ein High-Involvement-Produkt ist, während Mehl oder Bleistifte für die meisten Konsumenten Low-Involvement-Produkte darstellen.

Grundsätzlich haben Menschen bei sogenannten High-Involvement-Produkten eine bessere Erinnerung an einen Markennamen und auch ein höheres Kaufinteresse als bei Low-Involvement-Produkten. Bei Low-Involvement-Produkten wie zum Beispiel Grundnahrungsmitteln sind die Wahrnehmungsverarbeitung, der Informationsbedarf und die Informationsselektion deutlich geringer.

2.4.3 Mental Accounting – Konzentration auf die Verluste

Doch noch einmal zurück zur am Anfang dieses Abschnitts beschriebenen Verlustangst. Verluste werden also stärker wahrgenommen und bewertet als Gewinne. Darüber hinaus geht die Prospect Theory von einer abnehmenden Sensitivität aus. Ob z. B. jemand 40.000 oder 50.000 Euro Jahresgehalt verdient, macht emotional einen Riesenunterschied. Ob jemand 140.000 oder 150.000 Euro verdient, macht hingegen in der Wahrnehmung fast keinen Unterschied mehr aus. Beides Mal handelt es sich jedoch absolut um den gleichen Differenzbetrag.

Analog zum obigen Beispiel empört man sich außerordentlich, wenn man für einen PC 1.000 Euro zu viel bezahlt, bei einem Wohnungskauf dagegen sind 1.000 Euro durchaus zu verschmerzen. Rational betrachtet ist dies absurd, denn von den beim PC-Kauf gesparten 1.000 Euro hätte man sich nicht mehr leisten können als von den 1.000 Euro, die man beim Wohnungskauf gespart hätte.

Verhaltensökonomen gehen davon aus, dass Entscheider und damit auch jeder Käufer im Kopf unbewusst Gewinn- und Verlustkonten führt. Solche Gedankenprozesse werden als Mental Accounting bezeichnet.

Da Gewinne als geringer bewertet werden wie Verluste, wird sich jeder, der eine Kaufentscheidung trifft, bemühen, eher die zu erwartenden Verluste gering zu halten, als sich auf die zu erwartenden Gewinne zu konzentrieren. Der Nutzen wird auf der Gewinnseite verbucht und die zu leistenden Zahlungen auf der Verlustseite. Dies ist ein Grund dafür, dass viele kleine einzelne finanzielle Gewinne und wenige Verluste — selbst wenn sie groß sind — zu einem besseren Gefühl führen als im umgekehrten Fall.

2.4.4 Besitztumseffekte verzerren die Preise

Mithilfe der Verlustaversion lassen sich auch die sogenannten Besitztumseffekte (Endowment-Effekt) erklären. Kahneman hat dies mithilfe eines Experiments dargestellt. Einige Versuchspersonen erhielten eine Kaffeetasse, andere nichts. Dann wurden die Versuchspersonen, die nichts erhalten hatten, befragt, wie viel sie bereit wären, für den Kauf einer solchen Kaffeetasse zu bezahlen. Diejenigen, die eine Tasse hatten, wurden gefragt, zu welchem Preis sie den Becher verkaufen würden.

Nach der traditionellen ökonomischen Theorie müssten die Preise der Käufer und die der Verkäufer im Durchschnitt gesehen gleich sein, da es sich bei diesen Tassen weder um erinnerungsbeladene Erbstücke noch um begehrenswerte Sammlerstücke handelte — die Verteilung der Becher unter den Probanden erfolgte ja vollkommen zufällig. Das Ergebnis war aber ein anderes: Inzwischen wurde dieses Experiment mit den unterschiedlichsten Gütern in über 30 Jahren immer wieder durchgeführt und es zeigte sich stets, dass der verlangte Verkaufspreis rund doppelt so hoch war wie der angebotene Kaufpreis. Der deutlich zu beobachtende Unterschied zwischen Kaufpreis und Verkaufspreis hängt also einzig und allein davon ab, ob jemand ein Gut besitzt oder nicht.

Dieser Besitztumseffekt lässt sich mit der Verlustaversion erklären. Wenn man ein Gut besitzt, betrachtet man den Verkauf als Aufgabe des Besitzes, also als Verlust, der kompensiert werden muss. Der Kauf ist zwar einerseits mit einem Gewinn, nämlich dem Erwerb des Guts verbunden, aber andererseits auch mit der Zahlung des Preises, den man ebenfalls als Verlust empfindet und deshalb so gering wie möglich halten möchte. Das Verkaufen und das Kaufen ist also jedes Mal mit Gewinn und Verlust verbunden, wobei das Verlustgefühl stärker ist und deshalb höher kompensiert werden muss.

Wer ein Gut besitzt, betrachtet den Verkauf als Verlust, der kompensiert werden muss.

Eine Erklärung, warum Verluste in der Regel doppelt so stark empfunden werden wie Gewinne, findet man in der evolutionären Psychologie. Es gibt zwei Vermutungen: Einerseits, dass ein Verlust mit dem Tod gleichgesetzt wird und im weitesten Sinne die Nichtweitergabe der eigenen Gene bedeutet. Andererseits könnte die Verlustvermeidung eine Form der territorialen Verteidigung darstellen. Tierstudien zeigen, dass die Mittel, welche von Revierbesitzern eingesetzt werden, härter sind, als diejenigen, die Eroberer eines neuen Reviers einsetzen.

2.4.5 Der Mensch hat sich im Rahmen der Evolution verändert

Dass der Mensch sich im Rahmen der Evolution verändert hat, wird heute von niemandem mehr bezweifelt. Dabei handelt es sich nicht nur um körperliche, sondern auch um geistige Merkmale wie die Gedächtnis-, Wahrnehmungs-, Problemlösungs- und Lernleistungen.

Der Gletschermensch Ötzi, der vor rund 5.300 Jahren gelebt hat, war mit 1,58 Meter Körpergröße und einem Gewicht von 50 Kilogramm anders gebaut als die Europäer der Gegenwart. Er war also einerseits kleiner, andererseits hatte er deutlich stärkere Knochen, aber auch eine wesentlich geringere Feinmotorik in den Händen als die heutigen Menschen. Doch wie sieht es mit der geistigen Anpassung an unsere Gegenwart aus?

Die Evolutionspsychologen gehen in Analogie zur Evolutionsbiologie von der Annahme aus, dass sich nicht nur die Organe und der Knochenbau als Reaktion auf bestimmte Umweltreize verändert haben, sondern dass es auch „mentale Organe" gibt, die einer Anpassung unterzogen worden sind. In der kognitiven Psychologie wird der Begriff des „Moduls" verwendet. Das sind Einheiten, die sich auf bestimmte Leistungen oder Inputs spezialisiert haben.

So wird angenommen, dass es ein Modul zur Erkennung von Gesichtern gibt oder auch eines zur Einschätzung räumlicher Relationen. Beim modernen Menschen handelt es sich damit um angeborene kognitive Mechanismen, die nicht mehr streng voneinander getrennt arbeiten oder reagieren, sondern miteinander in Verbindung und im Austausch stehen.

Da der Mensch immerhin eine Entwicklungszeit von 1,8 Millionen Jahren hinter sich hatte, bevor in den letzten 10.000 Jahren die ersten agrarischen Gesellschaften entstanden sind, wird vermutet, dass der menschliche Geist zumindest in seinen Grundfunktionen immer noch eher an steinzeitliche als an moderne Umweltbedingungen angepasst ist. Die Angst vor Spinnen und Insekten gilt ebenso als ein Indiz dafür wie die Angst vor Schlangen.

Angeborene Informationsverarbeitungsmuster und seine Erfahrungen beeinflussen das Entscheidungsverhalten des Menschen.

Altruismus, insbesondere reziproker Altruismus nach dem Motto „Hilfst Du mir, dann helf ich Dir" ist in einer modernen Gesellschaft sicherlich von Vorteil. Aber wir alle wissen auch, dass er ausgenutzt werden kann und dass Betrüger sich auf egoistische Weise persönliche Vorteile zu verschaffen suchen. Wenn man dem keinen Riegel vorschieben würde, bräche eine nach altruistischen Prinzipien funktionierende Wirtschaft und Gesellschaft schon bald auseinander. Auf Dauer gesehen, hätte niemand davon Vorteile.

Evolutionäre Psychologen und Verhaltensbiologen gehen daher davon aus, dass sich beim Menschen ein angeborener Mechanismus, also ein Modul entwickelt hat, das ihn befähigt, betrügerische Absichten zu erkennen und Vertrauen zu versagen. Ganz offensichtlich ist dies bei den meisten Menschen der Fall, wenn sie einem Betrüger, zumindest einem nicht besonders versierten, von Angesicht zu Angesicht gegenüberstehen. Was sie genau erkennen, können sie allerdings in der Regel nicht erklären.

Dieses Phänomen, einen Betrug unbewusst zu erkennen, gibt es in gewisser Weise auch bei der Verarbeitung von Preiswahrnehmungen. Manche Forscher gehen davon aus, dass die Skepsis darüber, ob ein Preis reell ist oder nicht, einfach auf der Lebenserfahrung beruht. Wahrscheinlich handelt es sich um eine Kombination von beidem, Lebenserfahrung und das Erkennen eines Betrugs.

An dieser Stelle sei schon einmal angemerkt, dass Preise heute nach ganz anderen Regeln gemacht werden, als es noch im Mittelalter der Fall war. Im Mittelalter richtete sich der Preis eines Guts oft nach der Zahlungsfähigkeit des Kunden. Ein Adeliger oder ein reicher Kaufmann musste oft für ein bestimmtes Gut ein Vielfaches dessen bezahlen, was einem Normalbürger oder Bauern abverlangt wurde.

Man kann sagen, dass die Logik hinter diesem Verhalten darin bestand, lieber ein kleines Geschäft zu tätigen als gar keins. Aber es kann sich natürlich auch um die Praktizierung eines Gerechtigkeitsprinzips und um die Verwirklichung von reziprokem Altruismus gehandelt haben: Demnach wäre ein Reicher von sich aus bereit gewesen, mehr zu geben, weil er es sich leisten konnte. Dies scheint heute verloren gegangen zu sein. Es ist durchaus üblich, einen Porsche auf dem Aldi-Parkplatz zu sehen.

2.5 Die vier Systeme des Gehirns, die an Entscheidungen beteiligt sind

In jedem menschlichen Gehirn gibt es vier Systeme, die an jeder Entscheidung beteiligt sind. Es handelt sich dabei um das Belohnungssystem, das emotionale System, das Gedächtnissystem und das Entscheidungssystem, in dem letzten Endes alle Informationen zusammengeführt und abgewogen werden.

2.5.1 Das Belohnungssystem wartet darauf, aktiviert zu werden

Dass es im Gehirn von Säugetieren so etwas wie „Lustzentren" gibt, ist schon seit Langem bekannt. Doch das sogenannte Belohnungssystem wurde erst in der Mitte der 1950er-Jahre von den Wissenschaftlern James Olds und Peter Milner durch Zufall entdeckt. Sie hatten Ratten Elektroden ins Gehirn eingepflanzt, um durch elektrische Reize Emotionen auszulösen. Dabei war eine Elektrode versehentlich in eine Region gesetzt worden, die wir heute das Belohnungssystem nennen.

Die elektrische Stimulation dieser Struktur löste bei dem Versuchstier ein so großes Wohlbefinden aus, dass es nicht aufhören wollte, sich elektrisch zu reizen. Die Männchen, die ihr Belohnungssystem selbst aktivieren konnten, ließen die Weibchen unbeachtet und ebenso Futter und Wasser. Sie wären verhungert oder verdurstet, wenn man die Reizung nicht abgestellt hätte. Das positive Gefühl war offensichtlich größer als sexuelle Erregung oder die Erfüllung von vitalen Elementarbedürfnissen. Dies ist leicht nachvollziehbar, denn die Befriedigung elementarer Triebe wie Sex, Essen und Trinken wird letztlich durch die Aktivierung des Belohnungssystems herbeigeführt. Warum also anstrengenderweise essen, trinken und Sex haben, wenn man die Freude der Triebbefriedigung auch direkt im Gehirn auslösen kann?

Das Belohnungssystem kann äußerst positive Gefühle erzeugen.

Das Belohnungssystem unterscheidet sich von anderen Hirnregionen dadurch, dass auch bei einer kontinuierlichen Stimulation keine Gewöhnung (Habituation) eintritt. Immer wenn das Belohnungssystem aktiviert wird, fühlt sich der Mensch gut und zufrieden. Allerdings bedarf es dazu im Normalfall, wenn keine Elektrode im Gehirn sitzt, eines äußeren Zutuns. Und genau darin liegt der Zweck des Belohnungssystems: Es spornt uns zu immer neuen Handlungen und Aktivitäten an.

Das Belohnungssystem spornt uns zu immer neuen Handlungen und Aktivitäten an.

Das Belohnungssystem ist eine komplexe Verflechtung von Strukturen, die verschiedene Hirnareale umfasst. Die wichtigsten sind der „Nucleus accumbens", der ein Teil des limbischen Systems ist, das unsere Emotionen steuert. Aber auch das ventrale tegmentale Areal des Mittelhirns und Teile des Frontallappens der Großhirnrinde gehören dazu, wie beispielsweise der mediale orbitofrontale Cortex, die Hirnregion, die wir im Zusammenhang mit Hilke Plassmanns Weinexperiment kennengelernt haben. Das Belohnungssystem ist also eine Art Zentralinstanz, die im Schnittpunkt verschiedenster Be- und Verarbeitungsprozesse steht und unbewusste Gedankenprozesse sowohl moduliert als auch verstärkt oder modifiziert. Ein bewusster Zugang zum Belohnungssystem ist, anders als beim Gedächtnissystem, wo wir bewusst Erinnerungen abrufen können, nicht möglich.

Das Belohnungssystem moduliert, verstärkt oder modifiziert unbewusste Gedankenprozesse.

Die Hirnareale des Belohnungssystems reagieren sowohl auf sympathische wie auch auf vertraute oder prominente Gesichter stärker als auf Gesichter, die unsympathisch, also zum Beispiel aggressiv, sind oder die dem jeweiligen Menschen schlicht unbekannt sind. Ob ein Gesicht als sympathisch oder schön empfunden wird, basiert, wie Sie aus dem Beispiel von Bronislaw Malinowski wissen, auf Lernprozessen. Daraus lässt sich wiederum schließen, dass sich das Belohnungssystem durch Lernen beeinflussen lässt.

Dies bedeutet zum Beispiel, dass eine bestimmte Preisinformation zu einer Aktivierung des Belohnungssystems führen kann, wenn sie von einer freundlich lächelnden prominenten Persönlichkeit dargeboten wird. Prominente haben also in der Werbung durchaus eine Wirkung, denn man hat ihre Gesichter „besser gelernt" als die Gesichter unbekannterer Werbeträger.

Das Belohnungssystem kann auf sehr vielfältige Weise aktiviert werden. Welche Möglichkeiten es gibt, hat die Forschung längst noch nicht endgültig ergründet. Auf jeden Fall lässt sich durch Lernen die gesamte Verhaltensstruktur eines Menschen nachhaltig verändern, wenn das Belohnungssystem zum richtigen Zeitpunkt aktiviert wird.

2.5.2 Das emotionale System ist die Bewertungsinstanz für Reize

Immer wenn über Marketingmaßnahmen gesprochen wird, taucht auch der Begriff Emotion auf. Der Konsument soll nicht nur rational angesprochen werden, indem man ihm den Produktnutzen und die speziellen Vorteile eines Produkts vorstellt, sondern er soll auch emotionalisiert werden. Emotionen sind wichtig für das Erleben des Konsumenten und sie sind auch ein fester Bestandteil von Markenwelten.

Wir benutzen den Begriff „Emotionen" ganz selbstverständlich, weil wir offensichtlich „wissen", was Emotionen sind und wie sie sich anfühlen. Aber das bedeutet noch lange nicht, dass wir sie auch beschreiben können. Es gibt in den Wissenschaften tatsächlich keine umfassende und anderen Theorien nicht widersprechende Definition von Emotionen und ihrer Funktionsweise. Das liegt wahrscheinlich auch schon daran, dass in der deutschen Sprache die Begriffe „Emotion" und „Gefühl" synonym verwendet werden und es schwierig ist, sie inhaltlich voneinander zu trennen. Wenn Bücher oder Texte aus dem Englischen übersetzt werden, wird die Verwirrung noch größer, weil es dort eine noch größere Begriffsvielfalt gibt als im Deutschen.

Aus neurowissenschaftlicher Sicht lassen sich Emotionen am besten als eine biologische Funktion des Nervensystems erklären. Damit unterscheiden sich die Neurowissenschaften von der Psychologie, die Emotionen als psychische Zustände auffasst. In der Vergangenheit wurde oft das limbische System als Emotionszentrum angesehen. Inzwischen weiß man jedoch, dass die verschiedenen Emotionen durchaus unterschiedlichen Hirnregionen zugeordnet werden können.

Emotionen sind Hirnfunktionen, die jeweils komplexe, spezifische Aktivitätsmuster im Gehirn auslösen.

Der Begriff „limbisches System" wird oft so benutzt, als wenn es sich um eine genau definierte anatomische Struktur handeln würde. Tatsächlich bezeichnet er eher ein theoretisches Konzept. Entwickelt wurde der Begriff von Paul MacLean im Jahr 1952. Obwohl es weder anerkannte funktionale noch anatomische Definitionskriterien gibt, hat sich der Begriff „limbisches System" für eine Einheit etabliert, die bei der Bildung von Emotionen, aber auch bei der Entstehung von Gedächtnisinhalten eine besondere Rolle spielt. Zum limbischen System zählen: Hippocampus, Fornix, Amygdala, Corpus mamillare, Gyrus cinguli und Teile das Thalamus.

Emotionen sind alte Funktionen des Gehirns, die das Überleben sichern. Im Laufe der Evolution wurden sie dann weiterentwickelt und ergänzt. Wut und Furcht

Die vier Systeme des Gehirns, die an Entscheidungen beteiligt sind

dienten zum Beispiel dazu, entweder zu flüchten oder anzugreifen und spielen im Neuromarketing derzeit eine eher untergeordnete Rolle. Dies kann sich durchaus in Zukunft ändern. Der Konsument hat heute durch das Internet gewaltige Macht und kann bei negativen Gefühlen einem Unternehmen gewaltigen Schaden zufügen, indem er im Internet das Unternehmen und dessen Produkte lächerlich macht oder aktiv schlecht beurteilt. Daher wird es nur eine Frage der Zeit sein, bis sich das Neuromarketing auch mit den explizit negativen Emotionen beschäftigt.

Eine weitere negative Emotion ist Traurigkeit, ein Gefühl, das im Zusammenhang mit dem Sozialverhalten des Menschen steht. Im Neuromarketing ist sie immer dann von Bedeutung, wenn sie in Freude umschlägt. Trauer und Freude sind die beiden einzigen Emotionen, die wie zwei Seiten ein und derselben Medaille wirken, auch wenn sie im Gehirn tatsächlich ganz unterschiedliche Ursprünge haben.

Die drei wichtigsten Emotionen im Neuromarketing und damit auch im Neuro-Pricing sind Vertrauen, Wert und Verlangen. Messungen dieser Emotionen werden von Neurensics eingesetzt, um den Erfolg einer Marketingkampagne vorherzusagen. Darüber hinaus gibt es im fMRI-basierten Neuromarketing weitere Dimensionen, die für eine effiziente Vorhersage des Marketingerfolgs grundlegend sind: Lust, Selbstrelevanz, Zugehörigkeitsgefühl, Ekel, Angst, Familiarität, Misstrauen, Ärger und Aufmerksamkeit.

Die wichtigsten Emotionen im Neuromarketing sind Vertrauen, Wert und Verlangen.

Emotion und Kognition funktionieren zwar getrennt, stehen aber in einer ständigen Wechselwirkung. Die Emotionen entscheiden darüber, ob etwas als gut oder schlecht für ein Individuum wahrgenommen wird und setzen mit ihrer Wirkung oft schon ein, bevor die Wahrnehmungssysteme den entsprechenden Reiz vollständig verarbeitet haben. Emotionen dienen dem Menschen zur Orientierung und zur Organisation seines Verhaltens, aber auch zur Motivation, bestimmte zukunftsgerichtete Handlungen vorzunehmen. Als unbewusste Bewertung zwischen Reiz und Reaktion haben Emotionen eine große Bedeutung und dürfen deshalb auch beim NeuroPricing nicht unberücksichtigt bleiben.

Das emotionale System bewertet die eingehenden Reize, bevor eine Reaktion erfolgt.

2.5.3 Das Gedächtnissystem dient als Speicher für Informationen

Über die Art und Weise, wie das Gedächtnis funktioniert, gab es lange Zeit zwei grundsätzliche Positionen, die vollkommen gegensätzlich waren. Die eine Theorie war die des Atomismus und die andere die des Globalismus.

Der Atomismus hat eine gewisse Bekanntheit erlangt, als amerikanische Wissenschaftler meldeten, dass sie im Kopf einer untersuchten Person eine „Halle-Berry-Zelle" entdeckt hätten. Ein Neuron, oder wahrscheinlich eher eine Neuronengruppe, reagierte nur auf das Bild der Schauspielerin Halle Berry und nicht auf die Bilder anderer Prominenter. Man schloss daraus, dass es im Gehirn spezialisierte Neuronen gibt, die für eine bestimmte Erinnerung zuständig sind. Das ist in der Praxis, so generell betrachtet, nicht der Fall.

Die Vertreter des Globalismus verfolgten eine andere Theorie. Sie gingen davon aus, dass das Großhirn einem Hologramm ähnelt, in dem überall Teile eines Bildes oder einer bestimmten Information gespeichert sind, aus denen sich jeweils wieder das ganze Bild rekonstruieren lassen würde. Die Konsequenz daraus wäre, dass, selbst wenn große Teile des Gehirns ausfallen sollten, die Gedächtnisinhalte nur unwesentlich beeinträchtigt wären.

Heute ist man der Ansicht, dass beide Theorien als grundsätzliches Konzept nicht zu gebrauchen sind, weil beide einerseits recht, andererseits aber auch unrecht haben. Es gibt Personen, deren Gehirn auch nach großen Schädigungen weitgehend normal weiterfunktioniert, und manchmal haben auch schon sehr kleine Schädigungen den Ausfall komplexer Funktionen nach sich gezogen, wie zum Beispiel die Gesichtererkennung oder die Farberkennung. Tatsächlich ist es also so, dass manche Hirnfunktionen nicht auf bestimmte Regionen beschränkt sind und andere schon.

Grundsätzlich ist es so, dass alle Leistungen, die ein Gehirn erbringt, einen ganz bestimmten Zweck erfüllen sollen. Fähigkeiten, die der Mensch nicht mehr braucht, verschwinden im Laufe der Evolution, verändern ihre Funktion oder werden durch andere Leistungsmerkmale ersetzt. Das Gehirn dient nicht dazu, in Erinnerungen an die Vergangenheit zu schwelgen, sondern im Gedächtnis Informationen zu sammeln, die wir jetzt und in Zukunft verwenden können.

Das Gedächtnissystem speichert vorrangig wichtige Informationen.

Die vier Systeme des Gehirns, die an Entscheidungen beteiligt sind

Insofern speichern wir kaum etwas, was uns nicht wichtig ist und uns nicht interessiert, sondern nur das, von dem wir annehmen, dass es für uns in Zukunft einen Wert besitzen könnte. Diese Entscheidung kann sowohl bewusst getroffen werden, indem wir ganz gezielt etwas lernen. Aber diese Entscheidung kann auch unbewusst gefällt werden. Neu eingehende Informationen werden mit Erinnerungen abgeglichen und an den Orten gespeichert, wo ähnliche Sachverhalte bereits festgehalten worden sind. Deshalb werden Erwartungen auch an den Stellen des Gehirns gebildet, wo die damit korrespondierenden Erinnerungen gespeichert sind.

Aufgabe des Gedächtnisses ist es, Informationen zu sammeln, die wir jetzt und in Zukunft verwenden können.

Das Gedächtnissystem des Menschen ist in ein Kurzzeit- und ein Langzeitgedächtnis aufgegliedert und dieses wiederum in ein deklaratives und ein prozedurales Gedächtnis. Das Kurzzeitgedächtnis ist das Arbeitsgedächtnis. Wir benutzen es zum Beispiel im Supermarkt, wenn wir Preise vergleichen. Das Langzeitgedächtnis formt die Person mit all ihren Wünschen, Vorlieben, Eigenheiten und Fähigkeiten. Im deklarativen Gedächtnis wird Wissen gespeichert und hier befinden sich auch das biografische und das semantische Gedächtnis, mit dem wir uns als Hintergrundwissen die Zusammenhänge der Welt verständlich machen können.

Wahrscheinlich ist es so, dass das Preiswissen auf die verschiedenen Arten des deklarativen Gedächtnisses verteilt ist. An manche Preise erinnert sich das biografische Gedächtnis, wie zum Beispiel daran, was ein Eis in unserer Kindheit gekostet hat, auch wenn dieser Preis heute nicht mehr relevant ist. Manche Preise haben wir schlicht gelernt, zum Beispiel wie sich die Staatsausgaben auf Soziales, Verteidigung und innere Sicherheit verteilen. Und andere Preise gehören zum lebensweltlichen Hintergrundwissen. Brot ist billiger als Fleisch, Champagner teurer als Mineralwasser und so weiter.

Im prozeduralen Gedächtnis finden wir ablaufspezifische Fertigkeiten, aber auch Reaktionen auf bestimmte Signale und motorisch-mechanische Fähigkeiten, wie beispielsweise die gelernte Fähigkeit, Fahrrad fahren zu können. In das prozedurale Gedächtnis greifen höherrangige Hirnfunktionen nicht mehr ein, wenn dieses bestimmte Abläufe mobilisiert. Mit dem Preis hat das prozedurale Gedächtnis dennoch etwas zu tun. Verkäufer werden die Fähigkeit zum Verhandeln und Verkaufen dort gespeichert haben. Die Verkäuferin hat den Ton ihrer Scannerkasse gespeichert, wenn diese einen Artikel beim Darüberziehen registriert.

Und wie sieht es mit den Konsumenten aus? Wahrscheinlich haben sie Rabattsignale und das Wort „Sonderangebot" ebenfalls in diesem Teil des Gedächtnisses abgespeichert, mit der Folge, dass entsprechende Reaktionen ganz automatisch ablaufen, wenn diese Signale wahrgenommen werden. Sind Rasenmäher und Staubsauger irgendwo im Angebot, werden wir das wahrnehmen, bis wir uns daran erinnern, dass wir beides schon haben und keine weiteren brauchen.

Auch Adaptation ist verwandt mit dem Gedächtnis. Wir lernen unbewusst, dass ein bestimmter Preis normal ist und ein anderer im Verhältnis dazu niedriger oder höher. Wie wir wissen, ist Adaptation, insbesondere aufgrund neuronaler Ermüdung, in gewisser Weise eine Art vorübergehenden Lernens, dessen Effekt aber nach kurzer Zeit wieder verschwindet. Wird man allerdings konstant niedrigen oder hohen Ankerpreisen ausgesetzt, dann setzt langfristiges Lernen ein und ein neuer Normalpreis für das Produkt formt sich.

Das Preisgedächtnis kann aber auch durch Sensibilisierung geprägt sein. Auf manche Preisveränderung reagieren wir höchst sensibel und werden durch sie in Alarmbereitschaft versetzt, zum Beispiel wenn es heißt, dass ab nächsten Monat die Mehrwertsteuer angehoben wird oder eine Pkw-Maut erhoben werden soll. Während Adaptation und Habituation den Konsum nur tendenziell beeinflussen, kann die Sensibilisierung für bestimmte Preise durchaus dazu führen, dass Einzelne ihr Verhalten radikal umkrempeln. Steigt die Tabaksteuer, hören sie auf zu rauchen, wird die Pkw-Maut eingeführt, schaffen sie ihr Auto ab.

Generell befindet sich das Gehirn in einem konstanten Veränderungsprozess. Manche Informationen werden unwichtig und vergessen, andere werden neu gedeutet. Was gestern noch als teuer galt, gilt heute als billig. Und neue Informationen kommen hinzu. Niemand hat sich 1990 Gedanken darüber gemacht, was eine SMS kostet. Es gab sie noch gar nicht. Heute machen sich viele ebenfalls keine Gedanken mehr, denn sie haben eine Flatrate.

2.5.4 Das Entscheidungssystem ist das oberste Kontrollzentrum

Das oberste Kontrollzentrum im Gehirn eines erwachsenen Menschen ist der präfrontale Cortex. Er ist Teil des Frontallappens der Großhirnrinde, der etwa die Hälfte des Hirns in Anspruch nimmt. Hier laufen alle wichtigen Informationen zusammen. An den präfrontalen Cortex werden die verarbeiteten und für wichtig befundenen Sinneswahrnehmungen weitergeleitet. Hier landen die Informationen über den individuellen emotionalen Zustand und die Wünsche des Belohnungssystems. All diese Informationen werden dort auch mit den Gedächtnisinhalten abgeglichen.

Das Entscheidungssystem integriert die Informationen aus dem Belohnungssystem, dem emotionalen System sowie dem Gedächtnissystem und trifft die Entscheidung, wie der Mensch handeln soll.

Das Ergebnis sollte eine der Situation angemessene Handlungssteuerung sein, wozu auch die Beherrschung emotionaler Prozesse zählt. Unkontrollierte Wut oder Angst sind nämlich meist ebenso kontraproduktiv und in vielen Situationen wenig hilfreich wie ungezügelte Schadenfreude oder hemmungsloses Weinen. Aber natürlich hat auch die Leistungsfähigkeit des Entscheidungszentrums ihre Grenzen, denn sonst wären wir nicht nur so emotionslos wie der Halb-Vulkanier Mister Spock aus der Fernsehserie Raumschiff Enterprise, sondern wir wären auch antriebslos und würden nur von einem Augenblick zum andern leben.

Es ist also sehr wichtig, dass alle vier Systeme, das Belohnungssystem, das emotionale System, das Gedächtnissystem und das Entscheidungssystem, stets zusammenarbeiten. Der Ausfall eines jeden dieser Systeme wäre eine Katastrophe.

Es ist wichtig, dass alle vier Systeme zusammenarbeiten.

Dass der präfrontale Cortex außerdem noch dafür zuständig ist, dass wir soziale Normen beachten, wissen wir spätestens, seit der Eisenbahnarbeiter Phineas P. Gage am 13. September 1848 einen schweren Unfall erlitt und eine Eisenstange seinen orbifrontalen und präfrontalen Cortex verletzte. Aus dem freundlichen und ausgeglichenen Mann wurde ein kindischer, impulsiver und unzuverlässiger Mensch.

Tatsächlich ist es wohl so, dass im Entscheidungssystem zumindest von Menschen aus hoch industrialisierten Ländern zwei unterschiedliche Normensysteme verankert sind, die sich in ihrer Wirkung gegenseitig ausschließen. Das eine System ist das der sozialen Normen, das unsere Hilfsbereitschaft lenkt, faires Verhalten fördert oder unfaires Verhalten bestraft und Rücksicht auf andere Menschen nimmt. Das andere System funktioniert nach ökonomischen Prinzipien und wägt Lohn und Leistung, Vor- und Nachteile, Preise und Nutzen gegeneinander ab.

Interessant ist, dass die Regeln des einen Systems gegen die des anderen ausgetauscht werden können und dass eine solche Veränderung nur schwer wieder rückgängig zu machen ist. Der amerikanische Verhaltenspsychologe Dan Ariely hat dies in praktischen Experimenten immer wieder nachgewiesen. Im Prinzip sind die

Von der Psychophysik zur Prospect Theory

Menschen hilfsbereit, wenn das soziale System aktiv ist. Bietet man für eine Hilfeleistung jedoch eine Belohnung an, sei es Geld oder ein kleines Geschenk, kommen die Marktgesetze zum Tragen und der zunächst hilfsbereite Mensch fragt sich: Ist der Lohn für die Leistung angemessen oder nicht? Brauche ich die Belohnung beziehungsweise will ich sie überhaupt?

In der Beziehung zwischen dem sozialen System und dem Marktsystem spielt der Preis eine ganz entscheidende Rolle. Wenn es keinen Preis gibt, also etwas gratis zu haben ist oder gratis geleistet werden kann, funktioniert das soziale System ohne Probleme. Gibt es allerdings einen Preis, wird die Leistung exakt nachgerechnet und der Preis emotional gekennzeichnet. Außerdem wird das Belohnungssystem oder das Schmerzzentrum aktiviert. Preisinformationen werden im Gehirn nämlich im Schmerzareal, der Insula, verarbeitet.

Erinnern Sie sich an Martin Lindstroms Artikel in der New York Times, in welchem die Insula-Aktivierung als Liebesbeweis herangezogen wurde? Die Insula hat offenbar viele Funktionen. Wenn man sich in großen Werken der Poesie, des Films und der Literatur umschaut, dann hätte man sich eigentlich auch schon vorher denken können, dass beim Gehirn zwischen Liebe und Schmerz kein großer Unterschied besteht.

In der Wirtschaft wird immer wieder versucht, die Vorteile des Markt- und sozialen Systems zu nutzen und das Entscheidungssystem auszutricksen. Manchmal gelingt es, zum Beispiel wenn die Botschaft lautet „Bezahle eins und nimm zwei". Hier wird nicht der Preis halbiert, sondern dafür, dass man ein Produkt regulär kauft, erhält man ein zweites als Geschenk. Vielleicht ist das soziale System irritiert, spielt aber mit.

Grundsätzlich sind aber alle Preisentscheidungen höchst komplex. Das Belohnungssystem möchte etwas haben, der Preis wird geprüft. Ist er zu hoch, empfindet man ihn als schmerzhaft. Ob man dennoch das Produkt kauft oder nicht, entscheidet der präfrontale Cortex, nachdem er das Gedächtnissystem und das emotionale System zurate gezogen hat. Ist der Preis tatsächlich zu hoch, wird nicht gekauft, dafür liefert das Entscheidungssystem dann gute Gründe. Da das Belohnungssystem kluge Entscheidungen honoriert, kann der Mensch diese Entscheidung gegen den Kauf durchaus als positiv erleben.

Das Entscheidungssystem trifft die Entscheidung, ob der Preis zu hoch ist oder ob gekauft werden soll.

Die vier Systeme des Gehirns, die an Entscheidungen beteiligt sind

Aber es kann natürlich auch anders kommen, nämlich, dass der Preis, auch wenn er schmerzhaft ist, akzeptiert wird. Nun braucht man gute Gefühle und einen vernünftigen Grund dafür, weshalb man trotzdem so gehandelt hat. Diese holt man sich im Zweifelsfall aus einem äußeren Bezugsrahmen, der die Kaufentscheidung flankiert. Das heißt wieder, wie schon an anderer Stelle dargestellt: Gibt es nur ein Produkt, entscheidet man auch nur mit „ja" oder „nein". Gibt es mehrere Möglichkeiten zur Auswahl, trifft man meist eine Entscheidung für eine dieser Möglichkeiten. Das ist dann das am meisten verkaufte Produkt, welches weder am oberen noch am unteren Ende der Preisskala steht.

Das Belohnungssystem kann das Entscheidungssystem austricksen.

Wenn es um die Entscheidung geht, eine kleine Belohnung sofort zu erhalten oder eine größere später, wird das Entscheidungssystem meist vom Belohnungssystem ausgetrickst. Das Belohnungssystem kann sich mit seinen Präferenzen für das Jetzt in der Regel besser durchsetzen als das Entscheidungssystem mit seinem langfristigen besseren Perspektiven. Das haben ebenfalls Experimente ergeben. Menschen sind einfach zu stark von der Evolution geprägt, die in Jahrmillionen immer wieder Gehirne selektiert hat, welche in Entscheidungssituationen nach dem Prinzip „Lieber der Spatz in der Hand als die Taube auf dem Dach" verfuhren.

Nach diesem Kapitel werden Sie sich vielleicht fragen, weshalb denn nun so viele Entscheidungen scheinbar irrational sind, wenn doch das Entscheidungssystem alles kontrolliert?! Ganz offenbar besteht jede Entscheidung aus rationalen und irrationalen Komponenten. Je nach Situation und Person sind diese Komponenten stärker oder schwächer ausgeprägt.

Ähnlich verhält es sich auch mit der Frage, inwiefern Entscheidungen bewusst oder unbewusst gefällt werden. Es gibt einige Vertreter des Neuromarketing, die die Bedeutung des Unbewussten stark hervorheben. Manche populärwissenschaftlichen Autoren behaupten, 95 oder 99 Prozent unserer Entscheidungen liefen unbewusst ab, wobei meist nicht klar ist, was unter einer unbewussten Entscheidung eigentlich zu verstehen ist. Auch hier ist es sehr sinnvoll anzunehmen, dass in jede Entscheidung bewusste und unbewusste Komponenten mit einfließen. Der Einfluss der unbewussten Komponenten kann aber durchaus sehr groß sein.

Die philosophisch interessanteste Frage ist natürlich, ob der freie Wille eine Rolle bei der Entscheidung spielt. Viele Neurowissenschaftler, mich eingeschlossen, haben zu dieser Frage eine ungewöhnliche Meinung. Verschiedene experimentelle Ergebnisse und grundlegende Überlegungen weisen nämlich darauf hin, dass der freie Wille mit einem modernen Verständnis des Gehirns nicht vereinbar ist. Hierbei handelt es sich zwar um ein Thema, das eine Kernfrage des Entscheidungssystems betrifft, dennoch ginge eine Diskussion dieser Frage weit über die Materie Neuro-Pricing hinaus. Wenn Sie sich für das Thema Willensfreiheit aus neurowissenschaftlicher Sicht näher interessieren, dann empfehle ich Ihnen das leicht zu lesende Buch „Ein neues Menschenbild? Gespräche über Hirnforschung" des mittlerweile emeritierten Max-Planck-Direktors Wolf Singer.

3 Die hohe Kunst des Pricings

Was Sie in diesem Kapitel erwartet:

Sie erfahren, was Pricing Power ist, ein Stellhebel, den viele Unternehmen nicht in der Lage sind zu bedienen. Es wird aufgezeigt, welche Fehler Unternehmen bei ihren Preisfestsetzungen machen, und erklärt, warum der Preis der wichtigste Parameter ist, um den Gewinn nachhaltig zu steigern. Schließlich folgt ein kurzer Überblick über wichtige Preisstrategien.

3.1 Die Pricing Power ist in vielen Unternehmen ungenutzt

Das Ziel jedes Wirtschaftsunternehmens ist es, Gewinn zu generieren. Dafür müssen die Umsatzerlöse höher sein als die Kosten. Dieses Grundprinzip wird in einer Marktwirtschaft von allen Marktteilnehmern, also Herstellern, Händlern und Käufern, akzeptiert und in seiner Grundkonstellation auch als fair empfunden. Doch welche Rolle spielt der Preis, wenn es darum geht, den Gewinn zu steigern? Antworten zu dieser Frage finden Sie in diesem Kapitel.

Simon-Kucher & Partners Strategy & Marketing Consultants ist der weltweit führende Pricingspezialist. Die Tätigkeit der Unternehmensberatung ist ganz auf „Smart Profit Growth" ausgerichtet. Im August 2011 stellte die Strategieberatung ihre Global Pricing Study 2011 vor, in der sie die Pricing Power von Unternehmen im weltweiten Vergleich untersuchte. Dazu wurden fast 4.000 Entscheidungsträger der Wirtschaft aus der ganzen Welt befragt. Pricing Power ist die Fähigkeit eines Unternehmens, den genauen oder annähernden Betrag für seine Leistungen am Markt zu erhalten, den es auch „verdient".

Das Ergebnis dieser Studie war niederschmetternd. Schwaches Pricing kostet viele Unternehmen bis zu 25 Prozent ihres möglichen Gewinns.

Die hohe Kunst des Pricings

Die Kernaussagen der Studie waren:

1. Die Pricing Power ist in vielen Unternehmen ungenutzt,
2. Preiskriege dauern an und
3. das Inflationsrisiko wird unterschätzt.

65 Prozent der Unternehmen sind nicht in der Lage, die Preise zu erzielen, die sie für ihre Leistungen verdienen. Nur bei 35 Prozent der Unternehmen reicht die Pricing Power aus, um den „richtigen" Preis für Produkte und Dienstleistungen zu erreichen. Die anderen verzichten durch niedrige Pricing Power auf bis zu 25 Prozent ihres Gewinns: Unternehmen mit hoher Pricing Power haben, bezogen auf ihren Umsatz, eine Gewinnmarge von 16 Prozent. Unternehmen mit niedriger Pricing Power erzielen nur einen Gewinn von zwölf Prozent ihres Umsatzes. Sie verschenken also 25 Prozent ihrer möglichen Gewinne.

Pricing Power ist die Fähigkeit, genau oder annähernd den Betrag für seine Leistungen zu erhalten, den man „verdient".

In den Branchen Chemie und Transport/Logistik ist die Pricing Power besonders niedrig. Dieser Indikator ist dagegen in der Pharmaindustrie und der Konsumgüterbranche tendenziell hoch.

Die primären Treiber für eine hohe Pricing Power sind der Kundennutzen und die Marke. Jedes Unternehmen sollte sich also bemühen, Kundennutzen zu schaffen und diesen glaubhaft zu kommunizieren. Doch viele Unternehmen begnügen sich damit, die Schuld für ihre schwachen Leistungen auf den Wettbewerb zu schieben.

Preiskriege sind kontraproduktiv.

Obwohl die große Krise der vergangenen Jahre vorüber ist, befinden sich 46 Prozent der Unternehmen immer noch in einem Preiskrieg mit den Wettbewerbern. 83 Prozent dieser Unternehmen beschuldigen ihre Wettbewerber, die Preisschlacht begonnen zu haben. Nur neun Prozent geben zu, den Preiskrieg selbst absichtlich ausgelöst zu haben und nur acht Prozent räumen ein, dass sie selbst unabsichtlich am Preiskrieg Schuld sind.

Einen besonders hohen Anteil an Preiskriegen haben die Branchen Bau, Energie, Chemie, Industriegüter und Automotive. Am stärksten toben die Preiskriege in Japan, Italien und Spanien. In diesen Ländern weisen die Manager ihre Mitarbeiter oft an, volumenorientiert zu handeln, wobei dann Preiskriege als Folge davon nicht überraschen.

3 Die Pricing Power ist in vielen Unternehmen ungenutzt

Viele Unternehmen haben jahrelang das Inflationsrisiko unterschätzt und es versäumt, die Preise anzupassen. Jetzt sind diese Unternehmen nur noch in der Lage, lediglich die Hälfte der geplanten Preiserhöhungen durchzusetzen. Nur ein Drittel der Firmen schafft es, zumindest 75 Prozent ihrer Preisziele umzusetzen. Am ungünstigsten schneidet bei der Preisdurchsetzung die Telekommunikationsbranche ab. Hier erreichen nur 25 Prozent der Unternehmen den gewünschten Erfolg.

Als Maßstab für Preiserhöhungen wird in vielen Unternehmen (68 Prozent) nur die Inflationsrate herangezogen. Gar keine Preiserhöhung planen 19 Prozent der Unternehmen in den Branchen Pharma, Bio-/Medizintechnik, Telekommunikation und Financial Services, eine Anhebung, die sich unterhalb der Inflationsrate bewegt, immerhin 16 Prozent. Auf der Höhe der Inflationsrate liegen mit 33 Prozent die Preisanpassungen der Unternehmen der Konsumgüter- und Handelssparte. Oberhalb der Inflationsrate wollen nur die Branchen Bau, Industriegüter und Transport/Logistik ihre Preise erhöhen, um die gestiegenen Kosten zu decken.

Es ist also anzunehmen, dass viele Unternehmen draufzahlen, weil sie aufgrund schlechter Preisdurchsetzung ihre Ziele nicht erreichen. Die Hauptgründe für den Verzicht liegen darin, dass die Wettbewerber ihre Preise nicht erhöhen werden und man selbst deshalb auch unter der Inflationsrate bleiben muss. Andere fürchten, dass die Kunden höhere Preise nicht akzeptieren werden. Ein weiteres Argument ist, dass Verträge und Vereinbarungen zur Preisstabilität sämtliche Preiserhöhungen blockieren.

Man muss auf die Höhe der Gewinne achten, anstatt auf Volumen oder Marktanteile zu setzen.

Angesichts dieser Situation gibt Simon-Kucher & Partners den Unternehmen die Empfehlung, ihre Preisstrategie zu überdenken, um höhere Gewinne zu erzielen, anstatt auf Volumen oder Marktanteile zu setzen. Pricing Power sollte als neuer Leistungsindikator implementiert werden. Weiter sollte besonders bei neuen Produkten und Dienstleistungen auf ein sorgfältiges Pricing geachtet werden. Dazu gehört auch, die Pricingkompetenz im Marketing, Vertrieb und Management zu verbessern. Nur so lassen sich Unternehmen inflationssicher machen.

Jedes Unternehmen gilt als erfolgreich, wenn es die Kosten senkt und den Gewinn steigert, aber auch, wenn der Umsatz steigt, weil die Produktpalette erweitert wurde oder Marktanteile hinzugewonnen wurden.

Weniger positiv werden von den Kunden Preiserhöhungen gesehen, besonders dann nicht, wenn diese als unfair betrachtet werden, zum Beispiel wenn, wie bei der Mineralölindustrie, eine marktbeherrschende Stellung ausgenutzt wird oder wenn die Maßnahme für unbegründet erachtet wird. Preiserhöhungen finden nur dann Akzeptanz, wenn sie als unvermeidbar angesehen werden und möglichst auch noch den Beteiligten in irgendeiner Weise Vorteile bringen. Ob allerdings eine Veränderung als Vorteil angesehen wird, liegt ganz im Auge des Betrachters.

Preiserhöhungen müssen als fair, unvermeidbar oder sogar als vorteilhaft angesehen werden.

Kostensenkungen bleiben meist unsichtbar, außer wenn sie mit einem radikalen Personalabbau einhergehen oder mit einer Senkung der Wareneinkaufspreise, die auf den Widerstand der Produzenten wie zum Beispiel der Milchbauern stößt. Da sie aber in der Regel unsichtbar bleiben, sind Kostensenkungen für die meisten Unternehmen das Instrument der ersten Wahl, um den Gewinn zu steigern. Kostensenkungen sind oft mit Effizienzsteigerungen und Verbesserungen der Produktivität oder der Distribution verbunden und insofern auch positiv besetzt. Allerdings sind in vielen Unternehmen die Potenziale zur Kostensenkung in den vergangenen 50 Jahren ausgeschöpft worden. Die Literatur zum Thema Kostensenkung füllt inzwischen ganze Bibliotheken.

Parallel dazu haben sich die meisten Unternehmen intensiv mit der Steigerung der Absatzmengen befasst. Die Absatzförderung durch entsprechende Marketingmaßnahmen oder durch Produktinnovationen ist einerseits meist kostenintensiv und stößt andererseits in der Regel auf entsprechende Gegenmaßnahmen der Wettbewerber. Denn diese sind natürlich nicht bereit, freiwillig Marktanteile abzugeben.

Die Möglichkeit, das Unternehmenswachstum durch Zukäufe anderer Firmen zu steigern, findet seine Begrenzung durch die wachsamen Augen der Wettbewerbshüter, die marktbeherrschende Stellungen oder gar Monopole zu vermeiden trachten. Auch das Absatzwachstum durch das Erobern oder Schaffen neuer Märkte, Stichwort Globalisierung, hat für die meisten Unternehmen schon seine Grenzen erreicht.

3.2 Der Preis als wichtigste Stellschraube zur Gewinnsteigerung

Was bisher noch nicht intensiv bearbeitet wurde, ist das Thema Preis. Dabei ist der Preis die wichtigste Stellschraube des gesamten Systems, um den Gewinn nachhaltig zu steigern. Schauen wir uns folgendes Beispiel an:

Nehmen wir ein kleines und ziemlich einfach aufgebautes Unternehmen. Gehen wir einmal davon aus, dass es pro Monat 10.000 Stück seines Produkts zum Preis von zehn Euro verkauft. Der Umsatzerlös liegt also bei 100.000 Euro monatlich. Die Fixkosten dieses Unternehmens belaufen sich auf 30.000 Euro, die variablen Kosten pro verkaufter Einheit auf sechs Euro, also 60.000 Euro. Die Kostenseite insgesamt umfasst entsprechend 90.000 Euro und der Gewinn (Umsatzerlös minus Gesamtkosten) 10.000 Euro monatlich.

Nun möchte ich mit Ihnen durchrechnen, welche Folgen eine zehnprozentige Verbesserung der einzelnen Positionen hätte, wenn alle anderen Positionen unverändert blieben. Beginnen wir bei den Fixkosten. Eine Verbesserung von zehn Prozent bedeutet bei den Kosten eine Senkung von 30.000 Euro auf 27.000 Euro. Es verbleiben 3.000 Euro, die den Gewinn von 10.000 Euro auf 13.000 erhöhen, also um 30 Prozent.

Wenn es gelänge, das Verkaufsvolumen um zehn Prozent von 10.000 Stück auf 11.000 Stück zu erhöhen, stiege der Umsatzerlös um 10.000 Euro, allerdings wüchsen damit auch die variablen Kosten um zehn Prozent, also um 6.000 Euro. Die Gewinnverbesserung läge nun bei 4.000 Euro, das entspricht 40 Prozent.

Bleiben Fixkosten, Verkaufsvolumen und Preis gleich und werden die variablen Stückkosten um zehn Prozent von sechs Euro auf 5,40 Euro gesenkt, so verbleiben pro Stück 60 Cent mehr, das macht bei 10.000 Stück 6.000 Euro, die dem Gewinn zugeschlagen werden können. Bei einer Senkung der variablen Kosten hat man also eine Gewinnsteigerung von 60 Prozent.

Und nun schauen wir uns den Preis an. Wenn es gelingt, den Preis um zehn Prozent von zehn Euro auf elf Euro zu erhöhen, haben wir, wenn Kosten und Verkaufsvolumen gleich bleiben, 10.000 Euro zusätzlichen Gewinn, also insgesamt 20.000 Euro. Das bedeutet eine Steigerung des Ausgangsgewinns von 10.000 Euro um 100 Prozent.

Der Preis ist die wichtigste Stellschraube, um den Gewinn zu steigern.

Die hohe Kunst des Pricings

Eine Preiserhöhung von zehn Prozent durchzusetzen, kann sehr schwierig, aber auch sehr leicht sein. Wissen Sie noch, was ein Kilo Spargel vor einem Jahr zu Beginn der Spargelsaison gekostet hat? Ich erinnere mich nur noch sehr unscharf, dass es irgendwie mehr als zehn Euro gekostet hat. Waren es 12,00 Euro oder 14,50 Euro? Ich weiß es nicht. Wenn der Bauer auf dem Wochenmarkt in diesem Jahr zehn Prozent mehr verlangt, wird dies meine Kaufentscheidung, wenn ich wieder den ersten Spargel kaufen möchte, nicht beeinflussen.

Wir können dieses Beispiel beliebig verändern und andere und komplexere Kosten ansetzen, doch werden wir immer zu einem ähnlichen Ergebnis kommen. Im Vergleich zu Kostensenkungen oder der Steigerung des Verkaufsvolumens bleibt die Preiserhöhung stets die unter Gewinnaspekten vorteilhafteste Lösung.

3.2.1 Der Zusammenhang zwischen Nachfrage und Gewinn

Der Zusammenhang zwischen dem Preis einer Ware und der angebotenen Menge ist uns allen geläufig. Wird viel von einem bestimmten Produkt angeboten, sinkt der Preis. Wird ein Produkt knapper, steigt der Preis. Oder auch umgekehrt. Ist der Preis hoch, wird weniger von einem Produkt nachgefragt, als wenn der Preis niedrig ist. Dabei spielen bei diesen simplen Mechanismen natürlich auch der Wettbewerb, die Attraktivität und der Nutzen der Produkte sowie die Menge des zur Verfügung stehenden Geldes eine Rolle. Die Konstellationen auf dem Markt können dabei höchst unterschiedlich sein.

Die Preise für Diamanten sind immer hoch, weil es außer de Beers in London nur noch wenige andere Anbieter auf dem Weltmarkt gibt. Da auch diese an hohen Preisen interessiert sind, halten auch sie das Angebot knapp. Würden alle Besitzer von Diamantminen die bisher geschürften Diamanten zum Kauf anbieten, bräche der Markt zusammen, weil die Menge des Angebots die Nachfrage deutlich übersteigen würde. Wenn allerdings die Nachfrage nach Diamanten nachlässt, reagieren die Minengesellschaften nicht etwa mit Preisnachlässen, sondern mit verstärkten Marketingaktivitäten, um die Attraktivität ihres Produkts wieder zu steigern. Aber um solche Mechanismen soll es an dieser Stelle gar nicht gehen.

Hier geht es jetzt um Menge und Gewinn. Auch da gibt es einen Zusammenhang. Bei großer Menge und zu niedrigem Preis ist der Gewinn niedrig, da der Preis zu nah an den variablen Kosten liegt. Beim Optimalpreis ist das Volumen so hoch, dass der Profit maximiert wird. Wenn allerdings der Preis weiter steigt und die Menge sinkt, geht auch der Gewinn zurück, da dann die Fixkosten prozentual zu hoch werden. Die Gewinnfunktion bewegt sich also in einer Kurve, die dort ihren Scheitelpunkt erreicht, wo der optimale Preis erzielt wird. Diese Kurve sehen Sie in Abbildung 10. Nun gibt es unterschiedliche Preisstrategien, für die es je nach Produkt und Markt jeweils gute Argumente gibt.

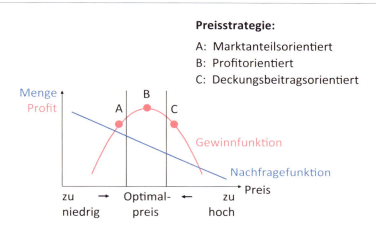

Abb. 10: Die klassische Gewinnfunktion

Die Abbildung zeigt: Bei höherem Preis sinkt die Menge der verkauften Produkte. Zu teuer oder zu billig ist in den meisten Fällen keine gute Strategie.

3.2.2 Die klassischen Preisstrategien

Die erste Preisstrategie orientiert sich daran, Marktanteile zu gewinnen. Hier verlangt man einen niedrigeren Preis, um eine größere Menge als der Wettbewerber abzusetzen. Dafür verzichtet man auch auf einen Teil des Gewinns. Diese Strategie wurde in den 1960er-Jahren von der japanischen Automobilindustrie eingesetzt, als sie begann, die attraktiven Märkte der Welt wie die USA oder Europa zu erobern. Es ging damals darum, überhaupt Autos zu verkaufen, um von den Kunden als Marke wahrgenommen zu werden. Inzwischen kennt jeder Toyota, Nissan oder Honda und der Fokus hat sich vom Preis auf die Qualität verschoben.

Die zweite Preisstrategie ist deckungsbeitragsorientiert. Hier kommt es darauf an, dass jedes einzelne verkaufte Produkt aufgrund des hohen Preises einen großen Beitrag zur Kostendeckung leistet. Die Absatzmenge ist weniger wichtig und auch beim Gewinn macht man Zugeständnisse. Edle Armbanduhren, die in Manufakturen von hochspezialisierten Fachleuten hergestellt werden, gehören in diese Kategorie.

Die hohe Kunst des Pricings

Weder gibt es einen unbegrenzt großen Markt für diese teuren Zeitmesser noch lassen sie sich in beliebiger Anzahl herstellen, weil es einfach nicht genügend qualifizierte Fachkräfte gibt, die sie bauen könnten. Der Kostenanteil ist, speziell aufgrund der Personalkosten in der Produktion, so hoch, dass man die vorhandenen Ressourcen zwar ausschöpfen, aber wegen des Wettbewerbs auch nicht auf fertigen Uhren sitzen bleiben möchte und deshalb lieber auf einen Teil des Gewinns verzichtet.

Idealerweise sucht man also nach einem optimalen Preis, der den höchsten Gewinn bietet. Diesen Preis findet man eigentlich nur, wenn man möglichst genaue Informationen über die Zahlungsbereitschaft der Kunden hat. Diese herauszufinden, ist Aufgabe der Marktforschung.

Die klassische Preisfindung konzentriert sich häufig auf die Herstellungskosten als Ausgangspunkt. Welcher Preis muss erzielt werden, um alle Kosten zu decken? Welche Kosten in diese Überlegung einfließen, ist in den Unternehmen je nach Branche und Größe unterschiedlich. Manche Unternehmen beziehen in die Kostenseite beispielsweise auch Rücklagen für zukünftige Investitionen ein.

Oft entstehen die Preise auch unter Berücksichtigung der Vertriebsstrukturen, denn nicht nur das Unternehmen selbst muss mit den endgültigen Marktpreisen klarkommen, sondern auch noch der dazwischengeschaltete Groß- und Einzelhandel. Auch die Zulieferer von Teilen müssen die Preise des Herstellers der Endprodukte ins Kalkül ziehen, weil sie sich meist in der Situation befinden, dass sie vom endgültigen Abnehmer des kompletten Produkts nicht wahrgenommen werden oder nicht sichtbar zu dessen Image und Qualität beitragen. Viele werden sich sicher noch an den VW Chefeinkäufer Ignazio Lopez erinnern, dem nachgesagt wird, dass er die VW-Zulieferer bis aufs Blut ausgepresst habe.

Letzten Endes entstehen viele Preise auch durch Preiskriege, die die verschiedenen Anbieter von gleichen Waren manchmal bewusst, manchmal aber auch unbewusst untereinander entfachen. Solche Preiskriege können im großen Stil und auf höchster Ebene zum Beispiel zwischen Nahrungsmittelkonzernen entstehen, aber auch zwischen einem Blumengeschäft, das bisher in einer Einkaufsstraße eine Alleinstellung hatte, und einem neu eröffneten Blumenladen auf der anderen Straßenseite, der in direkte Konkurrenz tritt.

Die meisten Preiskriege kennen nicht nur einen Verlierer, nämlich das Blumengeschäft, das irgendwann aufgibt und schließt, vielmehr ist auch der Gewinner letztlich Verlierer, weil er sich mit seinen niedrigen Preisen in das Bewusstsein der

Kundschaft eingeprägt hat und nun unverzichtbare Preiserhöhungen nur schwer durchsetzen kann.

NeuroPricing fokussiert sich weniger auf die Herstellerkosten, die Vertriebsstruktur oder den Wettbewerb, sondern primär auf den Kunden. Seine Zahlungsbereitschaft, seine Preiswahrnehmung und sein Entscheidungsverhalten haben den größten Einfluss darauf, welcher Preis idealerweise gefordert werden soll, um den höchsten Gewinn zu erzielen.

NeuroPricing fokussiert sich im Gegensatz zu den klassischen Preisstrategien primär auf den Käufer.

4 Die klassische Marktforschung und die Methoden des Neuromarketing

Was Sie in diesem Kapitel erwartet:

In diesem Kapitel erhalten Sie einen kurzen Überblick über die Methoden der klassischen Marktforschung sowie darüber, was sie leisten können und was nicht. Sie erfahren, wie Neuromarktforschung funktioniert und wie es mithilfe von NeuroPricing möglich ist, Konsumentenerfahrungen und -wahrnehmungen zu untersuchen und zu bewerten.

4.1 Marktforschung hilft dem Wirtschaftswunder auf die Sprünge

Die Geburtsstunde der institutionellen Marktforschung in Deutschland lag im Jahr 1935, als in Berlin die Gesellschaft für Konsumforschung GfK als Verein gegründet wurde. Beteiligt waren hauptsächlich Hochschullehrer, unter ihnen auch der spätere Bundeskanzler Ludwig Erhard. Die Wurzeln der Markt- und Meinungsforschung sowie der empirischen Sozialforschung reichen allerdings zurück bis ins 19. Jahrhundert.

In den Statuten der GfK hieß es damals: „Die Gesellschaft hat den Zweck, die Gewohnheiten und die Haltung der Verbraucher konsumreifer Waren im Gebiet des Deutschen Reiches durch entsprechende Maßnahmen fortlaufend und durch Sondererhebungen zu untersuchen und die Ergebnisse dieser Untersuchungen nach wissenschaftlichen Grundsätzen zum Nutzen der wirtschaftlichen Praxis und Lehre zu verarbeiten."

Im ersten Jahr der Vereinsgeschichte gab es nur 17 Mitglieder, dann stieg die Zahl bis 1944 auf 150 an. Bis zum Kriegsende lieferte die GfK 71 Studien zu den unterschiedlichsten Themen. Sie befasste sich sowohl mit kunstseidenen Damenstrümpfen, Arzneimitteln und Motorölen als auch mit Vitaminnahrung für Schwerarbeiter.

Schon gleich nach Kriegsende und noch vor der Gründung der Bundesrepublik entstanden in Deutschland weitere private Institute für Markt- und Meinungsforschung: 1945 das Emnid Institut in Bielefeld und 1947 das Institut für Demoskopie

IfD in Allensbach sowie das Infratest Institut in München. Eine Unterscheidung zwischen Markt- und Meinungsforschung gab es damals noch nicht.

Wie klein die Anfänge waren, sieht man daran, dass die GfK 1949 erst 15 Mitarbeiter hatte, aber 1959 immerhin schon 82. Erst als die Marktforschung zu einem festen Bestandteil des Marketing wurde, wuchs auch die Nachfrage nach den entsprechenden Dienstleistungen. In den 50er- und 60er-Jahren des vergangenen Jahrhunderts waren die in den Umfragen verwendeten Instrumentarien auch noch vergleichsweise simpel. Das hat sich bis heute natürlich deutlich geändert.

Sowohl bei den Zielen der Marktforschung als auch bei deren zentralen Erkenntnisbereichen hat es eine ganz erhebliche Verfeinerung gegeben. Doch im Grunde geht es immer noch darum, Markttrends zu erkennen, Chancen und Risiken messbar zu machen und Fehlentscheidungen zu vermeiden. Im Wesentlichen unterscheidet man heute zwischen quantitativer und qualitativer Marktforschung.

Die klassische Marktforschung hat das Ziel, Markttrends zu erkennen, Chancen und Risiken messbar zu machen und Fehlentscheidungen zu vermeiden.

4.1.1 Quantitative und qualitative Marktforschung

Bei der quantitativen Marktforschung geht es darum, nummerische Werte über den Markt zu erheben. Sie baut auf größeren Stichproben auf und arbeitet unter anderem mit repräsentativen Befragungen und Telefonumfragen. Die qualitative Marktforschung versucht mit psychologischen Instrumenten, Erwartungen und Einstellungen der Verbraucher und anderer Marktteilnehmer zu ermitteln und die Motive für bestimmte Verhaltensweisen auf dem Markt herauszuarbeiten. Sie basiert meist auf relativ kleinen Stichproben, bei denen oft nur zehn bis 20 Personen beobachtet oder befragt werden. Und sie arbeitet mehr mit Tiefeninterviews, Leitfadeninterviews und Gruppendiskussionen, beispielsweise mit sogenannten Fokusgruppen. Natürlich gibt es durchaus den Fall, dass qualitative und quantitative Forschung miteinander kombiniert werden, um Antworten auf ganz bestimmte Fragen zur Meinung und Einstellung der Zielgruppen zu erhalten.

4.1.2 Probleme der klassischen Marktforschung

Das wesentliche Problem all dieser Marktforschungsaktivitäten besteht darin, dass, mit Ausnahme von Tiefeninterviews und Umsatzstatistiken, die rationale Ansprache und die rationale Beantwortung von Fragen den Kern der Erhebungen darstellen. Umsatzabfragen zeigen Präferenzen, wie zum Beispiel bei Bestsellerlisten, sagen aber so gut wie nichts über Motive, die zum Kauf oder auch Nichtkauf führen. Tiefenpsychologische Interviews bedürfen in der Regel einer psychoanalytischen Bearbeitung.

Vielen Laien ist nicht bewusst, dass psychoanalytische Ansätze in Universitäten bereits vor Jahrzehnten aus den Lehrplänen gestrichen wurden. Stattdessen werden sie nur als Standardbeispiel herangezogen, um Psychologiestudenten die Nachteile einer unwissenschaftlichen Herangehens- und Denkweise zu erläutern. Sigmund Freud hat hervorragende literarische Werke in einer faszinierenden Sprache geschrieben. Nicht umsonst wird jährlich ein Sigmund-Freud-Preis für wissenschaftliche Prosa verliehen.

Tiefenpsychologie muss man dementsprechend einordnen: Es handelt sich um schöne Worte und lesenswerte literarische Werke. Einer der Hauptverdienste Freuds war, die Bedeutung unbewusster Vorgänge hervorzuheben. Für die heutigen Neuro- und Verhaltenswissenschaften ist diese Erkenntnis trivial. Sehr viele Prozesse laufen unbewusst ab und lassen sich unbewusst beeinflussen. Der von Freud eingeführte Begriff „unterbewusst" bzw. „subconscious" im Englischen ist allerdings ein Produkt der Freudschen Theorien, welche keinen naturwissenschaftlichen Erklärungswert besitzt.

Moderne Wissenschaftler sprechen daher von „unbewusst" bzw. „unconscious". Bereits an der Wortwahl lässt sich hier oftmals erkennen, welcher Theorie der Autor oder Sprecher anhängt. Die moderne Neurowissenschaft und wissenschaftliche Psychologie sind völlig andere Fachbereiche als die Psychoanalyse. Diese modernen wissenschaftlichen Ansätze sind in der Lage, Gründe für Verhalten auf der Basis von ausgefeilten Experimenten und mathematisch-statistischen Analysen zu benennen. Immer stärker werden die neurowissenschaftlichen Ansätze auch eingesetzt, um Vorhersagen für zukünftiges Verhalten zu treffen.

Die klassische Marktforschung setzt auf die rationale Ansprache und die rationale Beantwortung von Fragen.

Neuromarketing beziehungsweise Consumer Neuroscience bietet also Erkenntnisse in einer bisher nicht gekannten Qualität an. Es geht dabei um Prozesse, die die Entscheidung eines Konsumenten beeinflussen, ihm aber nicht bewusst sind oder von ihm selbst anders interpretiert und mit einer neuen Bedeutung aufgeladen werden. Ziel ist es, die Prozesse des menschlichen Gehirns besser zu verstehen und daraus Erkenntnisse abzuleiten, die es ermöglichen, gezielt wirkungsvolles und erfolgreiches Marketing zu gestalten.

Die klassische Marktforschung und die Methoden des Neuromarketing

Die zweite Hälfte dieses Kapitels wird Ihnen die Chancen, Vorteile und Technologien dieser modernen Ansätze anhand einiger Beispiele erläutern. Zunächst jedoch werde ich Ihnen die zwei in der Praxis gängigsten Preisforschungsmethoden, die die klassische Marktforschung hervorgebracht hat, vorstellen: das Van-Westendorp-Preismodell und die Conjoint-Analyse.

4.1.3 Das Van-Westendorp-Preismodell

Das Van-Westendorp-Preismodell geht auf den holländischen Wirtschaftswissenschaftler und Marktforscher Peter van Westendorp zurück und wurde im Jahr 1976 erstmals vorgestellt. Im englischsprachigen Raum ist dieses Modell auch als Price-Sensitivity-Meter (PSM) bekannt.

Grundlage dieses Modells sind vier Preisangaben, die die befragte Person für ein bestimmtes Produkt oder eine Dienstleistung machen muss. Sie muss festlegen, was sie als zu teuer, zu billig, teuer oder billig ansieht.

Aus der Häufigkeitsverteilung der Angaben mehrerer Versuchspersonen lassen sich dann der optimale Preis, der indifferente Preis, die Schwelle relativer Preiswürdigkeit und die Schwelle relativer Teure als Preispunkte ermitteln.

Bei der Van-Westendorp-Befragung wird erfragt, bei welchen Preisen die Mehrheit einer Probandenstichprobe ein Produkt für zu günstig, günstig, teuer und zu teuer hält.

4.1.4 Conjoint-Analyse

Ein Dilemma der Van-Westendorp-Methode ist, dass sie zwar recht einfach durchzuführen ist, von Probanden aber ebenso einfach bewusst oder unbewusst manipuliert werden kann. Dieses Problem inspirierte dazu, die Fragebogenforschung methodisch weiterzugestalten, was schließlich zur Entwicklung der sogenannten Conjoint-Methode führte.

Die Conjoint-Analyse basiert auf einer prinzipiell sehr guten Idee: Anstatt eine Frage zu stellen, für die sich die Antwort beliebig verzerren lässt, wie dies beim Van-Westendorp-Modell der Fall ist, stellt man Probanden vor eine Wahl. Man ändert bestimmte Produktdimensionen (zum Beispiel beim Auto die Leistung, den Verbrauch und den Preis) und lässt die Studienteilnehmer dann zwischen zwei oder mehr Produktvarianten aussuchen.

Marktforschung hilft dem Wirtschaftswunder auf die Sprünge 4

Aus der Psychophysik sind solche Herangehensweisen seit langem bekannt, allerdings kennt man sie dort unter dem Namen „Two-alternative-forced-Choice-Paradigmen" bzw. „Zwei Alternativen bei erzwungener Auswahl" oder kurz 2AFC. Bei mehr als zwei Alternativen spricht man dann entsprechend von 3AFC, 4AFC usw. Der Vorteil solcher Methoden liegt darin, dass der Proband weniger in der Lage ist, absurde Antworten zu geben und die Daten dadurch zu verzerren.

Manchem Leser mag von einem Seh- oder Hörtest folgende Herangehensweise bekannt sein. Stellen Sie sich einen einfachen Hörtest vor, bei dem kontinuierlich gefragt wird: „Hören Sie den Ton, ja oder nein?" Eine eher zurückhaltende Person wird vielleicht erst dann mit „Ja" antworten, wenn sie sich wirklich ganz sicher ist, den Ton auch zu hören. Der HNO-Arzt würde der betreffenden Person dann ein Hörgerät verschreiben, das zu laut eingestellt ist oder das die Person vielleicht gar nicht braucht.

Eine andere Person würde dagegen selbst unter größter Unsicherheit sagen, dass sie den Ton noch wahrnimmt und daher kein Hörgerät bekommen, obwohl sie eine Hörhilfe bräuchte.

Um solche Verzerrungen zu unterbinden, stellt man die Person am besten vor eine Wahl: „Wurde der Ton im ersten Intervall gehört oder im zweiten?" Jede Versuchsperson, unabhängig davon, ob sie eher ängstlich oder forsch ist, hat nun die gleichen Chancen. Wenn die Trefferquote bei nur 50 Prozent liegt, kann man davon ausgehen, dass der Ton nicht gehört wurde. Nach demselben Prinzip läuft auch der Sehtest ab: Man wird gefragt, mit welcher Glasstärke man besser sieht, mit der ersten oder der zweiten.

Die bei dieser Vorgehensweise gewonnenen Erkenntnisse haben sich auch in der Preisforschung durchgesetzt. Es ist sinnvoller, den Studienteilnehmer vor die Wahl zweier oder dreier Produkte zu stellen, anstatt ihn nach einer freien Preisantwort zu fragen.

In der Conjoint-Analyse setzt man deshalb auch beim Forced-Choice-Paradigma an: Man fragt beispielsweise: „Wäre Ihnen dieser BMW mit 150 PS, einem Verbrauch von acht Litern und einem Preis von 35.000 Euro lieber oder jener BMW mit 250 PS, einem Verbrauch von 8,5 Litern und einem Preis von 43.000 Euro?" Die Attribute Leistung, Verbrauch und Preis werden nun nach vordefinierten Werten geändert.

Man könnte beispielsweise auch einen BMW mit 200 PS und einen mit 400 PS anbieten. Auch Verbrauch und Preis werden variiert. Eines der Produktmerkmale ist dabei immer der Preis. Mittels diesem wird in gewisser Weise die wahrgenommene

Die klassische Marktforschung und die Methoden des Neuromarketing

Wertigkeit der Attribute überprüft. Je stärker ein Attribut als wertvoll wahrgenommen wird, desto eher sollte der Proband geneigt sein, hierfür einen hohen Preis zu bezahlen.

Der Proband muss sich immer wieder für eine der zwei oder auch drei gezeigten Produktalternativen entscheiden, indem er angibt, welche er bevorzugen würde. Die Conjoint-Befragungen werden heute zumeist am Computer durchgeführt. Es gibt auch Methoden, die für die explizite Computeranwendung weiterentwickelt wurden, bei welchen die Attributsänderungen direkt von der Antwort des Studienteilnehmers abhängen.

Mittels aufwendiger Statistik können im Anschluss an die Befragung Marktsimulationen durchgeführt werden, um die Marktanteile bei bestimmten Produkten zu berechnen. Dies sollte zumindest theoretisch so sein. In der Praxis allerdings müssen die Daten oftmals von Hand bereinigt werden, um Fehlaussagen oder Widersprüche zu vermeiden.

Bei der Conjoint-Analyse wird versucht, mittels ausgefeilter Befragungstechniken die Preisrelevanz verschiedener Produktdimensionen zu testen und letztlich Marktsimulationen durchzuführen.

4.2 Weshalb NeuroPricing?

In der Marktforschung muss man unterscheiden, ob Fragen auf Tatsachen oder auf Emotionen abzielen. Beispiele für Tatsachenfragen sind „Wenn am Sonntag Bundestagswahl wäre, welche Partei würden Sie wählen?", oder „Wenn ich dieses Medikament in den USA vertreiben möchte, welche regulatorischen Hürden muss ich überwinden?" Die besten Antworten auf Fragen dieser Art erhält man, indem man eine Person fragt und ihr, im Beispiel der Wahlfrage, die Auswahl zwischen verschiedenen Optionen lässt oder sie, im Beispiel der Medikamentenfrage, erzählen lässt und dann die bestmöglichen Informationen aus dem Gesagten zusammenfasst.

Oftmals hat Marktforschung aber auch zum Ziel, Bedürfnisse, Motive und Entscheidungen von Kunden und Konsumenten zu verstehen. In diesen Fällen basiert die klassische Marktforschung auf der Annahme, dass Menschen ihre Gedanken und Gefühle kennen und verstehen (Introspektion) und diese dann auch in Worte fassen können (Verbalisierung).

Weshalb NeuroPricing? 4

Viele klassische Befragungen basieren auf der Annahme, dass Probanden im Hinblick auf ihre Emotionen und Gedanken über eine gute Introspektion und Verbalisierung verfügen.

Die Annahmen, dass Introspektion und Verbalisierung gute Einsichten in mentale Vorgänge erlauben, hat die wissenschaftliche Psychologie aber in vielerlei Hinsicht widerlegt. Hier einen Überblick über die reichhaltige Literatur zu geben, würde den Rahmen dieses Buchs sprengen. Daher stelle ich Ihnen eine beispielhafte Studie der Sozialpsychologen Richard Nisbett und Timothy Wilson aus dem Jahr 1978 vor.

Die beiden Wissenschaftler bauten einige Tische in einer Discounter-Filiale auf, die sich in einem größeren Kaufhauskomplex in den USA befand. An den Tischen befestigten sie Schilder, auf denen zu lesen war: „Institut für sozialwissenschaftliche Forschung — Konsumentenbefragung — Welches ist die beste Qualität?" Auf den Tischen lagen vier Damenstrumpfhosen, angeordnet in der Reihenfolge A bis D. 50 Besucherinnen des Discounters wurden gebeten, sich die vier Damenstrumpfhosen anzuschauen, sie nach der Qualität zu beurteilen und diejenige Strumpfhose mit der besten Qualität zu benennen (der Vollständigkeit halber sei erwähnt, dass neben den 50 Damen auch zwei Herren befragt wurden).

Die Studienteilnehmerinnen waren geeignete Probanden, da sie solche Produkte regelmäßig kauften. Was die Teilnehmerinnen und Teilnehmer nicht wussten: Es handelte sich bei allen vier Strumpfhosen um das gleiche Fabrikat. Die Forscher randomisierten die Reihenfolge der einzelnen Strumpfhosen. Das bedeutet, dass sich jede Strumpfhose ungefähr gleich oft an Position A, B, C oder D befand.

Nachdem die Teilnehmerinnen und Teilnehmer ihre Inspektion beendet hatten, gaben sie zu Protokoll, welches Einzelstück das vermeintlich beste Fabrikat darstellte. Dreiviertel der Teilnehmerinnen und Teilnehmer mussten gar nicht nach einer Begründung für ihre Entscheidung gefragt werden, sondern erklärten die Gründe für ihre Wahl aus eigenem Antrieb. Das restliche Viertel wurde explizit nach diesen befragt. Die Besucherinnen und Besucher gaben durchwegs verschiedenste plausible Begründungen an, wie beispielsweise die Verarbeitung der Ferse, die Qualität des Garns oder die Elastizität der Strumpfhose usw. Fast keine der Studienteilnehmerinnen und -teilnehmer zögerte bei der Entscheidung. Nur zwei der 52 Befragten äußerten den Verdacht, dass es sich um das gleiche Fabrikat handeln könnte.

Nun mag man sich fragen, wie es möglich ist herauszufinden, ob die Versuchspersonen denn über eine zuverlässige Introspektion verfügten oder nicht. Die Wissenschaftler konnten durch folgende Analyse nachweisen, dass den Teilnehmerinnen und Teilnehmern des Experiments die wahren Gründe für ihr Verhaltens unklar waren: Für jede Versuchsteilnehmerin und jeden Versuchsteilnehmer wurde notiert, an welcher Position der als bester gewählte Artikel lag. Es stellte sich heraus, dass mit der größten Wahrscheinlichkeit immer diejenige Strumpfhose gewählt wurde, die die auf Platz D lag und deswegen zum Schluss begutachtet wurde (40 Prozent).

Am zweithäufigsten wurde die Strumpfhose auf Platz C gewählt (30 Prozent). 17 Prozent der Teilnehmerinnen und Teilnehmer wählten die Strumpfhose auf Platz B und zwölf Prozent diejenige, die auf Platz A lag. Es gab also einen statistisch signifikanten Effekt hinsichtlich der Reihenfolge, in der die Produkte dargeboten wurden. Statistisch signifikant heißt, der Effekt kann nicht mehr dem Zufall zugeschrieben werden.

Im Unterschied dazu wurde keine der vier einzelnen Strumpfhosen wirklich überzufällig bevorzugt. Daraus lässt sich schließen, dass die Reihenfolge der wichtigste Faktor für die Entscheidung war. Die Wissenschaftler befragten übrigens am Ende der Untersuchung jede Teilnehmerin und jeden Teilnehmer, ob sie oder er glaube, dass die Reihenfolge einen Effekt gehabt hätte. Alle Teilnehmerinnen und Teilnehmer verneinten vehement, bis auf eine einzige: eine Psychologiestudentin, die zum Zeitpunkt der Untersuchung mehrere Seminare über Wahrnehmungstäuschungen und Entscheidungsverhalten belegte.

Die experimentelle Psychologie hat die Fähigkeit zur Introspektion und Verbalisierung als Illusion entlarvt.

Wir wissen also aus der Experimentalpsychologie, dass Menschen in vielen Fällen nicht tun, was sie sagen, nicht sagen, was sie wissen, und letztlich nicht wissen, was sie denken und fühlen, woraus sich schließen lässt, dass Marketingempfehlungen bisher auf verzerrten und oft nicht aussagekräftigen Daten beruht haben.

Die Anwendung neurowissenschaftlicher Technologien wie Elektroenzephalografie (EEG) und funktioneller Magnetresonanztomografie (fMRT) in Kombination mit der Aufzeichnung von Augenbewegungen (Eye-Tracking) und physiologischen Parametern bietet hierzu erstmals eine Alternative. Anstatt Menschen, wie bisher, zu befragen, bietet Neuromarketing die Möglichkeit, diesen Schritt zu umgehen und stattdessen direkt am Gehirn zu messen. Da Gedanken und Gefühle im Gehirn entstehen und genau dort Entscheidungen getroffen werden, ist die Messung am Hirn der direkteste Weg zu einem unverzerrten, objektiven Kundenverständnis.

4.3 So funktioniert NeuroPricing

NeuroPricing ist ein Teilgebiet des Neuromarketing. Mittels Hirnscans und biometrischen Messungen wird Preisforschung betrieben. Im Rahmen des NeuroPricing messen wir solch entscheidende Parameter wie die Zahlungsbereitschaft oder die Reaktion auf Rabattsignale bzw. Preisschilder direkt am Gehirn des Konsumenten. Der Unterschied zur klassischen qualitativen Marktforschung besteht darin, dass den jeweils untersuchten Personen die Fragen oder Aufgaben zwar verbal oder visuell gestellt werden, die Antworten aber direkt aus den Aktivitäten des Gehirns abgelesen werden.

Gerade bei der Preisforschung weiß man nicht, ob Probanden glauben, mit ihrer Antwort zukünftige Preise eines Produkts beeinflussen zu können oder nicht. Je nach Befragung und Stichprobe ist daher unklar, ob die genannte Zahlungsbereitschaft der tatsächlichen entspricht oder deutlich darüber oder darunter liegt. Ich selbst habe im Zuge klassischer Marktforschungen immer wieder erlebt, dass man bei einer Studie an der Ehrlichkeit der Preisantwort eines Probanden zu Recht zweifelt.

Beim NeuroPricing verlässt man sich nicht auf die verbalen Antworten der Testpersonen, sondern liest diese direkt aus den Hirnaktivitäten ab.

In diesem Zusammenhang sei erwähnt, dass es Parameter gibt, die beim NeuroPricing genauso wie bei jeder Marktforschung oder grundlagenwissenschaftlichen Laborstudie kontrolliert oder randomisiert werden müssen. Insbesondere wenn man Konsumentenforschung betreibt, sind soziodemografische Faktoren wie Geschlecht, Alter und Einkommen relevant. Männer und Frauen suchen eben nach unterschiedlichen Informationen und verarbeiten diese auch unterschiedlich.

Manche Produkte werden primär an besondere Käuferschichten verkauft, sodass man nur diese testen sollte. So ist es beispielsweise sinnvoll, bestimmte Automarken nur an bestimmten gesellschaftlichen Schichten zu testen. Bei Produkten, die auf Eltern kleiner Kinder zugeschnitten sind, sollte in den meisten Fällen vor allem diese Populationsgruppe getestet werden. Hier geht man bei NeuroPricing-Untersuchungen genauso vor wie bei der Stichprobenauswahl einer klassischen Marktforschungsstudie.

NeuroPricing geht bei der Stichprobenauswahl genauso vor wie die klassische Marktforschung.

Die klassische Marktforschung und die Methoden des Neuromarketing

Durch den direkten Zugang zu den Aktivitätsmustern des Gehirns der untersuchten Testperson werden viele kognitive Verzerrungen vermieden, die sich bei der Beantwortung von Fragebögen oder in Tiefeninterviews einschleichen können. Wenn ein Proband beispielsweise eine überaus positive Reaktion auf ein bestimmtes Preissignal empfindet, diese Reaktion aber vielleicht nicht für ökonomisch oder sozial angemessen hält und seine Antwort daher entsprechend filtert, kann das Ergebnis in einer Befragung „Nein" lauten, bei der Messung der Hirnaktivitäten jedoch „Ja".

Wie wir von den Studien Kahnemans und Tverskys sowie von vielen weiteren Untersuchungen wissen, können bereits kleine Änderungen in der Umgebung eine Messung beeinflussen. Wenn man Menschen an einem sonnigen Tag nach ihrer Meinung fragt, wird die Antwort anders lauten als an einem Regentag. Wenn man einer Person einen kalten Becher in die Hand drückt, dann empfindet sie ihre Umwelt anders, als wenn sie einen warmen Becher in der Hand hält. Derlei Beispiele gibt es viele und einige davon bespreche ich auch in diesem Buch.

Das wirft die Frage auf, inwiefern die Hirnaktivität nicht auch von solchen Faktoren abhängt. Selbstverständlich haben diese Dimensionen eine biologische Entsprechung. Daher spiegeln sich solche Faktoren auch im Hirnsignal wider. Diese Umgebungsfaktoren beeinflussen aber jegliche Art von Forschung, ob die klassische Marktforschung, die psychologische Grundlagenforschung oder eben das Neuromarketing. Aus diesen Gründen ist jede Messung, sei es im Neuromarketing, in der Physik, der Biologie, der Psychologie oder der klassischen Marktforschung, mit einem sogenannten Messfehler behaftet. Würden Sie beispielsweise die Größe derselben Person mehrmals auf den Millimeter genau messen, so hätten Sie jedes Mal einen kleinen Messfehler. Dieser Messfehler ist normalverteilt, die Verteilung der individuellen Messungen entspricht also der Gauß-Glocke.

Das Gleiche passiert bei jeder psychologischen und neurowissenschaftlichen Untersuchung — also sowohl beim Neuromarketing als auch in der klassischen Marktforschung. Die Umgebungsvariablen, die einen Einfluss auf die Messung nehmen, führen dazu, dass die Daten ein kleines bisschen verrauscht sind. Deshalb misst man mehrere Personen und bildet daraus Mittelwerte. Durch die Mittelwerte werden die unterschiedlichen Messbedingungen wie gutes Wetter — schlechtes Wetter oder gute Laune — schlechte Laune ausgeglichen. Hierin unterscheidet sich Neuromarketing nicht von anderen Messmethoden.

So funktioniert NeuroPricing

Messungen der Gehirnaktivität „rauschen" ein wenig, genau wie jede andere natur- und sozialwissenschaftliche Messung, weswegen eine gute Versuchsplanung und saubere Methodik im Neuromarketing ebenso wichtig sind wie in der klassischen Marktforschung.

Einer der entscheidenden Vorteile des Neuromarketing ist, dass durch die direkte Messung am Gehirn eine ganze Reihe konsistenter Verzerrungen vermieden werden können. Für das Pricing ist besonders interessant, dass die Reaktion auf Preise direkt am Gehirn gemessen werden kann.

Bei Befragungen entstehen aber, je nach Produkt oder befragter Zielgruppe, Verzerrungen in der Antwort. Wenn — wie oben bereits kurz erwähnt — Probanden zum Beispiel klar wird, dass eine Preisfrage den Produktpreis in Zukunft beeinflussen wird, dann lässt sich nicht verhindern, dass die Probanden mit ihrer Antwort den Ausgang der Studie im eigenen Interesse beeinflussen wollen — sei es bewusst oder unbewusst. Natürlich unterscheidet sich dieser Einfluss von Stichprobe zu Stichprobe und von Fragestellung zu Fragestellung. Der Einfluss wird aber nie ganz verschwinden. Zudem weiß man bei klassischer Marktforschung nicht, in welche Richtung die Antworten verzerrt sind. Es kann durchaus sein, dass, abhängig von Fragestellung und Stichprobe, auch zu hohe Preise genannt werden, zum Beispiel weil Konsumenten nicht als arm oder geizig wahrgenommen werden wollen.

Pricing-Forschung mit neurowissenschaftlichen Methoden misst die Reaktion des Gehirns in unverzerrter Weise.

Der Erfolg der Neuromarketing-Methoden basiert auf einer weiteren neurobiologischen Erkenntnis: Wenn sich das Gehirn eine Sachlage verbal bewusst macht, dann ändert diese Bewusstmachung die Wahrnehmung der Sachlage. Dies ist besonders ausgeprägt, wenn es darum geht, Emotionen zu verbalisieren, für die sich unser Wortschatz im Laufe der Evolution gar nicht entwickelt hat.

Hirnscans dagegen sind in der Lage, Emotionen und Absichten zu messen, ohne diese verbal zu erfragen. Daher bekommt man einen ungefilterten Einblick in die Entscheidungsfindung eines Probanden. Wie wir im Zusammenhang mit fMRI noch sehen werden, wurde nachgewiesen, dass durch diesen ungefilterten Zugang auch bessere Marktprognosen erstellt werden können.

Bereits die Befragung einer Testperson ändert ihre Wahrnehmung des befragten Sachverhalts.

4.4 Preisforschung mit modernen Methoden

Die von den Neuromarketing Labs und Neurensics eingesetzten Instrumente sind die funktionelle Magnetresonanztomografie und die Elektroenzephalografie. Diese beiden „Werkzeuge" verfügen über ganz bestimmte Leistungsschwerpunkte, die die Erhebung bestimmter Daten und damit die Beantwortung sehr spezifischer Fragen möglich machen.

Für den effizienten Einsatz dieser „Werkzeuge" im NeuroPricing werden schnelle Computer mit entsprechend großen Rechenkapazitäten benötigt, die in der Lage sind, mit neuen Algorithmen und multivarianten statistischen Verfahren Ergebnisse zu liefern, die zuvor nicht in akzeptabler Geschwindigkeit berechenbar waren.

4.4.1 EEG-gestütztes NeuroPricing

Das Elektroenzephalogramm (EEG) ist ein Verfahren zur Messung und Aufzeichnung der elektrischen Aktivität des Gehirns mittels Elektroden, die der zu untersuchenden Person von außen am Schädel angelegt werden. Entwickelt wurde dieses Verfahren von Hans Berger von der Universität Jena, dem es bereits 1924 gelang, erstmals ein EEG abzuleiten, und der seine Methode dann im Jahr 1929 publizierte.

Mithilfe der Elektroenzephalografie werden spontan oder auch bewusst ausgelöste elektrische Aktivität des Gehirns besonders im Bereich der Großhirnrinde registriert. Diese elektrischen Wellen entstehen im Cortex (Hirnrinde), da Stromschwankungen aus den tiefer gelegenen Arealen an der Hirnoberfläche nicht mehr messbar sind. Allerdings nehmen tieferliegende Strukturen, wie zum Beispiel der Thalamus, durchaus Einfluss auf die Potenzialdifferenzen an der Hirnoberfläche.

Zur Ableitung eines EEG werden Elektroden unterschiedlicher Form und Bauart benutzt. Um die Elektroden schnell an der richtigen Stelle positionieren zu können, sitzen diese meist in einer Kappe, die einfach auf den Kopf gesetzt wird. Bei einer Ableitung sollte der Widerstand zwischen Kopfhaut und Elektrode möglichst gering sein, ein Kriterium, das nur kostspielige High-End-Geräte erfüllen. Die besten Ergebnisse erzielt man, wenn zwischen Kopfhaut und Elektrode mit einem Leitgel die elektrische Verbindung sichergestellt wird. Die einzige Nebenwirkung für den Probanden besteht dann darin, dass seine Haare durcheinander gebracht werden und er sich anschließend den Kopf waschen sollte.

Zwar wurden Trockenelektroden weiterentwickelt, aber die moderne Wissenschaft hat bislang die Gleichwertigkeit des Signals nicht nachgewiesen. Nach wie vor sind bei den Top-Labors der EEG-Forschung die sogenannten „Nasselektroden" State of the Art. Dies hat mehrere Gründe: Zunächst ist — wie bereits erwähnt — das Signal besser, denn das Gel stellt die Verbindung zwischen Elektrode und Kopfhaut sicher. Ein anderer Punkt ist, dass Trockenelektroden sehr stark auf die Kopfhaut gepresst werden müssen, damit der elektrische Widerstand minimiert wird. Dies kann bei Studienteilnehmern durchaus zu sehr unangenehmen Druckstellen führen. Im Gegensatz dazu ist eine Kappe mit Nasselektroden fast so bequem wie eine Badekappe.

In diesem Zusammenhang möchte ich Ihnen noch einen praktischen Ratschlag geben. Wenn Sie erwägen sollten, Neuromarketing in Ihrem Unternehmen einzusetzen, dann empfehle ich Ihnen, den Harvard Business School Beitrag „Note on Neuromarketing" von Prof. Dr. Dr. Uma Karmarkar zu lesen. Frau Karmarkar hat sowohl in der Neurobiologie als auch in den Wirtschaftswissenschaften promoviert und unterrichtet an der Harvard Business School. Sie kann also Neuromarketing sowohl aus betriebswirtschaftlicher als auch aus neurowissenschaftlicher Sicht hinterfragen. Sie empfiehlt, bei der Auswahl einer Neuromarketing-Dienstleistung darauf zu achten, dass ausreichend technologische Expertise beim Neuromarketing-Anbieter vorhanden ist und dass das Unternehmen von einem wissenschaftlichen Beirat unterstützt wird und/oder von Wissenschaftlern gegründet wurde. Ich kann mich dieser Empfehlung nur anschließen. Wenn man ins Marketing und damit in die Zukunft des Unternehmens investiert, dann empfiehlt es sich, mit seriösen Anbietern zu arbeiten. Im EEG-Bereich arbeiten seriöse Anbieter mit High-End-EEG-Geräten wie sie auch in der universitären Forschung eingesetzt werden.

Um Signale des Gehirns sauber empfangen zu können, bedarf es wissenschaftlich anspruchsvoller und bequem zu tragender EEG-Geräte, welche mittels Leitgel eine Verbindung zwischen Elektrode und Kopfhaut schaffen.

Bei einer EEG-Ableitung wird kein Strom durch den Körper geleitet, sondern nur der im Gehirn erzeugte Strom registriert, genau wie bei einem EKG. Die Signale des Gehirns sind allerdings deutlich schwächer als bei einem EKG, weshalb sie beträchtlich verstärkt werden müssen. Je nach Tätigkeit des Gehirns ändert sich auch die Signalform.

Mit dem EEG erhält man unter anderem Informationen über Aufmerksamkeitsprozesse, Müdigkeit, Aktivierung von Gedächtnisschleifen und Emotionen. Mittels ausgefeilter wissenschaftlicher Analysen und kreativer Versuchsanordnungen kann man an sehr detaillierte Informationen gelangen, wie Sie bei den Ausführungen über die Zahlungsbereitschaft in der von uns durchgeführten Starbucks-Studie noch sehen werden.

Moderne EEG-Sensoren messen die Hirnaktivität 2.000 bis 40.000 Mal pro Sekunde. Aufgrund verbesserter Analysemethoden und im Zuge des Fortschritts in der Computertechnik haben sich die Einsatzmöglichkeiten deutlich ausgeweitet. Die Hirnwellenmessung per EEG gilt heute neben dem fMRI als genaueste und zuverlässigste Form der Konsumentenmarktforschung.

Das EEG misst die Hirnaktivität ohne Zeitverzug, das heißt, die Signale werden zeitgleich zur Aktivität der Neuronen empfangen. Die Messung in Echtzeit ist für das Neuromarketing von großer Bedeutung. Sie erlaubt nämlich, die Hirnaktivität zu messen, bevor sie verbalisiert wird und bevor bewusste und unbewusste Verzerrungen einsetzen. Aus diesem Grund lege ich auch immer wieder Wert auf die Betonung der Tatsache, dass die Reaktion „ungefiltert" ist.

Der Vorteil des EEG liegt also darin, dass die sofortigen und ungefilterten Reaktionen des Gehirns erfasst werden können. Zu dieser sofortigen Reaktion, die innerhalb der ersten halben Sekunde, nachdem eine Versuchsperson einen Reiz gesehen oder gehört hat, stattfindet, gibt es Tausende wissenschaftliche Studien. Die unmittelbare Reaktion kann mittels komplexer mathematischer Analysen in vielerlei Komponenten zerlegt werden, welche jeweils gut erforscht sind. Von jeder Komponente der Hirnreaktion weiß man genau, was sie bedeutet. Eine US-Neuromarketingagentur nennt diese Hirnreaktion die „tiefe unterbewusste Antwort".

Obwohl wir bei den Neuromarketing Labs die Arbeit dieser US-Kollegen sehr schätzen, halten wir deren Bezeichnung der Hirnantwort für nicht gelungen. Das entscheidende Moment ist nämlich nicht, ob sich die Reaktion auf das (wissenschaftlich haltlose) „Unterbewusste" bezieht, sondern, dass die Reaktion ungefiltert gemessen wird. Wir sprechen daher von der unmittelbaren Hirnreaktion.

Die in Tausenden wissenschaftlichen Studien erforschte unmittelbare Hirnreaktion ermittelt die sofortige und ungefilterte Reaktion auf einen Reiz.

4.4.2 Die Starbucks-Studie

Um die Zahlungsbereitschaft zu messen, führten wir bei den Neuromarketing Labs eine eigenfinanzierte Studie durch. Wir baten Probanden ins Labor und leiteten ihr EEG ab. Auf einem Bildschirm zeigten wir ihnen einen Preis für eine kleine Tasse Starbucks-Kaffee. Unmittelbar danach zeigten wir ihnen entweder das Wort „günstig" oder „teuer". Die Probanden mussten daraufhin immer per Tastendruck anzeigen, ob sie zustimmten oder nicht, also ob sie den gezeigten Preis als teuer

4 Preisforschung mit modernen Methoden

oder günstig empfanden. Wir konnten damit die Reaktion des Gehirns auf den Preis und auf die Attribute teuer und günstig erheben.

Die Abbildungen 11 bis 13 präsentieren die Reaktion des Gehirns auf die gezeigten Preise. Hierbei handelt es sich um eine Komponente der unmittelbaren Hirnreaktion, die bei vernünftigen Preisen am stärksten ausschlägt. Wenn das Gehirn andernfalls unerwartete Preise verarbeiten musste, traten Gefühle wie Schock, Zweifel oder Erstaunen zutage. Deren Entsprechungen konnten wir in den EEG-Daten durch eine Reihe komplexer Analyseschritte visualisieren.

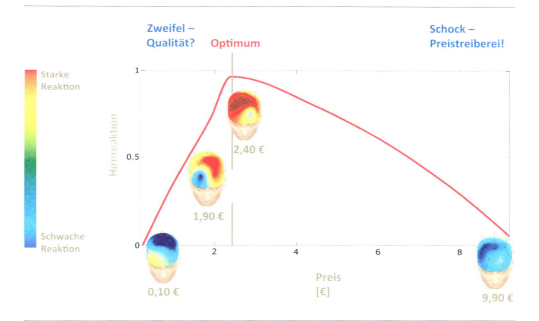

Abb. 11: Reaktionen des Gehirns auf verschiedene Preisdarbietungen

Wie Sie in der Abbildung erkennen können, reagiert das Gehirn stärker auf einen passenden Preis als auf einen unpassenden. Die Stärke der Reaktion an den verschiedenen Elektrodenpositionen ist farblich dargestellt.

In der folgenden Abbildung lokalisieren wir die Reaktion des Gehirns auf einen offensichtlich sehr unpassenden Preis von 10 Cent für die Tasse Starbucks-Kaffee. Neurowissenschaftler verstehen unter dem Begriff „Lokalisieren" bestimmte Analysen, die aufzeigen, welche Hirnregionen zu einem gewissen Zeitpunkt aktiv waren. Die Lokalisationsanalyse während der Hirnreaktion zeigt eine Aktivierung in den

Die klassische Marktforschung und die Methoden des Neuromarketing

primären Seharealen (hinten im Gehirn) und im präfrontalen Cortex, wo Entscheidungen getroffen und Situationen beurteilt werden.

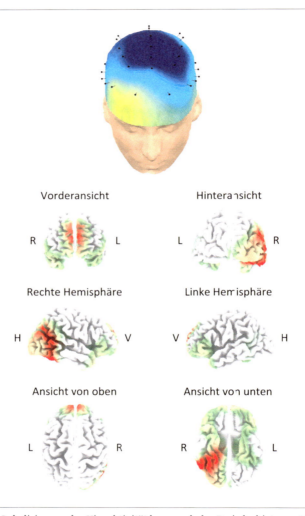

Abb. 12: Lokalisierung der Hirnaktivität kurz nach der Preisdarbietung „10 Cent"

Die nächste Abbildung zeigt die Reaktion des Gehirns auf einen Preis von 2,40 Euro für die Tasse Starbucks-Kaffee. Der Preis passte sehr gut. Die Lokalisierung der Hirnaktivität zeigt eine Aktivierung in den primären Seharealen (hinten im Gehirn) und im parietalen Cortex (Scheitellappen), der unter anderem eine wichtige Rolle bei der Aufmerksamkeit und der Verarbeitung von Zahlen spielt.

4 Preisforschung mit modernen Methoden

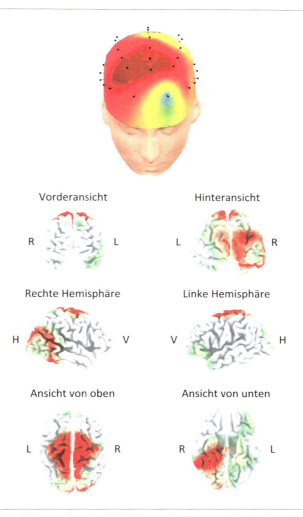

Abb. 13: Lokalisierung der Hirnaktivität unmittelbar nach der Preisdarbietung „2,40 Euro"

Als nächstes ermittelten wir die Reaktion des Gehirns auf die Worte „teuer" und „günstig". Besonders interessant hierbei war, dass wir zeigten, wie das Gehirn auf das gleiche Wort jeweils anders reagierte, wenn zuvor unterschiedliche Preise gezeigt wurden. Wir erkannten an dieser unmittelbaren Reaktion, ob das Attribut teuer oder günstig zum vorher gezeigten Preis passte oder nicht.

Das Ergebnis der Analyse sehen Sie in Abbildung 14. Die rote Linie stellt die Reaktion des Gehirns auf die Darbietung des Wortes „teuer" dar. Wir analysierten in diesem Fall eine spezifische Komponente der unmittelbaren Hirnreaktion, deren Bedeu-

Die klassische Marktforschung und die Methoden des Neuromarketing

tung in Hunderten wissenschaftlichen Studien fundiert untersucht wurde. Diese Komponente ist stärker ausgeprägt, je besser zwei Konzepte zusammenpassen.

Sie sehen, dass das Gehirn dem Wort teuer immer stärker zustimmte, je höher der zuvor gezeigte Preis war. Bei dem Attribut „günstig" war es genau anders herum: Das Gehirn stimmte dem Wort immer weniger zu, je höher der Preis war. Der Schnittpunkt ist analog zur Van-Westendorp-Methode der Punkt, ab dem die Gehirne tendenziell zu „sagen" beginnen: „Das Produkt ist teuer."

Die Preisspanne ermittelten wir mittels einer statistischen Prozedur, welche die Varianz der Hirnreaktionen miteinbezog (Bootstrapping). Damit führten wir eine Analyse durch, die sich an die Van-Westendorp-Analyse anlehnt. Wir maßen sozusagen, ab wann das Gehirn ein Produkt als eher teuer denn als günstig einstuft. Sie können in Abbildung 14 sehen, dass dies bei 2,11 Euro der Fall war, also etwas unterhalb des Optimums, welches wir in der Reaktion auf den Preis (vgl. Abb. 13) erfasst hatten. Dies erscheint durchaus sinnvoll, denn Starbucks gilt im Allgemeinen als eher teuer, aber trotzdem als attraktiv.

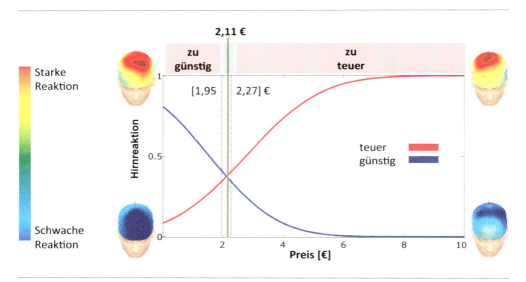

Abb. 14: Reaktionen des Gehirns auf die Worte „teuer" bzw. „günstig"

Die folgende Abbildung veranschaulicht die Reaktion des Gehirns auf das Wort teuer, wenn zuvor ein Preis von zehn Cent gezeigt wurde. Erwartungsgemäß stimmte das Gehirn dieser Aussage nicht zu. Die Aktivitätslokalisierung zeigt Hirnaktivität in der primären Sehrinde und im linken Temporallappen, in dem unter anderem Sprache verarbeitet wird („Wernicke-Areal").

Preisforschung mit modernen Methoden

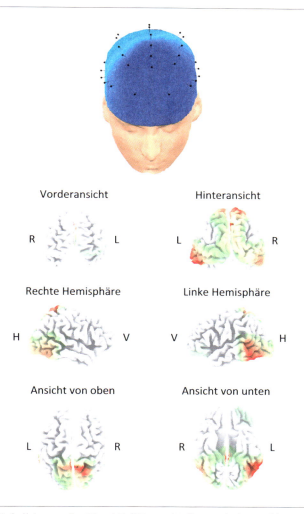

Abb. 15: Lokalisierung der Hirnaktivität unmittelbar nach der Darbietung des Worts „teuer" bei zuvor gezeigtem Betrag von 10 Cent

In der folgenden Abbildung sehen Sie die Reaktion des Gehirns auf das Wort teuer, wenn zuvor ein Preis von 9,90 Euro gezeigt wurde. Dieses Mal stimmte das Gehirn der Aussage zu. Die Aktivitätslokalisierung weist auch in diesem Falle auf Hirnaktivität in der primären Sehrinde und im linken Temporallappen hin.

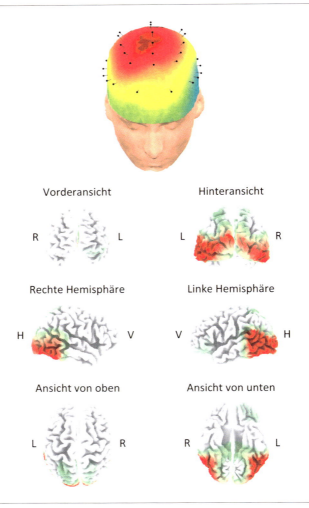

Abb. 16: Lokalisierung der Hirnaktivität unmittelbar nach der Darbietung des Worts „teuer" bei zuvor gezeigtem Betrag von 9,90 Euro

Nachdem das Wort wieder ausgeblendet wurde, mussten die Teilnehmer die Frage beantworten, ob sie der Kombination Preis-Wort zustimmten oder nicht. Wir maßen die Reaktionszeit unserer Probanden auf diese Frage, die allerdings davon nichts wussten. Unabhängig davon, ob die Probanden der Kombination Preis-Wort zustimmten oder sie ablehnten, verrieten sie sich über die Reaktionszeit. Wenn sie nämlich abwägen mussten, ob es sich um einen günstigen oder teuren Preis handelte, dann brauchten sie länger für die Antwort. Dies sehen Sie in Abbildung 17.

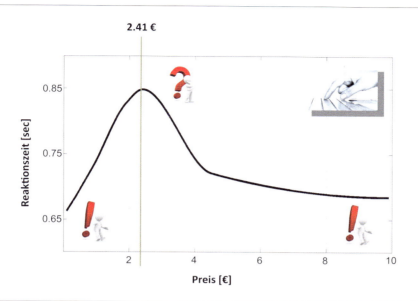

Abb. 17: Reaktionszeit auf die Frage, ob das Attribut teuer/günstig zum zuvor gezeigten Preis passt

Was lässt sich nun daraus lernen? Wir können festhalten, dass wir mittels dreier impliziter Maße die Zahlungsbereitschaft für ein Produkt bestimmen können. Diese Erkenntnis wird die Pricing-Forschung revolutionieren, denn es handelt sich um die erste Messung, die vollständig unabhängig von einer expliziten Antwort die Zahlungsbereitschaft für ein Produkt vorhersagen kann. Wir nennen dieses neue Instrument die **NeuroPricing Toolbox**.

Darüber hinaus ist spannend, dass die Zahlungsbereitschaft für eine Tasse Kaffee bei Starbucks offenbar wesentlich höher liegt als vom Konzern angenommen. Bei den Starbucks-Coffeeshops in Stuttgart, die unserem Labor am nächsten liegen und die unseren Probanden bekannt waren, werden die kleinen Kaffees nämlich für 1,80 Euro verkauft. Unsere Forschungen weisen allerdings darauf hin, dass ein Preis im Bereich zwischen 2,10 Euro und 2,40 Euro durchaus durchsetzbar wäre. Starbucks lässt sich also Millionengewinne entgehen, da die Zahlungsbereitschaft der Kunden nicht berücksichtigt wird.

Die NeuroPricing Toolbox ermittelt die Zahlungsbereitschaft für ein Produkt mithilfe der ungefilterten unmittelbaren Hirnreaktion.

Die klassische Marktforschung und die Methoden des Neuromarketing

4.4.3 NeuroPricing mithilfe der funktionellen Magnetresonanztomografie

Um Struktur und Funktion des lebenden Gehirns sichtbar zu machen, arbeiten Neurowissenschaftler seit Anfang der 1990er-Jahre vor allem mit der funktionellen Magnetresonanztomografie (fMRT), englisch functional magnetic resonance imaging (fMRI). Diese Methode gehört zu den bildgebenden Verfahren und liefert die schönen bunten Darstellungen des Gehirns, die wir alle aus den Medien kennen. Diese Bilder sind allerdings weder Fotografien noch eine Art Röntgenaufnahme. Sie entstehen erst dadurch, dass der Computer, mit dem die Signale des Magnetresonanztomografen (MRI-Scanner) ausgewertet werden, statistische Karten erstellt, welche die Unterschiede zweier Bedingungen farblich darstellen.

Moderne radiologische Kliniken und Praxen arbeiten mit 1,5 Tesla-Magneten, weil das für die anatomischen Hirnscans ausreichend ist. Für die State-of-the-Art-Forschung im Bereich des fMRI braucht man allerdings höhere Magnetfelder. Magnetresonanztomografen in modernen Forschungseinrichtungen arbeiten daher mit Magnetfeldern von 3,0 Tesla und kosten Millionen von Euro. In Tübingen, dem größten europäischen Zentrum der Neurobiologie, wo auch wir mit Neurensics scannen, gibt es zusätzlich zu den 3,0 Tesla-Scannern sogar MRI-Scanner mit wesentlich höheren Magnetfeldern.

Die Analysen für diese Scanner mit Magnetfeldern von weit über 3,0 Tesla sind allerdings derzeit noch nicht ausreichend entwickelt, um Marketingforschung zu betreiben. Aus diesem Grund verwenden wir die 3,0 Tesla-Scanner, weil diese zurzeit die wissenschaftlich fundiertesten Untersuchungen ermöglichen.

Magnetresonanztomografie ist eine Technik, die viele anatomische Strukturen im Körper abbilden kann. Vereinfacht gesagt, werden Probanden oder Patienten in ein Magnetfeld geschoben und dort Radiofrequenzpulsen ausgesetzt. Der MRI-Scanner empfängt ein Resonanzsignal, welches die Wasserstoffkonzentration in verschiedenen Positionen im Raum anzeigt. Da verschiedene anatomische Strukturen verschiedene Wasserstoffkonzentrationen haben, ist es möglich, 3D-Darstellungen innerer Organe zu rekonstruieren.

Das Fundament der fMRI-Scans bildet ein spezifisches physiologisches Phänomen: Wenn die Neuronen eines bestimmten Hirnareals besonders aktiv sind, dann wird der Blutzufluss in diese Region verstärkt. Vermutlich liegt dies daran, dass die Aktivierung der Nervenzellen in diesem Areal mehr Energiebedarf mit sich bringt. Aufgrund der magnetischen Eigenschaften des Hämoglobins im Blut ist es nun möglich, festzustellen, wo genau die verstärkte Durchblutung stattfand.

Dafür braucht man aber meistens zwei ähnliche Bedingungen, die man miteinander vergleichen kann. Ein klassisches Beispiel ist, einmal ein Gesicht zu zeigen und einmal ein Haus. In beiden Fällen wird ein MRI-Scan durchgeführt. Unter fMRI versteht man nun, den MRI-Scans des Hauses vom MRI-Scan des Gesichts zu subtrahieren. Das, was dann übrig bleibt, sollte das Hirnareal sein, welches Gesichter verarbeitet. Im Vergleich zum EEG misst fMRI die Durchblutungsänderung in einer Hirnregion erst einige Sekunden nachdem die eigentliche Hirnreaktion erfolgt ist. Dafür ist dann die Lokalisierung exakt.

FMRI kann also recht genau darstellen, welche Hirnstrukturen in welchen Fällen aktiv sind. Diese exakte Lokalisierung erlaubt Rückschlüsse darauf, welche Emotion im Gehirn wie stark ausgeprägt ist. Für eine korrekte Identifikation der Emotion muss selbstverständlich die Reverse-Inference-Problematik genau beachtet werden. Mittels fortgeschrittener statistischer Methoden kann man diese Hürde jedoch zufriedenstellend überwinden.

Wie man diese Emotionsmessungen im Neuromarketing einsetzen kann, hat Neurensics in einer neuen, wissenschaftlich kontrollierten Studie gezeigt. Gemeinsam mit dem niederländischen Verlag „De Arbeiderspers/A.W. Bruna Uitgevers" wurde der Effekt eines Bucheinbands auf die Kaufbereitschaft von Lesern getestet. Potenzielle Leser unterzogen sich einem fMRI-Hirnscan. Im Scanner wurden ihnen Bilder verschiedener Buchcover gezeigt. Beim Verlassen des Scanners konnten die Versuchspersonen von den gezeigten Büchern einige auswählen und mit nach Hause nehmen. Das ermöglichte unseren Kollegen von Neurensics, eine Verbindung herzustellen zwischen den emotionalen Dimensionen, die per Hirnscan ermittelt wurden und der Entscheidung der Probanden für ein bestimmtes Buch. In der Studie wurden Titel aus verschiedenen Genres verwendet: leichte Belletristik, Thriller und klassische Literatur. Es zeigte sich, dass die unterschiedlichen Buchcover, wie erwartet, verschiedene Hirnregionen aktivierten und verschiedene Emotionen hervorgerufen hatten.

Besonders interessant bei diesen Ergebnissen war, wie sich die für die Entscheidung relevanten Emotionen für jedes Genre unterschieden. Bucheinbände für leichte Belletristik wurden am ehesten gewählt, wenn die im MRI-Scanner ermittelten emotionalen Dimensionen Begierde und Vertrauen beim Anblick des Einbands stark ausgeprägt waren. Ebenfalls eine Rolle bei leichter Belletristik spielten die Dimensionen Neuheit und Selbstrelevanz.

Die bevorzugten Buchcover für Thriller dagegen zeigten im fMRI-Scan besonders hohe Werte bei den Emotionen Gefahr, Ekel, Ärger und Angst. Darüber hinaus waren Einzigartigkeit und Neuheit relevante Dimensionen beim Thriller.

Bei der klassischen Literatur hingegen wurde kein Unterschied im Entscheidungsverhalten festgestellt. Die verschiedenen Einbände wurden gleich häufig gewählt, sodass auch die Hirnscandaten hier nicht weiterhelfen konnten.

Aus diesen Ergebnissen lässt sich folgern, dass es sich gerade für leichte Belletristik und für Thriller lohnt, Buchcover mittels fMRI-Hirnscans zu optimieren. Eine solche Designoptimierung ist natürlich kein direktes Pricinginstrument, aber selbstverständlich lassen sich mit besseren Covers auch höhere Preise und damit mehr Gewinn erzielen.

Dass die fMRI-basierte Forschung in der Lage ist, reale Marktdaten besser vorherzusagen als klassische Marktforschung, konnten Gregory Berns und Sarah Moore von der Emory University mit einer 2011 erschienenen Studie nachweisen. Bereits 2006 legten sich 27 Teenager in den MRI-Scanner der Universität in Atlanta. Die Jugendlichen hörten brandneue und bis dahin unbekannte Popsongs, während der Scanner die Aktivität in ihrem Gehirn maß. Zu jedem Popsong wurden die Studienteilnehmer dann gefragt, wie sehr ihnen dieser auf einer Skala von 1 bis 5 gefallen habe.

Im Jahr 2010 wurde dann recherchiert, wie sich die im Jahre 2006 noch neuen Songs in den USA verkauft hatten. Die Antworten, die die Jugendlichen auf der Skala gegeben hatten, zeigten überhaupt keinen Zusammenhang zu den Verkaufsdaten. Die Aktivierung im Nucleus accumbens dagegen, dem „Belohnungszentrum" des Gehirns, zeigte einen klaren Zusammenhang zu den Verkaufsdaten.

Dass Hirnscans offenbar wesentlich bessere Instrumente als Fragebögen darstellen, hat sich also auch in dieser Studie bestätigt. Was mich darüber hinaus besonders fasziniert, ist das Phänomen, dass die Hirnaktivität von nur 27 Jugendlichen etwas über den Verkauf eines Mediums in einem 300-Millionen-Konsumentenmarkt aussagen kann.

4.5 Zusammenfassung Teil I

Ich habe im Teil I dieses Buchs dargestellt, wie die Neuroökonomie unsere Entscheidungsprozesse betrachtet und interpretiert. Viele Prozesse laufen unbewusst ab. Oder wie der Nobelpreisträger Reinhard Selten es formulierte: „Entscheidungen werden nicht getroffen. Entscheidungen quellen auf." Weiters habe ich dargestellt, welche Mechanismen auf das Unbewusste wirken, seien es nun Einflüsse auf die Wahrnehmung, seien es evolutionsbedingte Verhaltensweisen oder bestimmte Funktionsweisen der verschiedenen Systeme des Gehirns. Das Ergebnis lautet unter dem Strich: Wir müssen das Unbewusste messen und verstehen, wenn wir eine bestimmte Entscheidung herbeiführen wollen.

Ich habe auch deutlich gemacht, dass der Preis die entscheidende Einflussgröße für den Gewinn eines Unternehmens ist. Wenn wir bei einem Entscheider für einen bestimmten Preis Akzeptanz schaffen wollen, müssen wir aber nicht nur die unbewussten Entscheidungsprozesse ins Kalkül ziehen, wir müssen auch wissen, wer er ist. Da hilft uns zunächst die klassische Marktforschung mit ihren soziodemografischen Daten. Das allein reicht aber nicht.

Weil unbewusste Prozesse so entscheidend sind, wird man in Zukunft auf Untersuchungen mithilfe des NeuroPricings nicht verzichten können. Eine der zentralen Aufgaben des NeuroPricings ist, herauszufinden, wie hoch die Zahlungsbereitschaft eines bestimmten Kundentyps für ein bestimmtes Produkt oder für eine bestimmte Dienstleistung ist. Der folgende zweite Teil des Buchs wird auf diesen Überlegungen aufbauen.

Teil II:
Es ist mehr drin, als Sie denken – Von der Zahlungsbereitschaft zur Preisoptimierung

5 Die Denkfallen der Verkäufer

Was Sie in diesem Kapitel erwartet:

Verkäufer denken nicht anders als andere Menschen. Auch sie wollen Verluste vermeiden, wollen Dinge, die sie besitzen, nicht hergeben und arbeiten mit Ankerpreisen. Auch das Thema Fairness spielt eine große Rolle.

5.1 Auch für Verkäufer gilt die Prospect Theory

Bevor wir uns damit befassen, wie Kunden über Preise denken, möchte ich zunächst die Verkäuferseite unter die Lupe nehmen. Das Gehirn eines Verkäufers arbeitet nämlich nach denselben Regeln wie das der Käufer, Kunden oder Konsumenten.

Auch für Verkäufer ist es wichtiger, Verluste zu vermeiden, als Gewinne zu erzielen. Das Risiko, auf Waren sitzen zu bleiben und nichts zu verkaufen, wird deshalb höher eingeschätzt als die eigene Fähigkeit, mit geeigneten Mitteln die Kunden vom Wert der Produkte zu überzeugen und diese zu verkaufen. Deshalb bleiben viele Verkäufer lieber mit ihren Forderungen unter dem, was die Kunden zu zahlen bereit wären. Natürlich gibt das niemand zu. Stattdessen verweisen Verkäufer lieber auf die angespannte Wettbewerbssituation, die sie zu dieser Preisgestaltung zwinge, um überhaupt etwas verkaufen zu können.

Das Gehirn eines Verkäufers arbeitet nach denselben Regeln wie jedes andere Gehirn.

5.1.1 Mit der Tiefstpreisgarantie unter dem Möglichen bleiben

Ein typisches Ergebnis dieser Denkweise ist die „Tiefstpreisgarantie". Diese hat den Vorteil, dass sie die Suche des Kunden nach dem günstigsten Angebot von vornherein einschränkt, weil er sich auf der sicheren Seite fühlen kann. Sollte der Kunde eher zufällig doch noch ein günstigeres Angebot für dasselbe Produkt entdecken, kann er sich den zu viel bezahlten Teil des Preises ja immer noch erstatten lassen. Die meisten Händler, die eine Tiefstpreisgarantie geben, rechnen allerdings zu

Recht damit, dass der Kunde das Interesse am Preis verliert, wenn er sich seinen Produktwunsch erst einmal erfüllt hat.

Andere Händler, die eine Tiefstpreisgarantie geben, wissen ziemlich genau, dass es das identische Produkt nirgendwo anders gibt, weil dieses Modell speziell für ihre Handelsgruppe gefertigt wurde und so nur bei ihnen erhältlich ist. Den Herd oder die Waschmaschine mit der Bezeichnung „365" des Herstellers ABC gibt es überall. Das Modell „365e" mit dem längeren Anschlusskabel aber nur hier.

Tiefstpreisgarantien schöpfen nicht die Preisbereitschaft der Kunden aus.

Doch auch dieser Griff in die Trickkiste der Preisgestaltung ändert nichts daran, dass viele Verkäufer unter dem Preis bleiben, den der Kunde zu zahlen bereit wäre. Das liegt einerseits daran, dass Verkäufer meist besser als der Kunde die Referenzpreise der Wettbewerber kennen und auch deren vermeintliche oder tatsächlich existierende Bereitschaft, Preisnachlässe zu geben.

5.1.2 Warum kleinere Händler oft kleinere Preise machen

Viele kleine Familienunternehmen, die zum Beispiel neben einem Elektromeisterbetrieb auch noch einen kleinen Laden führen, liegen mit ihren Preisen oft sogar unter denen des Elektrofachmarkts in der nächsten Kreisstadt. Einerseits ist ihre Kalkulation ganz anders. Den Verkauf übernimmt die Chefin selbst. Solche kleinen Händler schalten keine große Beilagen- oder Anzeigenwerbung in der Tageszeitung. Sie haben auch keine Lagerware, sondern bestellen das Produkt erst, wenn es verkauft ist.

Die meisten Kunden machen sich gar keine Vorstellung davon, wie groß der Anteil des Deckungsbeitrags eines bestimmten Produkts, das sie in einem großen Elektrofachmarkt erwerben, für Werbung, Logistik, Verkaufsfläche und Personal ist. Der kleine Betrieb könnte eigentlich denselben Preis verlangen wie die große Kette. Argumente gäbe es genug. Man liefert kostenlos, stellt das Gerät auf und der Service ist schnell erreichbar vor Ort.

Kleineren Händlern vor Ort ist Fairness wichtiger als großen Fachmärkten.

Dass der Preis trotzdem in einem kleineren Rahmen bleibt, liegt oft daran, dass man ein anderes Verhältnis zu den Kunden hat und ihnen gegenüber nicht unverschämt werden will, sondern fair bleiben möchte. Schließlich trifft man diese Kunden auch am Sonntag in der Kirche oder am Abend im Sportverein. Die Idee der

Fairness als soziale Norm hat bei solchen Betrieben also durchaus Vorrang vor den Marktgesetzen.

5.1.3 Auch Verkäufer haben ein Gewissen

Je lockerer die Beziehung zwischen Verkäufer und Käufer ist, desto eher kann man auch auf Fairness verzichten, ohne ein schlechtes Gewissen zu haben. Wenn der Verkäufer selbst nur ein kleines Rädchen in einem großen System ist und der Kunde nur eine Nummer, lassen sich die schlechten Gefühle, die sich beim Verkäufer einstellen, wenn er genau weiß, dass er den Kunden eigentlich nur über den Tisch zieht oder ziehen soll, leichter unterdrücken.

Es gibt auch Verkäufer, denen es schwerfällt, auf Fairness zu verzichten.

Aber es gibt auch Gegenbeispiele, wie ein sehr merkwürdiger Anruf, den ich einmal erhielt, zeigt. Eine Bank, bei der ich nicht mehr Kunde bin, versuchte per Telefonverkauf Produkte an den Mann zu bringen, die, sagen wir es einmal vorsichtig, für den Kunden mehr Nachteile als Vorteile beinhalteten. Dabei wurden die Kunden durchaus mehrfach angerufen, weil man offensichtlich einen externen Vertrieb eingeschaltet hatte.

Als auch bei mir zum wiederholten Male das Telefon klingelte, sagte ich dem Telefonverkäufer, dass er inzwischen der vierte sei, der mich anruft. Ich hätte das Produkt, das er mir verkaufen will, genau betrachtet und wisse definitiv, dass ich es nicht will. Da brach es plötzlich aus ihm hervor. Er sei gelernter Bankkaufmann und nur durch dumme Zufälle in diesen Telefonvertrieb gerutscht. Er wisse genau, dass er den Kunden etwas andrehen soll.

Es sei ihm durchaus bewusst, dass der einzige Vorteil dieses Produkts aufseiten der Bank liegt und nicht aufseiten der Kunden. Aber er müsse es nun einmal tun und er hasse es, den ganzen Tag diesen Job zu machen. Plötzlich war die Leitung unterbrochen. Offensichtlich hat eine zuhörende Kontrollinstanz das Gespräch beendet oder der Anrufer legte auf, weil ein Kollege ins Zimmer kam. Ob der Mann, der mich angerufen hat, wirklich so frustriert war oder ob er nur eine beschleunigte Kündigung herbeiführen wollte, weiß ich nicht. Ich habe jedenfalls nie wieder einen solchen Anruf bekommen.

5.1.4 Zwischen Verkaufserfolg und Besitzstandsdenken

Auch Verkäufer sind nicht davor gefeit, sich bei Preisverhandlungen auf ganz bestimmte Ankerpreise zu beziehen. Für sie sind die Ankerpreise meist die Einkaufspreise. Sie wissen ja: Wenn man einen Verkäufer fragt, ob er beim Preis noch etwas entgegenkommen könne, fängt er meist an, hektisch in Listen zu blättern oder in den Computer zu schauen, um dann eine Summe zu nennen, um die er den Preis reduzieren würde. Oder wenn er etwas geschickter ist, macht er das Angebot, zum teuren Fernseher auch noch einen DVD-Spieler dazuzugeben.

Das Wichtigste ist, dass das Geschäft zustande kommt, besonders dann, wenn der Verkäufer mit einer Provision am Umsatz beteiligt ist. Umsatzprovisionen für Verkäufer führen in der Regel für das Unternehmen nicht zu größeren Gewinnen, sondern nur zu höheren Umsätzen.

Verkäuferprovisionen bringen keine größeren Gewinne, sondern nur höhere Umsätze.

Es gibt allerdings in der Praxis genauso das gegenteilige Verkäuferverhalten, allerdings nicht so häufig. Ich habe es einmal selbst erlebt, dass die Verkäuferin in der Fischabteilung einer großen Supermarktkette sich weigerte, ein Thunfischstück zum Sonderangebotspreis zu verkaufen. „Das Stück aus der Mitte ist so gut, das kriegen Sie nicht für den billigen Preis. Da gebe ich Ihnen nur das Schwanzstück." Erst als die Kundin genau auf das Stück ihrer Wahl bestand und damit drohte, den Marktleiter hinzuzuziehen, gab die Verkäuferin nach.

Die Verkäuferin hatte offensichtlich ein ganz starkes Besitzdenken, ähnlich wie Daniel Kahneman es schon bei seinen Studenten im Zusammenhang mit den Kaffeebechern experimentell nachgewiesen hat. Es hätte niemand das Handelsunternehmen vorher daran hindern können, die Sonderangebotsware getrennt von der Premium-Ware zu deklarieren. Gerade in den Fleischabteilungen ist das ja oft der Fall. Argentinisches Rindfleisch wird zu einem höheren Preis verkauft als deutsches Rindfleisch aus dem Sonderangebot. Aber das war hier nicht der Fall. Das Verhalten dieser Verkäuferin verletzte ganz eindeutig das Gebot der Fairness.

5.1.5 Falsche Ankerpreise verderben das Geschäft

Ein anderes Beispiel für falsche Ankerpreise beim Verkäufer wurde einmal im Fernsehen vorgeführt. Im Westdeutschen Rundfunk gab es die Serie „Der Trödel-King". Das war jemand, der anderen Menschen half, überfüllte Speicher und Lager leer zu verkaufen. Dieser Trödel-King wurde von einem Antiquitätenhändler zu Hilfe gerufen, der kaum noch einen Namen hatte, dessen Laden aber vor Waren überquoll, die er seit Jahrzehnten gehortet hatte.

Der Trödel-King ging bei seiner Bepreisung der verschiedenen Stücke vom aktuellen Marktwert aus und versetzte den Händler immer wieder in pures Entsetzen. Der war nämlich nicht bereit zu akzeptieren, dass sich die Vorlieben der Kunden gewandelt haben und die Preise seit der Zeit, als er das Stück eingekauft hatte, deutlich gefallen waren. Nun sollte er sich zu einem niedrigeren Preis, also mit Verlust, davon trennen. Eigentlich mochte er sich gar nicht von den Stücken trennen, die ihm über die vielen Jahre so ans Herz gewachsen waren. Und auch an den Gedanken, lieber mit Verlust zu verkaufen als gar nichts zu verkaufen, mochte er sich zunächst nicht gewöhnen, bis er schließlich doch nachgab.

Einkaufspreise sind für Verkäufer häufig falsche Ankerpreise.

Zuzuschauen, wie der Preis einer Ware, die man eingekauft und auf Lager genommen hat, sinkt, ist für jeden Händler eine bittere Erfahrung, die allerdings gar nicht so selten gemacht werden muss. Viele Haushaltswarengeschäfte sind schon daran kaputt gegangen, dass sie zu viele Teile von bestimmten Geschirrserien eingekauft hatten, die dann aus der Mode kamen. Bei anderen Händlern, wie zum Beispiel bei Rohstoffhändlern, gehören schwankende Preise zum Alltagsgeschäft. Wer da keine finanziellen Reserven hat oder die Bereitschaft, zum aktuellen Weltmarktpreis zu verkaufen, gerät schnell in Schwierigkeiten.

5.1.6 Auch bei Verkäufern gibt es Wahrnehmungsverzerrungen

Jeder Händler und Verkäufer muss sich also bemühen, die automatischen Prozesse, die im Kopf eines jeden Menschen ablaufen, nicht wirksam werden zu lassen. Das ist nicht leicht. Es gehört Übung und Erfahrung dazu. Wie schon eingangs erwähnt, muss das Verkaufen im prozeduralen Gedächtnis eingeübt werden, so wie Fahrradfahren oder Klavierspielen, damit es automatisch funktioniert und nicht durch andere geistige Prozesse wie Verlustaversion, Besitzdenken und Preisanker beeinträchtigt wird.

Immer wieder, wenn man mit Geschäftsführern, Verkaufs- oder Vertriebsleitern spricht und sie auf die Gefahr der Wahrnehmungsverzerrungen bei ihren Verkäufern hinweist, bekommt man zur Antwort, dass diese sich automatisch einschleichenden Fehler zwar bei den Kunden vorhanden sein mögen, aber bei ihnen selbst und ihrer Verkaufsmannschaft natürlich nicht.

Die Denkfallen der Verkäufer

„Bei uns ist alles ganz anders", ist eine der Standardantworten. Hier wird die Realität beiseite gedrängt. Viele Führungskräfte wollen sich nicht eingestehen, dass auch sie und ihre Mitarbeiter menschliche Schwächen haben. Dabei sind diese oft leicht aufzudecken.

Dass die Anhebung der Preise zu einer Gewinnsteigerung führt, ist allen klar. Also fordert der Geschäftsführer seinen Vertriebsleiter auf, die Preise um drei Prozent anzuheben.

Der Vertriebsleiter möchte dieses Ziel gern erreichen, hält es aber für ambitioniert. Um das gesetzte Ziel nicht zu verfehlen, fordert er seine Vertriebsmannschaft auf, bei den Kunden eine Preiserhöhung um fünf Prozent durchzusetzen. Denn er geht davon aus, dass die Käuferseite die Preiserhöhung ohnehin drücken wird.

Die Verkäufer ihrerseits kennen ihre Kunden und wissen, dass sie Zugeständnisse machen müssen. Also setzen sie eine Preiserhöhung um acht Prozent auf ihre Agenda.

Allen Beteiligten ist klar, dass die gesetzten Preise Verhandlungspreise sind und dass sie einen Spielraum bis zum Mindestpreis haben, den sie auf jeden Fall erzielen müssen. Dieser ist nicht nur für die Kunden, sondern auch für die Verkäufer, den Vertriebsleiter und den Geschäftsführer der Ankerpreis, auf den in den Verhandlungen Bezug genommen wird. Erfahrungsgemäß handelt es sich um den bisherigen Verkaufspreis, der vor der Preiserhöhung vom Kunden akzeptiert worden war. Das gesamte Denken aller Beteiligten wird nun genau aus dieser Richtung gesteuert und macht den Verkaufsprozess so schwierig.

Manchmal muss man die Referenzpreise wechseln.

Besser wäre es, neue Referenzpreise ins Spiel zu bringen, an denen man sich orientieren kann. Wenn die meisten Wettbewerber ihre Preise bereits angehoben haben, ist es leicht, weil man sich auf den Wettbewerbspreis beziehen kann und damit auch das Gebot der Fairness nicht verletzt. Wahrscheinlich wird kaum ein Verkäufer seine achtprozentige Preiserhöhung durchsetzen können. Stattdessen wird man sich mit dem Kunden irgendwo in der Mitte treffen, innerhalb der Spanne von drei bis fünf Prozent. Aber auch dieses Sich-in-der-Mitte-Treffen ist schon wieder ein Denkautomatismus.

5.1.7 Wenn der Verkäufer den Kunden falsch einschätzt

Auf der Seite der Verkäufer gibt es noch einen anderen ganz wesentlichen Punkt, der den Verkaufserfolg einschränkt. Die meisten Verkäufer kennen ihre Kunden nicht oder nicht gut genug. Besonders bei Händlern oder Läden mit Laufkundschaft ist das der Fall. Kunden werden hier oft falsch eingeschätzt.

So soll einem Mercedes-Händler in Berlin Folgendes passiert sein: An einem Samstag kam ein Mann mittleren Alters in den Verkaufsraum. Er trug verwaschene Jeans, einen labberigen Pullover und Turnschuhe. Außerdem war er unrasiert. Zielstrebig ging er auf einen offenen Sportwagen zu. Der Verkäufer schätzte ihn als Rucksacktouristen ein und wollte ihn so schnell wie möglich wieder aus dem Showroom heraus haben, um andere Kunden nicht zu vergraulen. Also sprach er den Mann an, was er denn wünsche. Dieser antwortete in schlechtem Deutsch: „Am liebsten diesen Wagen da, aber mit einer anderen Lackierung".

Der Verkäufer machte kurzen Prozess. Den können Sie sich doch gar nicht leisten. Es ist besser, wenn Sie jetzt gehen. Wortlos drehte sich der Mann um und verließ den Showroom. Der adrette junge Verkäufer mit Krawatte und Anzug war sehr zufrieden mit sich. Das Problem hatte er flott gelöst. Er wusste nur nicht, dass der Mann Steve Jobs war.

Ehrlich gesagt, ob diese Geschichte stimmt, weiß ich nicht. Aber sie ist in gewisser Weise exemplarisch. Der Verkäufer hat seine Preise ebenso im Kopf wie das Bild seiner Kunden. An diesem Status quo ist nur schwer etwas zu ändern. Es gibt nämlich nicht nur Ankerpreise, sondern alle möglichen Formen von Ankern, die dazu führen, dass ein ganz bestimmtes Verhaltensmuster abgespult wird.

Falsche Vorstellungen vom Kunden können den Verkaufserfolg verhindern.

5.2 Das Ultimatumspiel als Lehrstück für Verhandlungen

In so gut wie jedem Unternehmen haben die Verkäufer eine herausragende Position gegenüber allen anderen Mitarbeitern. Sie sind es, die die Leistungen von Forschung und Entwicklung sowie von Einkauf und Produktion in Umsatz und Gewinn umwandeln, wovon dann alle profitieren. Verkäufer genießen daher in der Regel eine besondere Wertschätzung und Zuwendung vonseiten der Führungsetage. Sie werden geschult, ihnen werden Incentives geboten und sie erhalten Prämien für besondere Leistungen. Schließlich hängt der Erfolg des Unternehmens von ihrem ganz persönlichen Erfolg ab. Dass sie sich deshalb manchmal selbst überschätzen, ist ebenso verständlich wie ein gewisser Neid der Kollegen, die weniger sichtbar ebenfalls zum Unternehmenserfolg beitragen.

Verkaufstrainer bieten einen bunten Fächer von Leistungen an, die Verkäufer und Vertriebsleute besser und erfolgreicher machen sollen, damit sie die Gewinne des Unternehmens einfahren können. Selbsterkenntnis, Verhaltensänderung und die Identifizierung der Kunden anhand der unterschiedlichsten Typologien stehen ebenso auf dem Programm wie Gesprächsführung und Verhandlungstechnik. Was allerdings in den Köpfen der Verkäufer wirklich vorgeht und welche unbewussten Abläufe einen Spitzenverkäufer von einem durchschnittlichen unterscheiden, ist so gut wie gar nicht erforscht.

Es fehlen bisher wissenschaftliche Untersuchungen darüber, was in den Köpfen der Verkäufer passiert.

Die neuroökonomische Grundlagenforschung überprüft hauptsächlich sehr spezielle Annahmen über Entscheidungen. Empfehlungen für die Pricingpraxis bezogen sich seither primär auf den Käufer und dessen Entscheidungsverhalten. Was in der Vorbereitung einer Verkaufssituation und während eines Verkaufsgesprächs in den Köpfen von Verkäufern und Käufern passiert, wurde im Detail und zur Beantwortung konkreter Fragestellungen von Unternehmen oder Wissenschaftlern bisher kaum untersucht. Es ist also zu empfehlen, in Zukunft die Inhalte von Verkaufsschulungen im Hirnscan überprüfen zu lassen. Da hier allerdings relativ hohe Kosten entstehen, wird diese Möglichkeit wahrscheinlich nur von großen Trainingsinstituten, Verbänden oder Großunternehmen genutzt werden können.

Viele Annahmen über die neuronalen Vorgänge während einer Verkaufssituation werden in Form von Analogien getroffen. So simuliert das sogenannte Ultimatumspiel eine Verkaufsverhandlung im weiteren Sinne. Es ist eine Fortschreibung des sogenannten Vertrauensspiels (Trust Game). Das Vertrauensspiel ist ziemlich simpel. Ein „Geber" erhält vom Spielleiter eine bestimmte Summe Geld, von der er einen von ihm allein zu bestimmenden Anteil an einen „Nehmer" weitergeben kann. Der Nehmer kann die angebotene Summe annehmen oder ablehnen. Der Geber behält je nach der Entscheidung des Nehmers entweder die ganze Summe für sich oder den Teil, der für ihn übrig bleibt.

In diesem Spiel wird Fairness unter dem Einfluss kultureller Aspekte überprüft. In unserem Kulturraum behält der Geber in der Regel den größeren Teil für sich und der Nehmer erhält den kleineren Rest. Das ist für den Nehmer frustrierend, aber er kann sich nicht wehren. Es gibt allerdings durchaus Kulturen, in denen der Geber freiwillig deutlich mehr an den Nehmer abtritt.

Dieses Spiel ändert sich hinsichtlich der Verteilung zwischen Geben und Nehmen allerdings dann, wenn beide Parteien wissen, dass sich nach einigen Spielschritten die Situation umkehrt und der Nehmer zum Geber wird. Das wirkt sich von vornherein auf die Bereitschaft des Gebers dahingehend aus, dass er dem Nehmer einen größeren Anteil überlässt.

Beim Ultimatumspiel gibt es nun im Vergleich zum Vertrauensspiel eine kleine, aber entscheidende Regeländerung. Der Geber erhält wieder vom Spielleiter eine bestimmte Summe, die er zwischen sich und dem Nehmer aufteilen soll. Akzeptiert der Nehmer das Angebot, so erhalten Geber und Nehmer jeweils den vom Geber bestimmten Anteil. Lehnt der Nehmer aber das Angebot ab, erhält keiner von beiden etwas. Hier ist es also so, dass der Nehmer die Möglichkeit bekommt, den Geber sozusagen altruistisch zu bestrafen. Das heißt, der Nehmer kann den Geber benachteiligen, ohne selbst einen Vorteil zu haben oder er nimmt sogar selbst einen Nachteil in Kauf, um ein soziales Prinzip, hier mehr Fairness, umzusetzen.

Wenn ein Kunde den Verkäufer altruistisch bestraft, wird sein Belohnungssystem aktiviert.

Mithilfe der funktionellen Magnetresonanztomografie konnte nachgewiesen werden, dass dieser Akt des altruistischen Bestrafens das Belohnungssystem des Nehmers aktiviert. Er hat das gute Gefühl, richtig gehandelt zu haben, wenn er einen zu kleinen Anteil ablehnt und der Geber dann, genau wie er selbst, leer ausgeht. Dieser Akt des Strafens kompensiert beim Nehmer die eigene Einbuße. Beim Geber wiederum setzt ein Lernprozess ein. Er wird — sollte es weitere Spielrunden geben — den Anteil des Nehmers so weit erhöhen, bis dieser ihn als fair empfindet und beide profitieren.

Übersetzt auf die Situation des Verkäufers wäre dieser der Geber, der seinen Kunden ein Angebot macht, das diese annehmen, ablehnen oder verhandeln können. Der Unterschied zwischen dem Ultimatumspiel und der realen Verkaufspraxis liegt allerdings darin, dass die Praxis nicht so eindeutig und überschaubar ist, sondern höchst komplex. Daher macht es so viel Sinn, die Zahlungsbereitschaft mittels eines EEG oder fMRI-Hirnscans zu messen. Nur so kann man Kunden am besten einschätzen und deren Verhalten vorhersagen.

6 Zahlen, Preise, Preissysteme

Was Sie in diesem Kapitel erwartet:

Es geht darum, wie Zahlen und damit auch Preise auf das menschliche Gehirn wirken. Dabei werden unterschiedliche Preissysteme betrachtet, die die Aufmerksamkeit des Kunden lenken, Preise schöner machen, Verwirrung stiften oder auch der Vertuschung dienen können.

6.1 Viele Zahlen sind noch kein Preis

Der französische Neuropsychologe Stanislas Dehaene hat nachgewiesen, dass der Mensch von Geburt an mit einem Zahlensinn ausgestattet ist, der es ihm ermöglicht, Mengen zu erfassen und zu unterscheiden. Diese Fähigkeit findet man allerdings auch bei vielen Tieren.

Was der Mensch auf Anhieb erkennen kann, sind Mengen zwischen drei und sechs, und merken kann er sich Mengen, die aus bis zu sieben Einheiten bestehen. Dabei werden bei Zahlen nicht die einzelnen Ziffern erfasst, dann wäre nämlich bei Sieben Schluss, sondern sogenannte „Chunks". Damit lassen sich auch längere Ziffernfolgen wie zum Beispiel ein Datum merken. Der 28.10.1967 besteht zwar aus acht Ziffern, die lose hintereinander gereiht, 28101967, schwer zu merken wären. In drei Chunks aufgeteilt und als Datum erkennbar lassen sie sich aber durchaus speichern. Das Gleiche gilt auch für Telefonnummer und Preise.

Das Kurzzeitgedächtnis kann in den meisten Fällen Mengen aus maximal sieben Einheiten gleichzeitig jonglieren.

Bei Preisen haben wir mit der siebenstelligen Speicherkapazität in der Regel keine Probleme, da wir uns mit sieben Stellen bereits im Millionenbereich bewegen und dazu neigen, je größer eine Zahl ist, die kleineren Bestandteile ohnehin zu ignorieren. Je weiter rechts eine Ziffer in einem Preis steht, desto unwichtiger wird sie.

Diese Erkenntnis passt allerdings nicht zum Konzept der sogenannten Zahlengerade, von der man annahm, dass sie fest im menschlichen Gehirn verankert sei. Bei der Zahlengerade stellen wir uns die Zahlen als Punkte auf einer geraden Linie vor, die kleinen Zahlen ganz links und nach rechts werden die Zahlen immer größer. Zwischen all diesen Zahlen gibt es gleichmäßige Abstände wie auf einem Zollstock. Das Konzept der Zahlengerade war im Jahr 1880 von dem englischen Forscher Francis Galton entwickelt worden und wurde auch durch viele nachfolgende Untersuchungen immer wieder bestätigt.

Eine neue Studie des Kognitionswissenschaftlers Rafael Núñez von der Universität von Kalifornien in San Diego lässt die Zahlengerade in einem anderen Licht erscheinen. Núñez hat das Konzept bei Angehörigen des Volks der Yupno in Papua-Neuguinea erprobt. Viele dieser Eingeborenen haben noch keine schulische Bildung erhalten. Yupnos ohne Schulbildung ignorierten das Zahlengerade-Konzept vollkommen. Sie platzierten die Zahlen Eins und Zwei an das eine Ende der Linie und alle restlichen Zahlen an das andere. Selbst als man die Zahl Fünf in die Mitte der Gerade legte, um sie aufzuteilen, blieben sie bei ihrem Ordnungssystem. Nur die Yupnos, die zur Schule gegangen waren, machten es wie wir. Das Ergebnis für Núñez war, dass die Zahlengerade ein kulturelles Werkzeug ist, das Erziehung und Übung erfordert.

Dass große Zahlen nach rechts gehören, scheint also fest im Gehirn verankert zu sein, nur dass die Abstände zumindest ungefähr gleich sind, wird erlernt.

Erstaunlich ist übrigens, dass französische Wissenschaftler inzwischen in der Lage sind, anhand von bildgebenden Verfahren zu erkennen, welche Mengen von Punkten in einem Muster im Gehirn repräsentiert werden. Allerdings wurden diese Muster nur durch Punktmengen aktiviert. Konkrete arabische Zahlen, die ein Proband gesehen hat, ließen sich mit dieser Methode nicht beobachten. Das richtige Deuten von Ziffern und das Erkennen von Zahlen scheint für das Gehirn also doch schwieriger zu sein, als wir uns eingestehen wollen. Daraus lässt sich bei der Preisgestaltung durchaus Nutzen ziehen. Glatte Preise lassen sich einfach leichter lesen als komplexe Zahlenkombinationen.

6.1.1 Die vernachlässigte dritte Stelle hinter dem Komma

Bei Benzinpreisen in Deutschland rundet niemand die 0,9 Cent an der dritten Stelle hinter dem Komma auf einen ganzen Cent auf. Aber beim Umsatz spielen diese 0,9 Cent sehr wohl eine Rolle, denn sie sind, vor Steuern, reiner Gewinn.

Es scheint so, als wenn immer mehr Branchen den Charme der dritten Stelle hinter dem Komma entdecken. Heizöl und Flüssiggas wird ohnehin dreistellig hinter dem

Komma abgerechnet und inzwischen machen das auch viele Vermieter bei ihren Nebenkosten. Auch manche Verlage rechnen ihre Honorare bis zum hundertstel Cent aus. Ob sich die Mühe der komplizierteren Rechnung lohnt, hängt von der Branche und den Produkten ab. Die Menge macht hier den Gewinn.

Für Verkäufer kann sich beim Preis eine dritte Stelle hinter dem Komma durchaus lohnen.

6.1.2 Der Preisfigureneffekt setzt auf Emotionen und das implizite Gedächtnis

Was mit bildgebenden Verfahren bisher noch nicht erforscht worden ist, ist die Preisdarstellung in Zahlen, die emotional besetzt sind und die im Kopf der Kunden sofort ganze Geschichten abrufen.

Da ist zunächst einmal die Zahl Zwölf, das Dutzend. „Im Dutzend billiger" ist ein Satz, der einem schnell einfällt. Viele Produkte werden auch im Dutzend verkauft oder auch im sogenannten „Bäckerdutzend", nämlich im Zehnerpack. Auch die 24, zwei Dutzend, ist emotional besetzt. Am 24.12. ist Heiligabend. Andere emotional besetzte Zahlen sind die Sieben, von den sieben Zwergen bis zu den sieben Geißlein, aber auch die Drei, „Aller guten Dinge sind drei".

Wir brauchen nur die Märchen und Sinnsprüche durchzugehen, um immer wieder Verknüpfungen von Zahlen mit Ereignissen oder positiven, aber auch negativen Emotionen zu finden. Eine ähnliche Wirkung haben Schnapszahlen. Damit ist nicht nur die 99 gemeint, sondern auch die Zahl Elf. Am 11.11. beginnt der Karneval. Auch Elektrogeräte werden zu Schnapszahlen angeboten, ein Fernseher für 333, 444 oder 555 Euro. Sie können es aber auch billiger haben, für 111 Euro. Diese Zahlen lassen sich gut merken und haben somit eine Ankerfunktion.

Persönliche Ankerzahlen sind für die meisten Menschen ihre Geburtstage. Sie versuchen nicht nur, diese auf das Nummernschild ihres Autos zu schreiben, sondern sie entdecken sie auch bei den Preisen. Die Zahlen Eins bis Zwölf stehen für die Monate, die Zahlen Eins bis 31 für die Tage und die Zahlen 19 und 20 für die Jahrhunderte. Wenn man das Geburtsdatum eines Kunden kennt, könnte man also einen Preis machen, der eine Ähnlichkeit mit den Geburtszahlen hat und der natürlich auch Gewinn für den Verkäufer bringt. Auch wenn es vielleicht nicht in jedem Fall funktioniert, es dürfte einen Versuch wert sein.

Zahlen, Preise, Preissysteme

Forscher an der Humboldt-Universität Berlin und der Uni Göttingen haben entdeckt, dass Menschen auf emotional aufgeladene Wörter schneller und länger reagieren, wenn diese in einer höheren Schriftgröße präsentiert werden. Bisher kannte man diesen Effekt nur von Bildern und gefühlsbetonten Gesichtern. Mithilfe von EEG-Aufzeichnungen konnten die Wissenschaftler nachweisen, dass positiv besetzte Begriffe wie „Geschenk" oder „Lust" den emotionalen Effekt deutlich erkennbar verstärkten, wenn sie in einer größeren Schrift präsentiert wurden. Wenn man jetzt emotional besetzte Zahlen, die vom Rezipienten positiv empfunden werden, auch noch größer präsentiert, können sie mit großer Wahrscheinlichkeit ihre Wirkung noch verstärken.

6.1.3 Zahlen sind wie Namen

Im Direktmarketing wird das Prinzip der Ähnlichkeit häufig schon bei Namen angewandt. Entweder hat der Absender eines Werbebriefs dieselben Initialen wie der Adressat, denselben Vornamen oder sein Name klingt ähnlich. Wenn mir ein Klaus Meier schreibt, genießt er sofort mehr Aufmerksamkeit, als wenn es ein Fritz Schulz wäre. Und wenn es eine Frau ist, Katja Meier, um so besser.

Dieser ganze Bereich der Ähnlichkeit wird zwar von Menschen, die für sich in Anspruch nehmen, rational zu handeln, strikt abgelehnt, aber im Bereich der Namen hat sich sogar die Ähnlichkeit als statistisch relevant für die Berufswahl erwiesen. Dennis wird Dentist und Bernd wird Beamter.

Es ist also zu empfehlen, dem aktuell wichtigen Datum mehr Aufmerksamkeit zu schenken. Warum zu Weihnachten etwas für 19,90 Euro verkaufen, wenn es als Geschenk für 24,12 Euro viel eher wahrgenommen und häufiger nachgefragt wird. Und warum sollte etwas zwischen Weihnachten und Sylvester nur 29,90 Euro kosten, wenn es auch für 31,12 Euro gut läuft? In diesem Jahr lag der Muttertag auf dem 13.05.2012. Die 13 ist für viele Menschen eine unheilvolle Zahl. Aber ein Blumenstrauß für 20,12 Euro hätte durchaus drin sein können.

All diese Erkenntnisse beruhen zunächst nur auf Experimenten und empirischen Untersuchungen im Rahmen der Verhaltensökonomie. Sie könnten aber sehr wahrscheinlich auch im Hirnscan nachgewiesen werden.

Nicht nur bei Namen, sondern auch bei Zahlen haben Ähnlichkeiten eine positive Wirkung.

6.1.4 Preisschwellen entscheiden über billig und teuer

Menschen in unserem Kulturkreis ordnen die Preise von links nach rechts entsprechend der Lese- und Schreibrichtung in Stufen von „billig" über „normal" bis „teuer" oder „sehr teuer" ein. Die Unterscheidung zwischen „billig" und „normal" beziehungsweise zwischen „normal" und „teuer" erfolgt nicht linear, sondern sprunghaft jeweils bei den sogenannten Schwellenpreisen.

Generell kann man sagen, dass eine Preisschwelle im Prinzip immer dann wahrgenommen wird, wenn die vordere Zahl sich ändert, wenn also aus einer 19 eine 20 wird, aus einer 20 eine 30, aus einer 90 eine 100 und so weiter. Um ein Überschreiten solcher Preisschwellen zu vermeiden, werden gern Preise verwendet, die am Ende auf 90 oder im niedrigeren Niveau auf 99 enden. Der Kunde nimmt oft nur die ersten Ziffern wahr und rundet am Ende ab (Truncation). Beim Benzinpreis wird so aus 1,659 Euro 1,65 oder aus 19,95 eben 19 Euro und ein bisschen.

Mit Neunerpreisen wollen viele Anbieter das Überschreiten von Preisschwellen vermeiden.

Die Ziffer Neun ist diejenige, die bei Preisen am häufigsten vorkommt. Im englischsprachigen Raum nennt man die Neunerpreise „Charme Prices", weil sie für die Kunden so gefällig sind. Weshalb wir an Neunerpreisen festhalten, obgleich sie verhältnismäßig unpraktisch sind, was sowohl das Rechnen als auch die Herausgabe des Wechselgelds angeht, liegt wohl hauptsächlich daran, dass wir uns einfach an Neunerpreise gewöhnt haben.

Den psychologischen Trick durchschauen wir allemal, aber wir wissen auch, dass es sich bei einer Zahl, in der sich eine oder mehrere Neunen befinden, wahrscheinlich um einen Preis handeln muss. Und da die Wissenschaft definitiv nicht die Unwirksamkeit von Neunerpreisen nachweisen kann, belässt man es vorsichtshalber dabei.

Allerdings schlagen sich diese Neunerendziffern beim Konsumenten auch auf die Beurteilung der Wertigkeit nieder. Neunerendpreise gelten nämlich oft als Signal für minderwertige Qualität. So kann es passieren, dass eine Packung Räucherlachs mit einem Inhalt von 50 Gramm für 1,99 Euro als minderwertiger wahrgenommen wird als eine 100-Gramm-Packung für 3,80 Euro. Man beachte, dass es zum Beispiel in Cafes und Restaurants meist keine Neunerpreise gibt, weil man wohl eine Beeinträchtigung des Qualitätseindrucks vermeiden möchte.

Zahlen, Preise, Preissysteme

Das Geheimnis der Neunerpreise ist mit diesen Betrachtungen aber keineswegs gelüftet. Empirische Untersuchungen haben gezeigt, dass sich ein und dasselbe Produkt zumindest im Niedrigpreissegment bei einem Preis von 99 Cent besser verkauft, als wenn man es zu einem niedrigeren Preis, nämlich 79 oder 89 Cent, anbieten würde. Die Schlussfolgerung daraus zu ziehen, dass man zu einem höheren Preis generell besser verkauft, ist aber falsch. Dasselbe Produkt für 1,49 Euro anzubieten, macht es weniger attraktiv als für 99 Cent.

Manchmal verkauft sich ein Produkt besser, wenn es teurer ist.

Man kann also bei billigen Produkten ruhig mehr verlangen, als es die Kalkulation hergibt, solange es ein Neunerpreis ist. Da Konsumenten Neunerpreise lieben und eher etwas für 39 Euro kaufen als für 34 Euro, sollte man ihnen den Gefallen tun, auch wenn damit ein Produkt etwas teurer wird als nötig. Ob es nun nur ein paar Cent mehr sind, die man einnimmt, oder ein paar Euro mehr, ist dabei nicht ausschlaggebend. Da das Produkt mit dem Neunerpreis häufiger gekauft werden wird, machen sich auch kleine Summen bemerkbar.

Dabei ist der Vorteil eines Neunerpreises für den Kunden objektiv betrachtet gering. Ein Cent mehr oder weniger spielt eigentlich keine Rolle, aber die wahrgenommene Distanz zwischen 20 Euro und 19,99 Euro ist gewaltig. Und wenn der Kunde nun einmal lieber für 19,99 Euro kauft statt für 19,94 Euro, dann sollte man ihm den Gefallen tun. So haben sich bei einem Experiment identische Produkte per Katalog am besten verkauft, wenn sie mit 39 Dollar angeboten wurden. Deutlich geringer war die Akzeptanz bei einem Preis von 44 Dollar, was aber auch für den günstigsten Preis von 34 Dollar galt.

6.1.5 Price Metric – Wie viel zu welchem Preis?

Die Price Metric beschreibt, auf welche Einheit sich ein Preis bezieht. Dabei können die Einheiten sehr unterschiedlich definiert werden, wie zum Beispiel Zeiteinheiten, Stückzahlen oder auch Deckungssummen bei Versicherungen.

Da wir die meisten Zahlen nur schätzen und nicht rechnen, kommt bei der Mengenwahrnehmung auch wieder das Weber-Gesetz zum Tragen. Bekommen wir für einen Preis zehn Einheiten eines Produkts, dann können wir sehr genau abschätzen, ob der Preis für 20 Einheiten desselben Produkts günstig oder zu teuer ist. Bekommen wir allerdings für einen Preis 80 Einheiten des Produkts und werden uns dann für einen anderen Preis 90 Einheiten angeboten, fällt uns die Beurteilung deutlich schwerer.

Jedes Mal liegt der Mengenunterschied bei zehn Einheiten, aber da der Ausgangswert mit 80 deutlich höher ist, fällt uns die intuitive Wahrnehmung für einen fairen Mehrpreis oder für einen Rabatt schwer. Erst wenn sich die Menge nahezu verdoppelt, kommen wir mit unseren Schätzungen wieder klar.

Bei Konsumprodukten besteht ja heute die Pflicht, den Kilo- oder Literpreis zumindest am Regal auszuweisen. Dass es aber legitim ist, zwischen 100-Gramm-Preisen und Kilopreisen auszuwählen, kann im Rahmen der Price Metric durchaus zu falschen Wahrnehmungen führen. Dies ist immer dann der Fall, wenn der 100-Gramm-Preis des einen Produkts verhältnismäßig hoch ist im Vergleich zum Kilopreis des anderen.

Schinken ist nämlich nicht gleich Schinken. Der eine Schinken kostet 18 Euro pro Kilo und der andere 5 Euro pro 100 Gramm. Wahrscheinlich ist aber, dass der eine 17,90 Euro und der andere 7,99 Euro kostet. Nun sind in der Packung des billigen Schinkens 381 Gramm enthalten und in der des teuren 174 Gramm. Beide Packungen sind gleich groß. Welche soll der Kunde jetzt für ein Frühstück in einem Zweipersonenhaushalt kaufen?

Gibt der Kilopreis jetzt noch eine Orientierung oder vergessen wir ganz einfach den Preis und kaufen das, was uns ausreichend und appetitlich erscheint? Die Price Metric soll dem Kunden in vielen Fällen gar nicht unbedingt helfen, eine vernünftige und rationale Entscheidung zu treffen, sondern die, die ihm intuitiv am besten gefällt.

Wenn Maßeinheiten keine Orientierung geben, kauft der Kunde intuitiv, was ihm besser gefällt.

6.1.6 Welche Lebensdauer hat das Produkt?

Ein anderes Produkt, bei dem die Price Metric nur sehr wenig hilfreich ist, sind Batterien. Batterien werden nach der Größe verkauft, AA oder AAA sind die gängigsten. Die kann sich der Kunde nicht aussuchen, denn sie ist durch das Gerät, das er mit den Batterien betreiben will, vorgegeben. Batterien werden außerdem nach Menge verkauft, Viererpackungen oder Achterpackungen, Achterpackungen plus zwei gratis und so weiter. Und Batterien werden nach Leistung verkauft.

Leistung bedeutet, wie lange diese Batterie das Gerät betreiben kann, in das sie eingesetzt wird. Wissen Sie, wie lange die Batterie in Ihrer Taschenlampe hält? Wissen Sie, welche Rolle die Brenndauer und die reine Liegezeit spielt, um die Batterieleistung aufzuzehren? Wahrscheinlich müssten Sie es ausprobieren, um eine Antwort geben zu können. Es gibt Batterien der verschiedensten Leistungsklassen, die sich im Preis zum Teil deutlich unterscheiden. Aber wie ist das mit der Leistung selbst? Wie viel länger hält eine „Super Long Life Batterie" als eine bloße „Long Life Batterie" in Ihrem Diktiergerät oder Ihrem Fotoapparat? Niemand weiß das genau und wahrscheinlich nicht einmal annähernd.

Wir schauen also auf den Preis und, wenn wir Technikfreaks sind, auch noch auf die Marke. Das muss uns zur Orientierung reichen. Die verschiedenen Verbraucherschutzorganisationen machen regelmäßig Tests zur Lebensdauer von Batterien. Erstaunlicherweise schneiden günstige Batterier meist nur unwesentlich schlechter ab als teurere, manchmal sind sie sogar besser. Wieso das so ist und ob man die Lebensdauer einer Batterie von vornherein vorhersagen kann, ist eine komplizierte Frage, deren Beantwortung von vielen Faktoren abhängt.

Wenn Kunden keine andere Orientierungshilfe finden, schauen sie auf den Preis und die Marke.

Generell versucht man den Konsumenten echte oder unechte Maßstäbe an die Hand zu geben, die es ihm ermöglichen, die Leistung und den Wert eines Geräts oder eines anderen Produkts beurteilen zu können. In der Regel kann der Verbraucher aber nicht einmal die Pseudomaßstäbe von echten Maßstäben unterscheiden, denn viele dieser Labels werden nur erfunden, um den Verbraucher zu beeindrucken, zu verwirren und den Preisvergleich zu erschweren.

6.1.7 Weniger Inhalt, gleicher Preis, gleich mehr Gewinn

Dass man über die Form einer Verpackung nicht nur die Mengenwahrnehmung des Kunden lenken kann, sondern auch sein Konsumverhalten, ist eine alt bekannte Tatsache. Nicht umsonst gibt es zum Beispiel be Joghurt-Bechern so viele unterschiedliche Formen.

Die meisten Kunden schauen beim Kauf auf den Deckel und kaum jemand sieht sich die Form des Bodens an. Ist dieser nach innen gewölbt und gibt es dort Rillen, kann es durchaus ein Indiz dafür sein, dass die Reste des Joghurts nur schwer aus dem Becher zu kratzen sind. Also wirft man mit jedem Becher auch ein klein bisschen Joghurt weg, und weggeworfener Joghurt ist eben auch verkauft. Hauptsache, die Mengenangabe des Inhalts stimmt.

Was der Kunde wegwirft, ist auch verkauft.

Es gibt unzählige Produkte, bei denen der Kunde von vornherein nicht weiß, wie hoch der Anteil an Wirkstoffen ist, zum Beispiel in einem Flüssigreiniger. Die Flüssigkeitsmenge liegt zwar bei einem Liter, 750 oder 500 Milliliter, aber wie hoch der Prozentsatz dessen ist, was die Reinigungskraft entfaltet, ist der Verpackung nicht zu entnehmen. Also vertraut man der Marke oder dem Preis.

Wie konzentriert ist ein Spülmittelkonzentrat gegenüber dem normalen Spülmittel? Und wie groß kann oder muss der Spritzer sein, den man ins Spülbecken gibt? Hier fehlen ganz klar die Maßstäbe und jeder macht es eben nach Gefühl.

Man kann aber auch bei anderen Produkten mit gut zählbaren Mengen oder Größen sparen. Wissen Sie, wie groß das Kosmetiktuch aus der Box ist oder, genauer gesagt, wie groß es vor fünf Jahren war? Niemand misst so etwas nach. Die Bezeichnung für solche kleinen Veränderungen an den Produkten, die in der Menge für den Hersteller durchaus Wirkung entfalten, ist „Mini-Schrumpf".

6.1.8 Kleine Mengen, große Wirkung

Diesen Mini-Schrumpf gibt es zum Beispiel bei Teebeuteln. Hier kauft der Kunde in der Regel nach Größe der Pappverpackung, nach Geschmack, nach Marke und nach Preis. Er hat allerdings durchaus die Möglichkeit, auf den Verpackungen die abgepackte Menge des Tees nachzulesen.

Auf der einen Verpackung steht „20 Filterbeutel mit je 2,0 Gramm, Nettoinhalt 40 Gramm", in der nächsten Packung sind 25 Filterbeutel mal 1,75 Gramm, gleich 43,75 Gramm. Wieder eine andere hat 20 Doppelkammerbeutel à 1,75 Gramm Füllgewicht, Gesamtfüllgewicht: 35 Gramm, und eine größere, exklusivere Packung hat den Inhalt: 16 mal 2 Gramm, gleich 32 Gramm. Wenn jetzt die 2 Gramm pro Teebeutel auf 1,75 verringert werden oder die Zahl der Teebeutel von 25 auf 24, wird das den Kunden kaum interessieren. Erst wenn der Tee zu dünn schmeckt, fängt er vielleicht an, sich Gedanken zu machen.

Früher war es üblich, Papiertaschentücher in Zehnerpackungen anzubieten. Heute gibt es solche mit zehn Taschentüchern, aber auch andere mit nur neun Tüchern drin. Der Packung sieht man den Unterschied auf den ersten Blick nicht an, sondern nur wenn man den Schriftaufdruck liest.

Mini-Schrumpf ist aber nicht nur bei Produkten möglich, die in sehr kleinen Mengen abgegeben werden, sondern auch bei solchen in großen Stückzahlen. Eine Dose mit Vitamintabletten kann 100 Stück enthalten, aber auch 90 oder 80 oder 60. Man wird es der Dose wahrscheinlich nicht sofort ansehen.

Mini-Schrumpf bezeichnet eine Inhaltsreduzierung, die unter der Wahrnehmungsschwelle der meisten Käufer liegt.

Beim Mini-Schrumpf kann man nun beobachten, wie manche Firmen heimliche Preiserhöhungen durchsetzen, die durchaus fair erscheinen. Über die Zeit wurden die Produkte also aufgrund Mini-Schrumpf immer kleiner. Nun wird eine Packungsvergrößerung mit mehr Inhalt für jeden deutlich sichtbar eingeführt. Dabei wird auch der Preis angehoben, aber auf ein faires Niveau. Das leuchtet jedem ein. Über die Zeit hinweg schrumpft dann der Inhalt wieder so weit, dass man irgendwann erneut eine Inhaltsvergrößerung inklusive „fairer" Preiserhöhung durchsetzen kann.

Dieses etwas alberne, aber lukrative Spielchen hat natürlich in fast allen Fällen nichts mit den Herstellungskosten zu tun, obwohl genau das dem Konsumenten vorgegaukelt werden soll. Diese sind oftmals so gering, dass sie in der Vermarktungskette vernachlässigbar sind. Zweck des Schrumpf-Preiserhöhungs-Zyklus ist in den meisten Fällen einfach, Preiserhöhungen fair aussehen zu lassen. Manche der Preiserhöhungen orientieren sich an der Inflation, während andere dem gesteigerten Gewinninteresse der Shareholder geschuldet sind. Wie dem auch sei, es wurde in diesen Fällen eine psychologisch kluge Strategie gewählt.

Der Zyklus aus Mini-Schrumpf und fair erscheinender Preiserhöhung inklusive Packungsvergrößerung erlaubt glaubwürdig erscheinende Preiserhöhungen.

In den 1980er-Jahren führte ein deutscher Kaffeeröster ein neues Röstverfahren ein, bei dem die Kaffeebohnen aufgebläht wurden, um so das Aroma besser abzugeben. Allerdings passten durch dieses neue Verfahren in die herkömmlichen Kaffeeverpackungen nicht mehr 500 Gramm Kaffeebohnen, sondern nur noch 400 Gramm, bei gleichem Preis. Kaffee war zu jener Zeit noch ein höchst sensibles Produkt und die Käufer waren empört. Nur durch eine große PR-Kampagne, „Wir wollen wieder gemeinsam Kaffee trinken", konnte der Schaden für die Marke, für die Reputation des Unternehmens und für den Absatz des Produkts schrittweise beseitigt werden.

So deutlich sichtbar wie bei einer Kaffeepackung ist die Mini-Schrumpf-Methode allerdings nicht, doch natürlich kann sie nicht überall angewendet werden.

6.1.9 Die Arbeitseinheit als Preismaßstab

Früher waren Tages- oder Stundensätze die allgemein üblichen Maßstäbe für die geleistete Arbeit von Dienstleistern. Als viele Unternehmen, allen voran die Autowerkstätten, damit begannen, die Zeitvorgaben für die Mitarbeiter für bestimmte Arbeiten präzise durchzurechnen, kam man immer häufiger zu Bruchteilen von Stunden, die sich dann besser als Arbeitseinheiten definieren ließen.

Inzwischen arbeiten immer mehr Dienstleister, zum Beispiel auch im Bereich der EDV, mit solchen Arbeitseinheiten. Meist weiß der Kunde nicht, wie viele Minuten sich dahinter verbergen. Arbeitseinheiten haben die Vorteile, dass sie einerseits klein und preiswert aussehen und sich andererseits besser abrechnen lassen.

Eine Arbeitseinheit hat dann zum Beispiel den Preis von sechs Euro. Pro Stunde gibt es zehn Arbeitseinheiten, daraus errechnet sich ein Stundensatz von 60 Euro. Hätte man früher eine Rechnung geschrieben für eine Stunde und sechs Minuten, hätte sich der Kunde wahrscheinlich nur amüsiert, und derjenige, der die Rechnung geschrieben hat, hätte sich geniert, sechs Minuten extra auszuweisen. Bei einer Rechnung über elf Arbeitseinheiten ist das Problem elegant beseitigt.

Je kleiner die Arbeitseinheit ist, desto mehr kann man in Rechnung stellen.

Gerade traditionelle Handwerksdienstleistungen werden noch nach Festpreisen abgerechnet. Dabei könnten auch Schneider, Schuhmacher und Blumenbinder, um nur einige zu nennen, ihre Preise anders aufschlüsseln, zum Beispiel nach Materialkosten und aufgewendeter Arbeitszeit. Warum sollte sich der Preis für ein wunderschönes, aber kompliziertes Blumengesteck nur nach dem verwendeten Material richten und warum sollte man sich nicht auch die gestalterische Leistung gesondert bezahlen lassen? In den meisten Fällen rechnet der Kunde den Preis für die einzelnen Blumenstängel und das Dekogrün ohnehin nicht nach, sondern akzeptiert einen Gesamtpreis.

6.1.10 Welcher Maßstab gilt bei Finanzprodukten?

Gerade bei Versicherungsprodukten spielt die Price Metric eine große Rolle. Wenn der Kunde für ein bestimmtes Produkt 50 Euro pro Monat zahlen soll, hört sich das gering an. Würde man ihm sagen, dass er 600 Euro pro Jahr zahlen soll, würde er diese Zahl schon deutlich schwerer verkraften. Und würde ihm gesagt werden, dass bei einer Laufzeit von 30 Jahren der zu zahlende Betrag bei 18.000 Euro liegt, wenn die Versicherungsleistung im Schadenfall vielleicht nur 6.000 Euro beträgt, käme der Abschluss für ihn wohl gar nicht mehr infrage.

Bei Versicherungsprämien gilt, je mehr sie gestückelt sind, desto besser.

6.1.11 Teuer schmeckt besser – Der Preis als Qualitätsindikator

Die meisten Kunden haben nur eine unvollkommene Information über die Produkteigenschaften. In den meisten Fällen haben sie weder die Kompetenz noch die Zeit und auch nicht das Interesse (Low Involvement), sich eingehend über ein Produkt zu informieren. Stattdessen versuchen sie, anhand einiger weniger und einfacher Qualitätsindikatoren die Produktqualität zu beurteilen. Wie die verschiedensten Laborexperimente gezeigt haben, beeinflusst der Preis ganz wesentlich die Qualitätswahrnehmung.

Die bekannteste Studie hierzu, die Weinverkostung, haben wir bereits in Kapitel 1 kennengelernt. Allein die Preiswahrnehmung aktiviert das Belohnungssystem und verändert damit auch die Beurteilung der Sinnesreize. Insofern ist das Geld für einen teuren Wein schon allein deshalb gut angelegt, weil durch den Preis das Genusserlebnis tatsächlich ganz erheblich gesteigert wird.

Das Gehirn mag teure Speisen und Getränke.

Ähnliche Experimente wurden selbstverständlich auch schon ohne den Einsatz der funktionellen Magnetresonanztomografie gemacht. Da wurden einfach nur andere Etiketten auf die Flaschen geklebt. Es ging bei diesem Experiment nicht darum, den Weinverstand und den Kenntnisreichtum des Probanden zu testen. Es ging auch nicht darum, die Hypothese von Wein trinkenden Banausen zu untermauern, die da lautet: „Alle Weine schmecken gleich gut, man muss nur genügend davon konsumieren."

Bei einer Blindverkostung ohne jedwede Zusatzinformation hätten Weinkenner aufgrund ihrer Erfahrung wahrscheinlich auch den teureren Wein herausgeschmeckt. Aber wie wir aus den Verkostungsberichten der Fachleute wissen, können manchmal auch teure Weine enttäuschend sein und preiswerte durchaus überragend. Wenn man allerdings auf der sicheren Seite sein will, sollte man lieber zu den Weinen mit höheren Preisen greifen, weil sich dann das Geschmackserlebnis mit großer Wahrscheinlichkeit einstellen wird. Und man sollte gegenüber seinen Gästen nicht verheimlichen, was man ihnen gerade anbietet.

Viele Zahlen sind noch kein Preis

Aber es müssen natürlich nicht immer nur Wein und der Preis sein, wodurch das Belohnungssystem stimuliert und die Geschmackswahrnehmung entsprechend eingefärbt wird. An der Universität Bonn wurde dieses Experiment zum Beispiel auch mit scheinbar verschiedenen Kakaogetränken wiederholt. Der natürliche Bio-Kakao wurde als der aromareichste erkannt und zeigte im Magnetresonanztomografen die stärkste Reaktion des Belohnungssystems. Damit die Probanden nicht auf die Idee kamen, dass sie immer dasselbe Getränk probierten, was sie tatsächlich taten, hatte man ihnen vor dem Versuchsbeginn sogar noch die Apparatur mit den verschiedenen Behältern und Schläuchen gezeigt, aus denen die Proben kamen. Sie sollten ganz sicher sein, wirklich unterschiedliche Kakaos zu probieren. Und das hat auch funktioniert.

Niedrige Preise signalisieren also schlechtere Qualität. Und was teuer ist, kann nicht wirklich schlecht sein. Deshalb müssen Premium-Anbieter ganz einfach teurer sein wie die Wettbewerber.

6.1.12 Preiswert sein statt billig

Man könnt sich jetzt natürlich fragen, welchen Sinn es hat, überhaupt billige Produkte anzubieten. Es wird dann sinnvoll, wenn das hässliche Wort „billig" durch das Zauberwort „preiswert" ersetzt wird. Wer einen preiswerten Wein oder ein preiswertes Kakaogetränk zu sich nimmt, weil er es bewusst ausgewählt hat, wird ebenfalls eine Erfolgsmeldung von seinem Belohnungssystem erhalten. Nicht unbedingt für den Geschmack, aber für die kluge Entscheidung, nicht zu viel Geld ausgegeben zu haben. Wer wenig Geld zur Verfügung hat und damit sparsam umgeht, kann also auch zufrieden leben. Das Wichtigste für jeden Händler ist also, ein kundenorientiertes Sortiment vorzuhalten.

In der Fernsehsendung „Markencheck" wurde festgestellt, dass in den verschiedenen Filialen der Drogeriekette dm identische Produkte einen unterschiedlichen Dauertiefstpreis hatten. Je nach Lage und Einzugsgebiet wurden die gleichen Produkte unterschiedlich bepreist. Daraus lässt sich der Schluss ziehen, dass billig eine ebenso relative Größe ist wie teuer und dass der Begriff Qualität ebenfalls nur eine relative Wahrnehmung ist, die sich zumindest in gewissen Grenzen steuern lässt.

Qualität wird ebenso wie teuer und billig relativ wahrgenommen.

Auch Modetrends werden durch Preise unterstrichen. So sind bestimmte Autofarben einfach teurer als andere. Früher waren weiße Autos billiger als Autos in schwarz, dunkelgrau oder dunkelblau. Das merkte man besonders auf dem Gebrauchtwagenmarkt. Dann änderte sich der Geschmack der Kunden hinsichtlich der Farbnuancen. Zurzeit dürfen auch teure Fahrzeuge perlmuttweiß sein. Braun, zumindest in den damals verkauften Nuancen, ging überhaupt nicht. Jetzt sind Braunmetallic-Lackierungen extrem gefragt, während goldfarbene Lackierungen entweder überhaupt nicht angeboten werden oder nur als Kontrast zu den teureren Farben im Programm sind.

6.1.13 Marken machen Preise und Preise machen Marken

Von der Verbindung zwischen Preis und Qualität hin zu Marken und Preisen ist es nur ein kleiner Schritt. Die Literatur über die Funktion, die Gestaltung und die Wirkungsweise von Marken füllt inzwischen ganze Bibliotheken. Auch im Bereich der Neurowissenschaften wurde die Wirkung von Marken eingehend erforscht. Marken wirken direkt auf das Belohnungssystem und aktivieren es.

Generell sind wir bereit, für Marken höhere Preise zu zahlen, nicht nur weil Marken ein umfassendes Qualitätsversprechen abgeben oder die Markenwelt einen Bestandteil unserer Identität darstellt, sondern auch weil wir bei Marken genau das bekommen, was wir immer bekommen haben und was wir erwarten. Markenprodukte schmecken und riechen nicht nur immer wieder gleich, sondern sie funktionieren auch in identischer Weise. Bei einer Automarke den Schalter für den Scheibenwischer anders zu platzieren, wäre ein tiefgreifender Eingriff in die Markenidentität, vergleichbar mit der Veränderung des Markensymbols. Marken machen aber nicht nur Preise, sondern Preise eben auch Marken.

Bei Markenware steigt die Preisbereitschaft des Kunden.

In der Marketingliteratur wird gern der sogenannte „Chivas-Regal-Effekt" beschrieben. In den 1970er-Jahren stagnierte der Absatz des Whiskys über eine längere Zeit. Auf Anraten eines externen Beraters entwickelte man nicht nur ein neues Etikett, sondern erhöhte gleichzeitig den Preis um satte 20 Prozent. Der Inhalt wurde dabei nicht verändert. Aber plötzlich stieg der Verkauf deutlich an. Denn mit dem höheren Preis verbanden die Kunden automatisch eine höhere Qualität. Es war gelungen, der Marke ein neues Image zu geben. Gerade wenn der Kunde nicht weiß, was gut ist, verlässt er sich oft auf Marken, auch wenn diese Produkte teurer sind. Was teuer ist, muss einfach gut sein.

6.2 Die Aufmerksamkeit lenken

Aufmerksamkeit ist in etwa vergleichbar mit einem Scheinwerfer in einem Zirkuszelt. Mit ihm steuert man, was das Publikum sieht. Ähnliches passiert auch im Gehirn. Was sich im Licht des Scheinwerfers befindet, darf in die höheren Bereiche des Gehirns vordringen, wo es mit früheren Informationen verglichen und bewertet wird. Um die Aufmerksamkeit der Kunden zu gewinnen und diese in eine bestimmte Richtung zu lenken, gibt es verschiedene Möglichkeiten.

6.2.1 Eckpreise

Als sogenannte Eckartikel werden im Handel Produkte bezeichnet, die der Kunde heranzieht, um sich eine Vorstellung vom Preisniveau des gesamten Warenangebots zu machen. Wenn die Eckpreise stimmen, zieht der Kunde daraus Rückschlüsse, die ihn eine Überprüfung der übrigen Preise überflüssig erscheinen lassen. Deshalb ist es wichtig, den Eckpreisen eine besondere Aufmerksamkeit zu schenken. Die Eckartikel sind in der Regel häufig gekaufte Produkte, die es in ähnlicher Qualität von verschiedenen Anbietern in allen Geschäften gibt und über die der Käufer eine gute Preiskenntnis besitzt.

Eckpreise sollen dem Kunden einen Eindruck vom Preisniveau des gesamten Warenangebots vermitteln.

Ein besonderes Augenmerk ist auf die richtige Bewerbung von Eckartikeln zu richten. Werden sie als Sonderangebot deklariert, nimmt der Verbraucher sie isoliert wahr und der Eindruck, dass es sich hier um ein generell niedriges Preisniveau handelt, wird nicht auf die anderen Produkte übertragen. Besser ist es, von einem „Dauerniedrigpreis" zu sprechen. Jetzt verstehen wir auch, weshalb niedrige Milch- und Butterpreise für Discounter so wichtig sind. Als Vergleichspreise beeinflussen sie die Preiswahrnehmung des gesamten Sortiments.

Viele Läden wollen mit ihren Sortimenten aber gar nicht als preisgünstig wahrgenommen werden. Die Eckartikel sind dann jene, die wegen ihrer Schwindel erregenden Preise andere und häufiger gekaufte Artikel günstig aussehen lassen. Bei einem Herrenausstatter in bester Lage kann ein mit Pelz gefütterter Lodenmantel durchaus 19.000 Euro kosten. Im Vergleich dazu ist ein Pullover für 3.000 Euro fast schon ein Schnäppchen und eine Krawatte für 200 Euro sogar ein Sonderangebot. Eckartikel in Läden von Designermarken funktionieren also grundsätzlich anders herum als Eckartikel beim Discounter. Wer bei Louis Vuitton, Prada oder Cartier einkauft, hat seine gesamte Wahrnehmung, die ihn zum Champagnerkauf zum Beispiel in eine Aldi-Filiale führte, total auf den Kopf gestellt.

Aber wir brauchen gar nicht an solche Extreme zu denken. Eckpreise finden wir auch in jedem Autohaus. Dort haben ganz bestimmte Modelle die Funktion, das mittlere Preissegment zu definieren. Ein gut ausgestatteter VW Golf oder eine Limousine der Mercedes C-Klasse bilden dann den Ausgangspunkt für die Bepreisung der anderen Modelle. Meistens kommt es dann durch Motorvarianten und Ausstattungen zu Überlappungen der verschiedenen Modellkategorien. Ein Kleinwagen wird auf einmal so teuer wie eine Mittelklasselimousine, bietet aber mehr. Und ein Oberklassefahrzeug ist sogar schon für weniger zu haben als eine gut ausgestattete Mittelklasse.

All diese Eckpreise haben bei Produkten, die man nicht so kauft, wie sie vor einem stehen, sondern die man bestellen muss, nur den Zweck, das Verkaufsgespräch überhaupt in Gange zu bringen. Insofern haben sie große Ähnlichkeit mit Anker- und Referenzpreisen.

6.2.2 Anker- und Referenzpreise – Ähnlich und doch anders

Eckpreise beeinflussen die Kunden zwar auch unbewusst, werden aber auch rational in Verbindung mit ganz bestimmten Produkten wahrgenommen. Lassen Sie es mich noch einmal wiederholen. Anker sind äußere Einflüsse, die wir nicht bewusst wahrnehmen, die sich aber auf unser Verhalten und unsere Entscheidungen auswirken. Als Anker können Bilder, Symbole, Wörter, Zahlen, Klänge oder auch Verhaltensweisen anderer Menschen funktionieren. Preisanker entfalten eine Wirkung, die weder etwas mit ihrem Ursprung noch mit ihren Folgen zu tun hat. Allerdings können auch Preise an sich eine Ankerfunktion haben. Dann spricht man von Ankerpreisen.

In den USA wurden Experimente gemacht, in denen sich die Teilnehmer zunächst die beiden letzten Ziffern ihrer Sozialversicherungsnummer bewusst machen und dann Schätzungen über die Zahl der Zahnärzte in der betreffenden Stadt abgeben sollten. Wer hohe Endziffern in seiner Sozialversicherungsnummer hatte, schätzte die Zahl der Zahnärzte höher ein als derjenige, dessen Endziffern niedrig waren.

Preisanker sind unbewusste äußere Einflüsse, die bei Preisen wirken, mit denen sie nichts zu tun haben.

Die Aufmerksamkeit lenken

Dieses Prinzip der unbewussten Beeinflussung funktioniert auch bei Preisen. Ob Sie nun in einem Wartezimmer eine hohe Nummer gezogen haben, mit der Sie aufgerufen werden, oder ob Sie im Eingangsbereich eines Supermarkts ein Gewinnspiel passieren, in dem es Hunderte von Gewinnen gibt, immer werden Sie diese Zahlen in danach folgenden Entscheidungen beeinflussen. Ob Sie wollen oder nicht. Wer durch die Zahl 100 geprimt worden ist, wird alle darunterliegenden Preise als günstiger empfinden, als es ohne Priming der Fall ist. Priming ist die Beeinflussung der Wahrnehmung nachfolgender Reize durch einen vorhergehenden Reiz. Preisanker haben also nichts mit den Preisen zu tun, aber sie beeinflussen die Preiswahrnehmung indirekt. Anders ist das bei Ankerpreisen.

Ankerpreise sind solche Preise, die Sie sich irgendwann einmal gemerkt haben, die Sie gelesen haben oder die man Ihnen in einem Angebot genannt hat. Diese Ankerpreise bilden für Sie nun den Ausgangspunkt für alle weiteren Preiswahrnehmungen im Zusammenhang mit einem identischen Produkt oder einer identischen Dienstleistung.

> *Ankerpreise sind im Gedächtnis gespeicherte Preise für bestimmte Produkte oder Dienstleistungen, an denen sich dann die Preiswahrnehmung orientiert.*

Haben Sie vor der Einführung des Euro gelernt, dass eine Füllung Ihres Gastanks am Eigenheim 1.200 DM kostet, werden Sie spätere Füllungen, die Sie 600, dann 700 und dann 800 Euro kosten, immer noch als günstig empfinden, selbst wenn Sie beim Nachrechnen merken, dass der Gaspreis gestiegen ist. Das Gleiche gilt praktisch für alle Produkte, die zu Beginn ihrer Markteinführung einmal teuer waren, wie zum Beispiel Flachbildschirme oder Handys, und deren Preis dann nach und nach gesenkt wurde. Selbst wenn diese Produkte im Vergleich zu anderen immer noch teuer sind, ist der gefühlte Preis für Sie wesentlich niedriger und damit das Produkt begehrenswerter.

Als Referenzpreise werden hingegen all jene Preise bezeichnet, die bei einem direkten Vergleich zum Beispiel in einem Elektromarkt zur Verfügung stehen. Das betrifft beispielsweise Kaffeemaschinen oder Brotbackautomaten. Sie sehen ein sehr teures Gerät, das alles kann, ein billiges, das nur sehr wenig kann und sehr unattraktiv aussieht, sowie eine Maschine, deren Preis sich zwischen den beiden Extremen bewegt und die eine akzeptable Ausstattung hat. Sowohl die teuren als auch die billigen Geräte dienen als Referenz für den Preis der Produkte in der

Mitte. Denn diese sollen eigentlich verkauft werden und die beiden anderen sind im Grunde nur Ladenhüter.

Referenzpreise dienen dazu, die Aufmerksamkeit des Kunden auf das mittelpreisige Produkt zu lenken.

Sowohl die Eckpreise als auch die Anker- und Referenzpreise dienen dazu, die Aufmerksamkeit der Kunden zu lenken. Mit welcher Produkten und welchen Preisen diese Lenkung am effektivsten stattfindet, lässt sich wiederum mit den Instrumenten des NeuroPricings genau ermitteln. In der Starbucks-Studie lag die Zahlungsbereitschaft signifikant über den wirklich geforderten Preisen. Doch Vorsicht! Diese Aussage darf von Ihnen durchaus als Anker zum Thema NeuroPricing verstanden werden.

6.3 Preise schöner machen – Der Preisfärbungseffekt

Beim Preisfärbungseffekt geht es darum, die Wahrnehmung eines Preises zu beeinflussen, ohne die Preisstellung an sich zu ändern. Der Preis bleibt, doch der Kunde betrachtet ihn anders. Preisfärbungseffekte werden besonders dann eingesetzt, wenn es darum geht, den Preis ins Zentrum einer Kaufentscheidung zu stellen. Deshalb funktionieren auch Preissenkungen besser, wenn sie entsprechend unterstützt werden.

Die Preisfärbung wird nicht nur durch die Größe der Schrift, die verwendeten Farben und die begleitenden Worte beeinflusst, sondern auch durch die Situation oder das Medium, durch das der Kunde mit dem Preis konfrontiert wird. Natürlich spielen auch die Wahrnehmungsweisen der verschiedenen Kundentypen eine nicht zu unterschätzende Rolle dabei, wie die Preisfärbung empfunden wird.

6.3.1 Von der Preisoptik zur Preisempfindung

Rote Preisschilder werden vom Konsumenten immer mit Sonderpreisen in Verbindung gebracht, weil er diesen Zusammenhang gelernt hat. Das Gleiche gilt für besonders große Preisschilder an einem Regal oder auch für besondere Hinweisschilder, die sich auf den Preis eines Produkts beziehen.

Rote Preisschilder sowie große Preis- und Hinweisschilder signalisieren „Sonderangebot".

Diesen gelernten Mechanismus kann man mit einer gewissen Vorsicht auch bei regulären Preisen einsetzen. Er darf allerdings nicht inflationär verwendet werden, weil dann nämlich die Signalwirkung von roten bzw. großen Preisschildern oder besonderen Hinweisschildern verloren geht. Einige Hersteller sind zum Beispiel schon dazu übergegangen, auf ihren Verpackungen grafische Elemente einzusetzen, die von der Größe und Form Ähnlichkeit mit Hinweisen auf Sonderpreise haben.

Ganz offensichtlich rechnen sie damit, dass der Verbraucher beim Einkauf und nur flüchtigem Hinsehen diese Produkte als Sonderangebote registriert. Hat er jedoch erst einmal den Mechanismus verstanden, kann es durchaus der Fall sein, dass er gerade deshalb diese Produkte in Zukunft meidet.

Untersuchungen haben gezeigt, dass Hinweisschilder bei Kunden ohne genaues Preiswissen die Kaufbereitschaft und damit den Absatz dieser hervorgehobenen Produkte erhöhen. Gibt es im Supermarkt allerdings ähnliche Hinweisschilder für normalpreisige Artikel, kann sich das sogar negativ auf den Absatz der preisreduzierten Produkte auswirken. Hinweise auf Sonderpreise sollten also stets gezielt und sparsam eingesetzt werden.

Ähnliches gilt auch für Sonderplatzierungen im Kopfbereich und bei Aufstellern in den Gängen. Auch hier kann es beim Verbraucher zu einer Desensibilisierung kommen, sodass das Besondere nicht mehr vom Gewöhnlichen unterschieden wird.

Hinweise auf Sonderpreise sollten gezielt und sparsam eingesetzt werden.

Wenn es darum geht, den Preis als Entscheidungskriterium hervorzuheben, wird oft in Anzeigen oder Angebotsprospekten die Darstellungsvariante eingesetzt, dass das Produkt kleiner abgebildet wird als der Preis selbst. Große Preisschilder in Drucksachen gelten genau wie im Laden selbst für den Konsumenten immer als Hinweis auf ein besonderes Angebot.

Natürlich funktioniert dieser Effekt auch umgekehrt. Es geht ja nicht immer nur darum, einen Preis relativ günstig erscheinen zu lassen, sondern oft auch darum,

Zahlen, Preise, Preissysteme

Produkte hochwertig und begehrenswert zu machen. Hier sind die Preisschilder dann meist klein und dezent.

Kleine und dezente Preisschilder machen Produkte hochwertig und begehrenswert.

Das Umfeld und die Darstellung eines Preises beeinflussen also die Wahrnehmung des Kunden ganz besonders.

Auch wie ein Preisnachlass dargestellt wird, ist von Bedeutung. Die Reduzierung eines Preises von 19,80 Euro auf 9,90 lässt sich besser durch eine prozentuale Angabe darstellen, nämlich „Preissenkung um 50 Prozent", als durch absolute Zahlen „Preissenkung um 9,90 Euro". Bei höheren Preisen ist dieser Effekt umgekehrt. Eine Preisreduzierung von 400 auf 300 Euro lässt sich besser darstellen mit der Aussage „100 Euro billiger" als durch die Aussage „25 Prozent billiger".

6.3.2 Die sprachliche Etikettierung richtig einsetzen

Bei der Preisfärbung spielt auch die sprachliche Etikettierung eine große Rolle. Es gibt inzwischen eine ganze Palette von Begriffen, die einen Preis günstig färben sollen, „Minus 50 Prozent", „Aktionspreis", „Sale", „Ausverkauf", „Alles muss raus", „Besonders günstig", „Minipreise", „Sonderangebot", „Preissturz", „Schnäppchen" und auch „Superschnäppchen".

Während zum Beispiel der Begriff „Sonderangebot" das Besondere in den Vordergrund stellt und den Preis heraushebt, hat der Begriff „Preisschnäppchen" eher einen verniedlichenden Charakter. „Schnäppchen" macht den Preis zwar kleiner, aber eben auch unbedeutender. Und was keine Bedeutung hat, wird zu einem geringeren Maß in die Entscheidung einbezogen. Praxistests haben gezeigt, dass bei „Sonderangeboten" der Nachfrageanstieg oft bei mehr als 50 Prozent lag, der von „Schnäppchen" nur bei 30 Prozent.

Mittels Neuromarketing kann man die jeweiligen Begriffe mit der höchsten Signalwirkung bestimmen, auch für spezifische Kontexte.

All die obigen Begriffe haben unzweifelhaft eine Signalwirkung innerhalb der Preiskommunikation. Aber sie werden in unterschiedlichen Kontexten auch unterschiedlich empfunden. Bei den Neuromarketing Labs können wir mittels EEG-Hirnscans die Wirkung einzelner Begriffe auf das Konsumentengehirn untersuchen. Welcher dieser Begriffe ruft am meisten Aufmerksamkeit hervor?

Preise schöner machen – Der Preisfärbungseffekt

Zu diesem Zweck zeigen wir einen Begriff nach dem anderen auf einem Bildschirm und untersuchen die unmittelbare Hirnreaktion auf diese Begriffe. Alternativ können wir die Worte per Kopfhörer einspielen. Die unmittelbare Hirnreaktion zeigt, wie das Gehirn innerhalb der ersten 500 Millisekunden auf das Wort reagiert. Diese Reaktionen sind wissenschaftlich seit Jahren tiefgehend erforscht und es lässt sich zu jeder Reaktion eine fundierte Aussage treffen. Der methodischen Kreativität sind hier keine Grenzen gesetzt.

Um dem Klienten bestmöglichen Mehrwert zu liefern, können die einzelnen Begriffe beispielsweise mit Marken oder Werbeprospektmaterial abgeglichen werden. Vielleicht reagiert das Gehirn im Zusammenhang mit der Weihnachtsaktion stärker auf „Jahresendpreise" als auf „Alles muss raus"? Vielleicht aber auch nur dann, wenn man noch einen Nikolaus dazu abbildet? Vielleicht auch nur, wenn im Hintergrund Weihnachtsmelodien laufen? Wissenschaftlich fundiertes Neuromarketing hilft bei solchen Fragestellungen zu präzisen und zu unverzerrten Antworten zu gelangen. Nicht umsonst sind die großen Nahrungsmittel- und Konsumgüterhersteller durchwegs bereits auf Neuromarketing aufmerksam geworden. Die erfolgreichsten unter ihnen setzen die Methoden der modernen Hirnforschung bereits ein.

Auch Restriktionen und zeitliche Begrenzungen haben einen Preisfärbungseffekt.

Auch Restriktionen und zeitliche Begrenzungen behalten einen Preisfärbungseffekt. Ein Preis mit dem Zusatz „Nur heute und nur bei real" wirkt eindeutig günstiger, weil der Konsument diesen in der Radiowerbung verwendeten Slogan in dem Moment, in dem er ihn hört, gar nicht überprüfen kann. Besonders bei Produkten mit geringem Involvement entfalten solche Zeitbegrenzungen eine große Wirkung. Da ist es gar nicht nötig, dem reduzierten Preis einen Ausgangspreis gegenüberzustellen.

In der Praxis geschieht diese Gegenüberstellung allerdings durchaus, oft sogar damit verbunden, dass speziell in der Radiowerbung die identische Botschaft mehrfach wiederholt wird. Auch Preisrestriktionen wie „Nur gültig beim Kauf von 10 Dosen" fördern nicht nur den Umsatz, sondern verändern auch die Preiswahrnehmung. Das Gleiche gilt auch für das sogenannte Multiple Unit Pricing, also „3 Stück für 5 Euro".

Preise werden natürlich nicht nur gesehen und gelesen, sondern auch gehört, zum Beispiel beim direkten Verkaufsgespräch im Juwelier-Fachgeschäft: „Die hier kostet achtzehnhundert". Aber auch an den Supermarktkassen wird die Endsumme noch angesagt. Und natürlich hören wir Preise in der Radiowerbung und bei Durchsagen

Zahlen, Preise, Preissysteme

in Kaufhäusern und Supermärkten, wenn wir auf tagesaktuelle Preise aufmerksam gemacht werden sollen.

Bei all diesen akustisch wahrgenommenen Preisen entfalten bestimmte Effekte ihre Wirkung, die im Rahmen des phonetischen Symbolismus erforscht worden sind. Wörter mit Vokalen wie „i" werden mit kleinen oder auch spitzen Dingen in Verbindung gebracht, Wörter mit Vokalen wie „a", „o" oder „u" erzeugen bei uns eher Assoziationen an große, runde oder weiche Dinge.

Die Ursache dafür liegt in den höheren Hirnregionen, die die höheren Seh- und Hörzentren mit den höheren sensorischen und motorischen Arealen vernetzen und uns in die Lage versetzen, bestimmte Eindrücke zu abstrahieren. In diesem Fall bedeutet das, dass zu einem gehörten Sinneseindruck auch ein Bild beigesteuert wird. Am leichtesten kann man es mit den beiden Worten Takete und Maluba testen. Welchen Begriff würden Sie einem mehrfach gezackten Stern zuordnen und welchen einem wolkigen Gebilde? Die Antwort dürfte jedem sofort einfallen: Takete ist zackig und Maluba rund.

In den USA haben Keith und Robin Coulter diesen Effekt des phonetischen Symbolismus im Zusammenhang mit Preisen erforscht. Preise, die im Englischen das „i" betonen, wie das gesprochene Sixty-six, werden für dasselbe Produkt als kleiner wahrgenommen als Preise, die das „o" betonen, zum Beispiel Twenty-two, obgleich wir alle wissen, dass 66 höher ist als 22.

Nun ist es im Deutschen allerdings so, dass bei gesprochenen Zahlen nur die Sieben ein „i" enthält und ansonsten die meisten Preise auf „-zig" enden. Die einzige Ausnahme bilden glatte Hunderterpreise, ob es sich nun um einhundert handelt oder um neuntausendneunhundert. Vielleicht ist das in der deutschen Sprache auch ein Grund dafür, weshalb Neunerpreise wie „neunundneunzig" gegenüber glatten Preisen wie „einhundert" bevorzugt werden.

Eine Besonderheit hat die deutsche Sprache allerdings im Bezug auf den phonetischen Symbolismus, und zwar bei Gewichtsangaben. Kilo klingt kleiner als Pfund. Gramm hingegen ist verhältnismäßig neutral. Wann bekommen Sie gefühlt mehr für Ihr Geld, wenn Sie 1.500 Gramm Kartoffel kaufen, wenn Sie 1,5 Kilo kaufen oder wenn Sie drei Pfund kaufen? Noch deutlicher wird dies bei kleineren Mengen, 500 Gramm, 0,5 Kilo oder ein Pfund. Natürlich hängt die Wahrnehmung auch von der Kaufsituation und vom Ausgangspreis des Produkts ab. Auf den Wochenmärkten wird eher in Pfund gerechnet, im Delikatessengeschäft eher mit Gramm. Aber auch in Supermärkten nutzt man den Begriff Pfund, wenn etwas günstig und trotzdem reichlich erscheinen soll.

Zusammenfassend kann man sagen, dass der Preisfärbungseffekt ein wirkungsvolles Instrument ist, das aber nicht unbegrenzt eingesetzt werden kann. Den gesamten Verkaufsraum mit Sonderangeboten zu pflastern, ist nicht nur unsinnig, sondern sogar kontraproduktiv.

Es darf auf keinen Fall vergessen werden, dass es immer wieder nicht nur auf die speziellen Produkte, sondern auch auf die Zielgruppen ankommt, die angesprochen werden sollen, wenn es darum geht, wie welcher Preis mit welchen Maßnahmen gestützt werden soll. Selbstverständlich eignet sich Neuromarketing mittels EEG oder fMRI hervorragend, um hier zu validen Aussagen kommen zu können.

6.4 Die Übersicht nehmen und Verwirrung stiften

Wie wir in den bisherigen Kapiteln gesehen haben, bevorzugt das Gehirn einfache Lösungen, eine klare Ordnung, „logische" Schlussfolgerungen und eindeutig erkennbare Fixpunkte zur Orientierung. Was das menschliche Gehirn überhaupt nicht mag, sind Unüberschaubarkeit und ein hoher Grad an Komplexität. Wird es damit konfrontiert, macht es sich auf die Suche nach Regeln, Maßstäben und Mustern, die sich bereits in der Vergangenheit in ähnlichen Situationen bewährt haben. Wenn es diese nicht schnell findet, resigniert es leicht und greift wie ein Ertrinkender nach jedem beliebigen Rettungsring, den man ihm zuwirft.

> *Das Gehirn sucht immer nach bewährten Regeln, Maßstäben und Mustern, an denen es sich orientieren kann.*

Eckpreise, Ankerpreise und Referenzpreise sind ebenso wie Marken Fixpunkte, die die Navigation im fremden Gewässer der Ökonomie erleichtern. Alles, was Sie im Folgenden lesen werden, erschwert die Navigation und wirkt wie trügerische Leuchtfeuer, die aufgestellt worden sind, um Schiffe in Untiefen zu locken, wo sie auf Grund laufen.

6.4.1 Preislabilität – Jeden Tag ein anderer Preis

Wir wissen aus Erfahrung, dass es ganz bestimmte Preise gibt, die in Abhängigkeit von den Jahreszeiten und selbst von der Wetterlage schwanken. Angebot und Nachfrage befinden sich hier oft nicht in einem Gleichgewicht und lassen die Preise in kürzester Zeit steigen oder auch fallen.

Zahlen, Preise, Preissysteme

Die dahintersteckenden Ursachen erahnen wir nur, aber natürlich sind wir auch bereit, plausible Erklärungen zu akzeptieren. Gab es auf der Nordsee einen Sturm, steigen die Preise für Fische und Schalentiere, weil weniger gefangen wurden. Das ist logisch und einsichtig. Auch die ständigen Veränderungen der Kurse von Aktien akzeptieren wir widerspruchslos, weil wir hinnehmen, dass die komplexen Beziehungen innerhalb der Wirtschaft und auch die Erwartungen der anderen Anleger die Kurse schnell nach oben oder auch nach unten bewegen können.

Der Kunde akzeptiert Preissteigerungen, wenn sie plausibel begründet werden.

Ob die Fangquoten der Fischer tatsächlich so stark gesunken sind, wie es sich in den Preiserhöhungen niederschlägt, können wir dabei ebenso wenig beurteilen wie die Auswirkungen bestimmter wirtschaftspolitischer Entscheidungen auf die Aktienkurse.

Noch zu Zeiten des berühmten Finanzgurus André Kostolany in den 1950er- und 1960er-Jahren war es so, dass Aktienkurse eher durch Börsengerüchte und Insiderinformationen beeinflusst wurden als durch handfeste Fakten. Heute sind alle, die an der Entstehung von Aktienkursen beteiligt sind, durch ein enges gesetzliches Regelwerk gebunden, dennoch ist die Börse immer wieder für Überraschungen gut. Unter anderem auch deshalb, weil es immer wieder Institutionen gibt, die die Anleger durch gezielte Informationen und Desinformationen zu bestimmten Investitionsentscheidungen treiben. Das aktuellste Beispiel dürfte in diesem Zusammenhang die Entwicklung der Facebook-Aktie gewesen sein.

In vielen Bereichen wird aber einfach die Unkenntnis des Kunden ausgenutzt. Eine weltweit erhöhte Nachfrage nach seltenen Metallen lässt den Preis für Computerbauteile und damit natürlich auch für die Geräte selbst steigen. Kein Käufer wird das genau überprüfen können, ebenso wenig wie jemand überprüfen kann, wie schlecht eine Kakaoernte war oder wie sich eine Infektionskrankheit auf den Bestand argentinischer Rinderherden ausgewirkt hat.

Plausible Erklärungen für Preissteigerungen, die auch von den Kunden akzeptiert werden, lassen sich leicht finden. Sie müssen nur professionell kommuniziert und glaubwürdig vermittelt werden.

Häufige Preisschwankungen nehmen den Kunden die Übersicht und lenken vom Preis ab.

6.4.2 Preislabilität und gelernte Hilflosigkeit

Die vollkommen unvorhersehbaren Schwankungen des Benzinpreises führen beim Konsumenten zu einem Zustand, der an die sogenannte „gelernte Hilflosigkeit" erinnert. Einige grundlegende Experimente der gelernten Hilflosigkeit wurden bereits in den 1960er-Jahren von Martin Seligman, damals noch Doktorand an der University of Pennsylvania in Philadelphia, durchgeführt. Die anfänglichen Studien muten etwas martialisch an, dafür zeigen sie aber auch auf, welch wertvolles grundlegendes theoretisches Verständnis aus Tierexperimenten gewonnen werden kann.

Seligman sperrte Hunde in einen Metallzwinger, der unter Strom gesetzt werden konnte. Die Kontrollgruppe, also die eine Hälfte der Versuchshunde, konnte die schmerzhaften Stromstöße unterbinden, indem sie einen Hebel mit der Schnauze drückte. Die Experimentalgruppe, also die andere Hälfte der Versuchshunde, konnte keinen Hebel drücken und musste die elektrischen Stöße über sich ergehen lassen. Die Kontrollgruppe lernte sehr schnell, den Hebel zu drücken. Dies ist typisch für Lernprozesse: Bei negativen Reizen wie zum Beispiel bei Schmerzen versuchen Tiere genauso wie auch Menschen schnell sehr viel, um dem Reiz zu entkommen oder ihn abzuschwächen. Sobald man die Lösung findet, setzt Lernen ein und der schmerzauslösende Reiz wird das nächste Mal effektiv unterdrückt.

Die Experimentalgruppe, die keine Chance hatte, den Stromstoß zu unterbinden, reagierte zunächst genauso wie die Kontrollgruppe. Die Hunde versuchten immer wieder, ein Entkommen aus der schmerzhaften Situation zu finden, aber es gab keines. Die Hunde der Experimentalgruppe lernten also, dass sie hilflos waren.

Nun kam der zweite und eigentlich schockierend traurige Teil des Experiments. Beiden Gruppen wurde die Möglichkeit gegeben, dem Schock zu entfliehen, indem sie ganz einfach über eine Barriere in einen anderen Teil des Zwingers sprangen. Die Kontrollgruppe, die gelernt hatte, dass es Möglichkeiten gibt, die Schocks zu vermeiden, lernte auch diese neue Variante der Schockvermeidung sofort. Auch eine weitere Kontrollgruppe von Hunden, die kein vorheriges Training in den Zwingern erhalten hatte, lernte sofort, dem Schock zu entfliehen. Die Experimentalgruppe aber, also die Hunde, die Hilflosigkeit gelernt hatten, machten keine Anstalten mehr zu fliehen und die Schmerzen zu vermeiden. Viele von Ihnen lagen nur noch winselnd in der Ecke und waren nicht mehr in der Lage, eine einfache Fluchtmöglichkeit wahrzunehmen.

Martin Seligman — der heute noch als Professor in Philadelphia lehrt — hat diese Erkenntnisse im Laufe seiner erfolgreichen Karriere als Wissenschaftler zu einer allgemeinen psychologischen Theorie des Wohlbefindens und der Depression

Zahlen, Preise, Preissysteme

ausgebaut. In den 1990ern konnte er nachweisen, dass während Hilflosigkeit bei Menschen gelernt wird, in der Amygdala und den Mamillarkörpern erhöhte Aktivität herrscht. Die Amygdala ist besonders für Angstgefühle bekannt, während die Mamillarkörper bei der Gedächtnisformation beteiligt sind.

Gelernte Hilflosigkeit gilt heute als Teil-Ursache von Depressionen. Etwas Positives, das jeder aus diesen Forschungen ziehen sollte, ist die Erkenntnis, dass es sich lohnen kann, nicht allzu schnell aufzugeben. Vielleicht ergeben sich nämlich neue Möglichkeiten, um an einer unangenehmen Situation etwas zu ändern. Wir müssen uns nur dessen bewusst werden, dass wir als biologische Wesen zu solch emotional destruktiven Gedanken und Verhaltensweisen wie gelernter Hilflosigkeit neigen.

Auch in der Wirtschaft spielt gelernte Hilflosigkeit eine Rolle. Man denke an die innere Kündigung: Arbeitnehmer, die eine innere Kündigung vollzogen haben, arbeiten zwar für Ihren Arbeitgeber, aber sie haben keine Motivation mehr. Die Erwartungen an den Arbeitsplatz wurden enttäuscht, es besteht keine emotionale Bindung mehr zum Arbeitgeber und aus Arbeitsmotivation wurde Zynismus. Eine Gallup-Studie schätzte den Anteil der Beschäftigten, die eine innere Kündigung vollzogen haben, auf fast ein Viertel aller deutschen Arbeitnehmer.

Ich bin davon überzeugt, dass bei vielen inneren Kündigungen gelernte Hilflosigkeit im Spiel war. Viele Arbeitnehmer gehen sehr enthusiastisch in einen neuen Job und hoffen, in einem Unternehmen etwas bewegen zu können. Wieder und wieder werden sie in Ihrem Enthusiasmus und Tatendrang ausgebremst oder scheitern an kafkaesker Bürokratie. Die Folge: Sie geben auf, finden sich im Zustand gelernter Hilflosigkeit — und gehen in die innere Kündigung.

Was hat das Konzept der gelernten Hilflosigkeit nun mit Preisen zu tun? Betrachten wir beispielsweise den Benzinpreis: Viele Autofahrer versuchen eine Weile, ein Schema hinter den Preisänderungen zu erkennen und diese vorherzusagen. Aber es zeigt sich, dass es zu nichts führt, sich über die Schwankungen des Benzinpreises Gedanken zu machen oder Hypothesen darüber aufzustellen. Dadurch geraten die Autofahrer gegenüber der Mineralölindustrie in den Zustand gelernter Hilflosigkeit und tanken einfach dann, wenn der Tank dreiviertel leer ist — und zwar unabhängig davon, ob der Preis nun gerade billig oder teuer erscheint. Die Mineralölgroßkonzerne freuen sich über satte Gewinne.

Wenn der Kunde kaufen muss und zugleich gelernt hat, dass Preisvorhersagen unmöglich sind, dann können Konzerne mit einer Preisverwirrungstaktik große Gewinne einfahren.

Die Übersicht nehmen und Verwirrung stiften

Aber gelernte Hilflosigkeit muss nicht immer mit einer Gemütslage einhergehen, die einer Depression ähnelt. Es gibt auch eine sehr positive Seite der gelernten Hilflosigkeit. Zwei bekannte Beispiele am deutschen Markt sind Hornbach und dm. Kunden dieser sehr erfolgreichen Einkaufsketten bekommen selten Sonderangebote. Die Kunden haben also gelernt, dass sie bei Hornbach und dm meist einen fairen Preis geboten bekommen, aber dass es eben dafür selten ein echtes Schnäppchen gibt.

Mit anderen Worten: Die Kunden haben gelernt, dass sie bei der Schnäppchenjagd hilflos sind. Diese Form von gelernter Hilflosigkeit macht die Kunden natürlich nicht depressiv, sondern beruhigt sie sogar. Denn wenn es sowieso keine Schnäppchen gibt, dann kann man auch keine verpassen.

Bei der direkten Konkurrenz dieser Märkte dagegen, zum Beispiel bei Praktiker und der mittlerweile insolventen Schlecker-Kette, wurde oder wird teilweise aggressiv der Preis beworben. Es gibt viele Sonderangebote. Dadurch wurde einerseits die Aufmerksamkeit der Kunden weg von der Produktqualität hin zum Preis gelenkt. Andererseits haben Kunden dadurch gelernt, dass es sich lohnt, nach Schnäppchen Ausschau zu halten.

Besonders negativ wirkt es sich auf den Gewinn aus, wenn Kunden lernen, dass es sich durchaus lohnen kann, bei verschiedenen Produkten mit dem Kauf zu warten. Dies konterkariert die Idee eines Sonderangebots. Der Grundgedanke eines Sonderangebots ist nämlich oftmals, den Kunden durch das Lockangebot zum Einkaufen zu bewegen, in der Hoffnung, dass der Kunde dann zwar das Sonderangebot kauft, aber auch noch weitere Produkte. Mit den anderen Produkten soll dann das Nullsummenspiel der Sonderangebote ausgeglichen werden.

Wenn der Kunde allerdings weiß, dass es immer wieder und in jeder Produktkategorie Sonderangebote geben wird, dann kauft er irgendwann nur noch zum Sonderpreis — und zwar auf Vorrat. Der Konsument könnte dann zum Beispiel einen Gedankengang wie den folgenden vollziehen: „Oh, heute ist ja die Zahnpasta im Angebot. Das findet nur alle paar Monate statt und Zahnpasta wird nicht schlecht. Heute kaufe ich gleich 20 Tuben. Die reichen dann bis zum nächsten Jahr für die ganze Familie. Von den anderen Sachen kaufe ich heute nichts oder nur wenig, denn da gibt es ja nächste Woche hier im Supermarkt sicher wieder ein Schnäppchen."

Dass solche Lernvorgänge den Gewinn erheblich reduzieren können, liegt auf der Hand. Es gilt also aus Händlersicht, die richtigen Signale zu setzen und die psycho-

6.4.3 Speisekarten können verführen und Appetit machen

Es ist erstaunlich, wie viele Restaurantbesitzer davon ausgehen, dass ihre Gäste ziemlich genau wissen, was sie essen wollen, und dass sie ihre Gäste erst durch die Menge und/oder Qualität der servierten Speisen von ihrer Leistung überzeugen können. Die Speisekarten in vielen deutschen Restaurants sind weder Verführer noch Appetitmacher, sondern nur sachliche Preislisten, wie man sie eher im Autozubehörhandel vermuten würde.

In den USA ist das ganz anders. Hier gibt es spezielle Berater, die den Restaurants helfen, ihre Menüs und Speisekarten zu verkaufsstarken Präsentationsinstrumenten zu machen, die den Gästen nur geringe Chancen lassen, nicht viel Geld auszugeben. Grundsätzlich werden die Menüs in vier Kategorien unterschieden, in Stars, Puzzles, Ploughhorses (Ackergäule) und Hunde.

Man sollte die verschiedenen Speisen nach ihrer Profitabilität unterteilen.

Als Star bezeichnet man populäre und hochprofitable Gerichte, bei denen der Gast bereit ist, deutlich mehr zu bezahlen als die Grundstoffe und die Herstellungskosten. Mit Stars werden die Gewinne eingefahren. Puzzles sind ebenfalls sehr profitabel, werden von den Gästen deutlich seltener gewählt, dürfen aber auf einer anspruchsvollen Speisekarte nicht fehlen.

Die Ackergäule unter den Gerichten werden gern genommen und sind praktisch in jedem Restaurant erhältlich. Der Kunde kennt die Preise und entsprechend unprofitabel sind diese Speisen. Die sogenannten Hunde sind sowohl unprofitabel als auch unbeliebt und sollten eigentlich von der Speisekarte verschwinden. Oft ist es jedoch so, dass entweder die Köche oder aber Stammgäste gerade an diesen Gerichten hängen und deren Verbleib auf der Speisekarte fordern.

Ziel des Speisekarten-NeuroPricings muss es sein, aus den Puzzles Stars zu machen und die Gäste von den Ackergäulen wegzulocken. Die beiden in den USA üblichen Tricks dazu, die William Poundstone in „Priceless" beschreibt, sind einerseits das Bracketing und andererseits das Bundling.

Bracketing und Bundling können die Kunden zu den profitablen Gerichten führen.

6 Die Übersicht nehmen und Verwirrung stiften

Bracketing bezeichnet den Kniff, ein und dasselbe Gericht in zwei oder manchmal auch drei verschiedenen Größen anzubieten. So gibt es große oder kleine Steaks mit jeweils den gleichen Beilagen. Der Preisunterschied ist augenfällig. Um wie viel kleiner das kleine Steak ist, wird dem Gast zunächst nur anhand des Preises deutlich.

In den meisten Fällen geht der Gast davon aus, dass das große Steak das normale Angebot darstellt und das kleine die preisgünstigere Wahl ist. Hier kann er leicht einem Irrtum anheimfallen. Das große Steak wurde nur überteuert dargestellt, um mit dem kleinen die Gewinne einfahren zu können. Auf diese Weise lassen sich mit verschiedenen Gerichten, die als große und kleine Portionen angeboten werden, gute Gewinne machen.

Das Bundling wird oft in Schnellrestaurants eingesetzt: Dort werden immer neue Variationen von Menükombinationen, bestehend aus einem Hauptteil, wie zum Beispiel einem Hamburger, aus Beilagen wie Pommes frites oder Salat und einer Nachspeise oder einem Getränk angeboten. Einzelne Randkomponenten dieser Menüs stehen entweder gar nicht oder zu deutlich erhöhten Preisen auf der Speisekarte. Klar, dass der Gast dann lieber zu den „günstigeren" Kombi-Menüs greift.

Er übersieht dabei, dass diese Menüs in ihrer Gesamtheit teurer sind, als wenn er nur einen Hamburger und ein Getränk gekauft und auf weitere Komponenten verzichtet hätte. Diese kombinierten Menüs steigern den Gesamtgewinn. Sie verwirren den Kunden und da sie in schnell wechselnden Kombinationen angeboten werden, erschweren sie den Preisvergleich. Was man in der vergangenen Woche noch kaufen konnte, gibt es in dieser Woche schon nicht mehr.

Nach Ansicht von Poundstone ergreifen viele Gastronomen nicht die Chance, „vorübergehend" die Preise zu erhöhen, weil der Nachschub an Spargel, Erdbeeren oder Seefisch gerade stockt. Solche vorübergehenden Preisanhebungen können nämlich in der Regel zu dauerhaften Preiserhöhungen führen.

Mit einer Decoy-Strategie kann man Verhalten lenken.

Die folgende Abbildung zeigt eine typische Speisekarte mit schwäbischen Spezialitäten.

Zahlen, Preise, Preissysteme

Gasthof Sonne

Speisekarte

Wurstsalat mit Brot	7,00
Terrine Gaisburger Marsch	8,40
Linsen mit Spätzle und Saiten	7,90
Schupfnudeln mit Sauerkraut und Speck	9,80
Saure Kutteln in Trollingersößle mit Röstkartoffeln	9,80
Maultaschen mit Zwiebelschmelze und Jus	10,50
Schweineschnitzel mit hausgemachten Spätzle und Salat	11,80
Zwei Schweinelendchen auf Käsespätzle	16,80

Abb. 18: Typische Speisekarte mit regionalen Spezialitäten

Was könnte man tun, um den Umsatz zu steigern, ohne die Preise für die angebotenen Gerichte anzuheben?

Ich kann es nicht oft genug betonen: Das Gehirn nimmt immer relativ wahr. Adaptation und Kontrastprinzip sind allgegenwärtig und beinhalten enorme Gewinnpotenziale. Sehen Sie sich bitte noch einmal die Speisekarte unseres hypothetischen gutbürgerlichen Gasthofs Sonne in Abbildung 18 an.

Stellen wir uns ein gut eingeführtes Restaurant vor, in welchem der Chef selbst kocht. Der beliebte Wirt bietet hier allerlei schwäbische Köstlichkeiten. Sollten Sie einmal in der Stuttgarter Gegend sein, so empfehle ich Ihnen, diese leckeren regionalen Speisen meiner erdachten Speisekarte zu versuchen.

Leider hat unser Wirt ein Problem: Sein großer Verkaufsschlager ist das Schweineschnitzel mit Spätzle und Salat. Dieses Gericht, das er seit Einführung des Euro immer noch zum selben Preis anbietet, ist gleichermaßen bei Stammgästen und Touristen beliebt. Der zusätzliche Salat bedeutet für ihn und seinen Küchengehilfen einen nicht unerheblichen Mehraufwand bei der Zubereitung und die Zutaten kosten ihn fast genau so viel wie die Schweinelendchen auf Käsespätzle.

Wenn er mehr von den Schweinelendchen verkaufen könnte, würde sich das in der Kasse deutlich bemerkbar machen. Er traut sich aber nicht, den Preis des Schnitzels anzuheben. Zu Recht — er würde vermutlich einige seiner Stammkunden verärgern. Was kann er tun? Legen Sie doch bitte einmal das Buch zur Seite und denken Sie — bevor ich Ihnen im Folgenden eine Lösung präsentiere — über das bisher Gelesene und Gelernte nach. Welchen Tipp könnten Sie unserem Wirt geben?

Eine Möglichkeit, die wir dem Chefkoch hier vorschlagen können, zeigt die Abbildung 19. Der Wirt ändert nichts an den bisherigen Preisen, aber er ändert die Wahrnehmung seiner Gäste hinsichtlich der Schweinelendchen, die er gerne verkaufen möchte. Er setzt nämlich einfach eine weitere Speise auf die Karte: ein völlig überteuertes New York Strip Steak zum Preis von 25 Euro. Damit verprellt er keine Stammkunden. Wenn jemand wirklich dieses überteuerte Gericht bestellt, umso besser, der Sonne-Wirt macht bei jedem Verkauf richtig Gewinn. Aber darum geht es eigentlich gar nicht. Wirklich entscheidend ist, dass die Schweinelendchen auf einmal nicht mehr die teuerste Speise auf der Karte sind. Die Anzahl der Bestellungen von Schweinelendchen nimmt zu, die Stammkunden bleiben glücklich und die Kasse in der Sonne stimmt wieder.

Sehen Sie nun die neue Abbildung der — inspiriert durch die Erkenntnisse des NeuroPricings — geänderten Speisekarte des Gasthofs Sonne. Das New York Strip Filetsteak ist als Decoy (vgl. unten) eingesetzt und erleichtert es den Kunden, die Schweinelendchen auf Käsespätzle zu bestellen:

Zahlen, Preise, Preissysteme

Gasthof Sonne

Speisekarte

Wurstsalat mit Brot	7,00
Terrine Gaisburger Marsch	8,40
Linsen mit Spätzle und Saiten	7,90
Schupfnudeln mit Sauerkraut und Speck	9,80
Saure Kutteln in Trollingersoße mit Röstkartoffeln	9,80
Maultaschen mit Zwiebelschmelze und Jus	10,50
Schweineschnitzel mit hausgemachten Spätzle und Salat	11,80
Zwei Schweinelendchen auf Käsespätzle	16,80
New York Strip Steak – Filetsteak mit Bratkartoffeln und Salat	25,00

Abb. 19: Speisekarte mit Decoy

Letztlich geht es beim Fall des Gasthofs Sonne um die Frage, wie sich Menschen in Auswahlsituationen entscheiden. Der Verhaltensökonom Dan Ariely, der an der US-Kaderschmiede MIT forscht und lehrt und vor dessen kreativen Experimenten ich in diesem Buch häufiger berichte, hat diese Frage in verschiedenen verhaltenswissenschaftlichen Studien detailliert untersucht.

In einem faszinierend einfachen Experiment bat er einige Studenten der Wirtschaftswissenschaften, sich für eines von drei Jahresabonnements der Zeitschrift „Economist" zu entscheiden: ein Online-Abonnement der Zeitschrift für 59,00 $ oder ein Print-Jahresabo für 125,00 $ oder lieber ein Doppel-Abo für 125,00 $, welches gleichzeitig Print und Online beinhaltete. Wie zu erwarten, entschied sich keiner der Studenten für das reine Print-Abonnement, das ganz offenbar ein schlechtes Geschäft war. Die günstigere Online-Version wählten nur 16 % der Studenten. Den meisten gefiel das Doppel-Abo — ein vermeintlich guter Deal. 84 % der Studenten entschieden sich für dieses Abonnement des Economist.

Die Übersicht nehmen und Verwirrung stiften

Nun bat er eine andere Gruppe Studenten, sich für eines der folgenden Jahres-Abonnements zu entscheiden: 59,00 $ für ein Online-Abo oder 125,00 $ für ein Doppel-Abo, das die Printversion und den Online-Zugang zu den Artikeln beinhaltete. In dieser Konstellation entschieden sich 68 % der Studenten für die Online-Ausgabe und nur 32 % für das Doppel-Abo.

Den Studenten fehlte also ganz offenbar im Rahmen der beiden experimentellen Bedingungen ein absoluter Maßstab hinsichtlich dessen, was denn ein angemessener Preis für ein Abonnement sei. Wenn ihnen aber klar gemacht wurde, dass das Angebot für das Doppel-Abo wesentlich besser sei als das alleinige Print-Abo, dann wussten die Studenten, dass wenigstens diese Wahl nicht die schlechteste sein konnte. Pricing-Praktiker können hieraus lernen, dass sich mit schlau gestalteten Angeboten der Umsatz signifikant erhöhen lässt.

Solche Untersuchungen wie diejenigen von Dan Ariely bilden das wissenschaftliche Fundament für die Ratschläge, die wir unserem fiktiven Inhaber des Gasthofs Sonne gegeben haben. Welchen neurophysiologischen Prozessen unterliegen solche Entscheidungen? Einerseits kennen Sie bereits Adaptation und Kontrastprinzip. Diese Mechanismen sind hier ebenfalls am Werk. Darüber hinaus reagieren die Nervenzellen des Belohnungssystems so, dass sich die Zellen immer an die äußeren Umstände anpassen.

Léon Tremblay und Wolfram Schultz bewiesen dies an der Universität in Fribourg in der Schweiz: Sie kündigten Rhesusäffchen durch ein Signal an, dass sie gleich entweder eine Rosine, ein kleines Apfelhäppchen oder ein Stückchen Cornflakes zu essen bekommen würden. Die Äffchen wussten, welches Signal welches Essen ankündigt. Auf Rosinen freuten sie sich am meisten, dann auf die Apfelstückchen und am allerwenigsten schmeckten ihnen die Cornflakes.

Die Äffchen wussten auch, dass es an jedem Tag nur die Auswahl zwischen zwei Dingen gab: Entweder gab es an einem Tag nur Rosine und Apfel oder es gab nur Apfel und Cornflakes. An den „Rosinentagen" waren die Apfelstückchen das, was die Äffchen nicht mochten, während sie an den „Cornflakestagen" die Apfelstückchen bevorzugten. Nun hatten die Wissenschaftler zuvor Elektroden in den orbitofrontalen Cortex, der zum Belohnungssystem zählt, implantiert.

Diese Implantate können die Affen nicht spüren, denn das Gehirn ist schmerzunempfindlich. Léon Tremblay und Wolfram Schultz konnten jedoch die Aktivität der Nervenzellen im orbitofrontalen Cortex mit diesen Elektroden messen. Es zeigte sich, dass das Belohnungszentrum kontextabhängig reagiert. An den Cornflakestagen war die Vorfreude auf die Apfelstückchen groß: Während sich die Äffchen auf die Äpfel freuten, feuerten die Nervenzellen im orbitofrontalen Cortex wild. Wenn aber Apfelstückchen an einem Rosinentag angekündigt wurden, dann waren die gleichen Neuronen, die am Tag zuvor die Apfelfreude noch wild angezeigt hatten, auf einmal ganz still. Stattdessen waren sie aktiv bei der Vorfreude auf Rosinen.

Aus den Untersuchungen von Dan Ariely sowie von Schultz und Tremblay können wir also einige lehrreiche Schlüsse für das Pricing ziehen. Zunächst muss man im Pricing verinnerlichen, dass das Gehirn immer relativ arbeitet. Das Gehirn nimmt relativ wahr und es freut sich relativ. Diese Eigenschaften kann man im Pricing ausnutzen, indem man Produkte sowohl räumlich (Kontrastprinzip) als auch zeitlich (Adaptation) in verschiedene Kontexte einbettet. Dan Ariely nennt ein Kontext-Produkt einen „Decoy", also einen Köder oder einen Lockvogel. Decoy-Produkte wie das New York Strip Steak im Restaurant oder die alleinige Printausgabe des Economist für 125 Dollar müssen nicht verkauft werden. Sie stellen einen Kontext dar, der beim Menschen — genau wie bei den uns verwandten Rhesusaffen — das Belohnungssystem austrickst.

„Speisekartenlyrik" lenkt vom Preis ab.

Jede Speisekarte, die nur preisbasiert aufgebaut ist, verkauft deutlich schlechter als solche, die ein „inspirierendes" Design haben. Begriffe wie „Brathähnchen mit Pommes frites und gemischtem Salat" machen deutlich weniger Appetit als eine „Sanft gegrillte Maispoularde mit französischen Frühkartoffeln und einer Salatspezialität nach Art des Hauses an einer Balsam-Honig-Vinaigrette". Ziel dieser „Speisekartenlyrik" ist es, den Gast dazu zu bringen, sich mit dem Gericht an sich zu befassen und nicht auf den Preis zu schauen.

Speisekarten sollten den Blick des Gasts lenken.

Wichtig ist, dass eine Speisekarte den Blick des Gasts lenkt und nicht einfach nur von oben nach unten gelesen werden kann. Je nach Art des Restaurants kann man die Gerichte auch grafisch oder als Fotos darstellen, allerdings können solche Bilder, wenn sie nicht zum Restaurant an sich passen, auch kontraproduktiv sein.

Diese Überlegungen zur Speisekartengestaltung sollten auch im Zusammenhang mit Katalogen oder E-Commerce-Angeboten auf Internetseiten angestellt werden. Wichtig ist es, Emotionen zu wecken, die Fantasie anzuregen und das Belohnungssystem durch Vorfreude auf das zu erwartende Produkterlebnis zu stimulieren. Dann wird der Preis in den Hintergrund treten.

6.4.4 Mehrdimensionale Preise – Die Kunst der Kombination

Mehrdimensionale Preise bestehen aus zwei oder mehr Elementen, die sich einerseits auf unterschiedliche Leistungen beziehen, wie zum Beispiel Mitgliedschaft in einem Fitnessclub und Nutzung bestimmter Einrichtungen oder Dienstleistungen, und andererseits auf unterschiedliche Zahlungsweisen, Jahresbeitrag im Voraus und Nutzungsentgelt bei Inanspruchnahme.

Das wohl bekannteste Beispiel dafür, wie man mit mehrdimensionalen Preisen Kunden anlocken und begeistern kann, ist die BahnCard der Deutschen Bahn AG. Die Bahnkunden können derzeit mit der „BahnCard 50" für 482 Euro pro Jahr in der ersten Klasse und für 240 Euro in der zweiten Klasse die Möglichkeit erwerben, all ihre Fahrkarten mit einem Rabatt von 50 Prozent auf den Normalpreis zu kaufen.

Damit sich also die Investition in die BahnCard 50 für die erste Klasse rechnet, müssen Sie pro Jahr in der ersten Klasse für mehr als 964 Euro mit der Bahn fahren. Dann haben Sie einen echten Vorteil. Fahren Sie für weniger als 964 Euro, machen Sie auf jeden Fall einen Verlust.

Natürlich hat jeder Bahnfahrer beim Kauf der BahnCard nur den Rabatt im Auge. Nur in den wenigsten Fällen wird er wissen, wie oft er im darauffolgenden Jahr wie lange Strecken fährt. Denn während der Preis der BahnCard ein Fixpreis ist, richtet sich der Preis der Fahrkarte jeweils nach der Länge der Strecke. Jemand, der zwar regelmäßig mit der Bahn fährt, aber nur kurze Strecken, müsste dies wahrscheinlich deutlich häufiger tun oder er müsste sich entscheiden, zusätzlich noch längere Strecken zu fahren, also die Dienste der Bahn in vermehrtem Umfang in Anspruch nehmen.

Rabattversprechen verhindern oft genaues Nachrechnen des Kunden.

Am ehesten kommt noch derjenige in den Genuss des Rabatts, der ohnehin vorhersehen kann, dass er regelmäßig lange Strecken mit der Bahn zurücklegen wird. Lange Strecken werden allerdings erfahrungsgemäß nur von wenigen Reisenden regelmäßig gefahren. Tatsächlich ist es so, dass nur sehr wenige Bahnkunden von vornherein wissen, wo der Break-even-Punkt liegt, von dem an sie unter Berücksichtigung des Gesamtpreises von BahnCard und verbilligten Fahrkarten in den Genuss des Rabatts kommen werden.

Eine Studie aus dem Jahr 2004 zeigte, dass Befragte ohne BahnCard im Schnitt fünf Bahnreisen pro Jahr unternehmen. Inhaber der „BahnCard 25" reisten knapp zwölf Mal und Inhaber der „BahnCard 50" knapp 18 Mal jährlich mit der Bahn. Hier stellt sich natürlich die Frage, was Ursache und was Wirkung ist. Kaufen die Bahnkunden die BahnCard, weil sie viel Bahn fahren wollen, oder fahren sie viel Bahn, weil sie die Investition in die BahnCard ausnutzen wollen? Wie dem auch sei, für die Bahn ist es ein gutes Geschäft.

Seit der Einführung der BahnCard zum 1. Oktober 1992 hat sich vieles verändert. Heute stellt die BahnCard ein ganzes Kartensystem dar. So gibt es neben der Bahn-Card 50 und BahnCard 25 auch noch die BahnCard 100, die die sogenannte Netzkarte von früher ersetzt. Außerdem kann man die BahnCard mit einer Kreditkartenfunktion versehen. Insgesamt wurde rund um die BahnCard-Idee ein komplexes Tarifsystem für die unterschiedlichsten Zielgruppen, von Schülern bis zu Menschen mit Behinderung geschaffen.

Ende 2009 waren mehr als vier Millionen BahnCards im Umlauf. Im Jahr 2007 erwirtschaftete die Deutsche Bahn mehr als die Hälfte der Umsätze im Fernverkehr mit BahnCard-rabattierten Fahrkarten. 90 Prozent der Fernverkehrstickets und 81 Prozent der Nahverkehrstickets wurden 2008 mit Rabatt verkauft.

6.4.5 Im Dschungel der Telefontarife

Die mehrdimensionale Preisgestaltung nutzen heute auch alle oder fast alle Unternehmen im Bereich der Telekommunikation aus. Sie bieten ihren Kunden die Möglichkeit, auf der Basis eines bestimmten Grundbetrags weitere Leistungen vergünstigt in Form von Flatrates in Anspruch zu nehmen. Dabei rechnen die Firmen damit, dass die meisten Kunden nicht gewillt und in der Lage sind, den Break-even-Point, an dem sich Kosten und Nutzen ausgleichen, für sich selbst zu errechnen. Im Prinzip machen sie ihr Preisgefüge komplizierter und weniger durchschaubar, was der Kunde aber übersieht, da er wie gebannt auf das Wort Flatrate schaut, das ihm unbegrenzten Nutzen signalisiert, den er jedoch häufig nicht ausschöpfen wird.

Für eine Flatrate zahlt der Kunde, auch wenn er sie nicht ausschöpft.

6.5 Vertuschung oder Vorteil?

Das Prinzip der Bündelung von Produkten oder Dienstleistungen wurde bereits mehrmals erwähnt. Es beinhaltet mehrere Aspekte: Umsatzsteigerung durch den Verkauf von mehr Produkten oder Dienstleistungen, Umsatz- und Gewinnsteigerung durch den Verkauf teurerer Produkte, die sonst nicht oder seltener gekauft werden würden, aber als Teil des Pakets schon, und Ausschöpfung der generellen Preisbereitschaft des Kunden für Komplettlösungen.

Die Vorteile von Paketlösungen liegen nicht nur einseitig beim Verkäufer, sie können auch beim Käufer liegen, wenn er die Paketkomponenten tatsächlich brauchen kann. So lassen sich Kraftfahrzeuge mit Sonderausstattungen gebraucht besser verkaufen als nackte Basismodelle.

6.5.1 Mit Paketpreisen die Preisbereitschaft ausschöpfen

Wenn ein Kunde bei einem Kauf generell bereit ist, eine bestimmte Summe auszugeben, das Produkt selbst aber weniger kostet, wird seine Preisbereitschaft nicht ausgeschöpft. Dieses vorhandene Potenzial kann der Verkäufer aber nutzen, wenn er mehrere Produkte als Paket anbietet.

Beim nachfolgenden Beispiel sieht es so aus, dass der Kunde bereit ist, 500 Euro für ein Jackett auszugeben. Das Jackett kostet aber nur 300 Euro. Schnürt man ihm jetzt einen Bündelpreis, ein Jackett plus eine Hose plus ein Hemd plus eine Krawatte für zusammen 500 Euro, wird er mit großer Wahrscheinlichkeit seine Preisbereitschaft ausschöpfen, wenn sich die Einzelpreise auf 560 Euro addieren würden.

Wichtig ist bei einem Paketpreis, die einzelnen Komponenten auch solo anzubieten. Das Jackett kostet 300 Euro, die Hose 150 Euro, das Hemd 80 Euro und die Krawatte noch einmal 30 Euro — insgesamt sind das also 560 Euro. Hier wird die Kaufbereitschaft, alles zusammen zu kaufen, durch die Bündelung gesteigert. Das Gefühl, mehr zu gewinnen als zu verlieren, ist beim Mental Accounting, der mentalen Buchführung, von nicht zu unterschätzender Bedeutung.

Paketpreise geben das Gefühl, mehr zu gewinnen als zu verlieren.

6.5.2 Im Paket zahlt der Kunde auch nicht Benötigtes

Paketpreise kennen wir besonders häufig aus der Automobilindustrie. Zur für den Grundpreis erhältlichen Basisausstattung eines Neufahrzeugs kann man weitere Ausstattungen entweder über meist unendlich lange Aufpreislisten erwerben oder aber, indem man sich für ein oder mehrere Ausstattungspakete entscheidet. Da gibt es Fahrzeuge mit Winterpaket, mit Sportpaket, mit Komfortpaket und weiteren Paketen mit ähnlichen Namen.

Zahlen, Preise, Preissysteme

Ausstattungspakete zeichnen sich dadurch aus, dass sie sowohl Ausstattungselemente enthalten, die für den Käufer des Fahrzeugs sehr reizvoll sind, aber auch Elemente, die weniger attraktiv sind. Die Automobilindustrie packt in den Paketen also Komponenten zusammen, für die der Kunde sehr gern bereit ist zu zahlen, und andere Komponenten, für die die Zahlungsbereitschaft nur gering ausfällt.

Da bestimmte attraktive Teile des Pakets für ein bestimmtes Modell oft gar nicht einzeln erhältlich sind oder erst in Verbindung mit teureren anderen Varianten, wie zum Beispiel einem größeren Motor, wird der Kunde praktisch gezwungen, mit dem Paket auch etwas zu kaufen, was er eigentlich nicht haben möchte. In manchen Paketen werden auch Ausstattungselemente kombiniert, die technisch überhaupt nichts miteinander zu tun haben, wie zum Beispiel ein Tempomat mit einer bestimmten Art von Sitzbezügen, eine Klimaanlage mit einem bestimmten Lichtsystem oder ein Navigationssystem mit attraktiven Felgen.

Natürlich hat die Automobilindustrie genau ausgerechnet, welchen Gewinn sie macht, wenn sie bei bestimmten Ausstattungspaketen einen Rabatt einräumt. Da der Kunde keine Vorstellung von den Entstehungspreisen hat und als Referenzpreis stets nur den Preis für ein einzelnes Ausstattungsmerkmal anhand der Aufpreisliste ermitteln kann, vorausgesetzt dieses Ausstattungsmerkmal ist für sein gewünschtes Modell überhaupt einzeln erhältlich, hat die Industrie die Möglichkeit, ihre zusätzlichen Gewinne exakt zu errechnen.

Der Kunde kann den Preis von Paketen nicht einschätzen, aber der Hersteller oder Verkäufer.

Paketpreise werden natürlich nicht nur von der Automobilindustrie angeboten, sondern zum Beispiel auch von Telekommunikationsdienstleistern. Aufgrund der Komplexität der heutigen Telekommunikationsdienstleistungen ist es durchaus möglich, attraktive und gefragte Dienstleistungen mit weniger attraktiven zu einem Paket zusammenzuschnüren. Das Gleiche gilt auch für häufig oder wenig genutzte Dienstleistungen, die dann in der Regel nicht mehr einzeln, sondern über einen Paketpreis abgerechnet werden.

Dem Kunden wird deutlich gemacht, dass ein Kombitarif für Festnetztelefon und Mobiltelefon für ihn günstiger ist, wenn er die bestimmten Elemente zu bestimmten Zeiten oder auch in einer bestimmten Häufigkeit nutzt. Hier wäre es für den Kunden sinnvoll, sein eigenes Telefonverhalten exakt zu durchleuchten. Er könnte ermitteln, wie oft er zum Beispiel das Mobiltelefon nutzt, um am Wochenende selbst andere anzurufen, oder ob es ihm vielleicht nur dazu dient, innerhalb der Werktage telefonisch erreichbar zu sein.

Im Prinzip sollte ein Paketpreis immer so gestaltet sein, dass beide Seiten gewinnen. Der Verkäufer verkauft mehr und der Käufer erhält mit einem Paket ebenfalls mehr, als wenn er die Leistungen getrennt erwerben würde. Nur dann wird es als fair wahrgenommen.

Bei guten Paketen gewinnen beide Seiten.

Das Paketmodell funktioniert auch im Business-to-Business-Bereich. „Alles aus einer Hand" ist dabei die Kernbotschaft. Man kauft nicht nur die Maschinen, sondern auch deren Finanzierung und Wartung. Das macht das Leben für den Geschäftskunden leichter.

Dem Maschinenhersteller gibt es die Möglichkeit, durch die Erweiterung seines Leistungsspektrums Zusatzgeschäfte zu tätigen, die vielleicht bessere Gewinnspannen ermöglichen als das eigentliche Kerngeschäft. Außerdem kann er sich positiv von den Wettbewerbern absetzen.

7 Wie wir die Stärken und Schwächen des Gehirns nutzen können

Was Sie in diesem Kapitel erwartet:

Zunächst betrachten wir die sechs psychologischen Grundprinzipien, die unser Verhalten beeinflussen. Danach geht es darum, welche ökonomischen Funktionen und symbolischen Bedeutungen Geld in unserer Gesellschaft hat, wie unser Gehirn mit Geld umgeht und warum Kaufen glücklich macht. Wie Kaufentscheidungen getroffen werden, was kohärente Arbitrarität ist und was Preise mit Zeit zu tun haben, erfahren Sie ebenfalls.

7.1 Der Preis allein ist nicht entscheidend

Eines der größten Missverständnisse der Evolutionstheorie ist, dass das Ziel der Evolution sei, das Überleben der ganzen Art zu sichern. Evolution kümmert sich nicht um die Art. Ein männlicher Löwe tötet die Jungen seines neu übernommenen Rudels, Menschen führen zerstörerische Kriege und Gottesanbeterinnen fressen ihre Männchen nach oder sogar schon während der Paarung auf.

Diese Phänomene zeigen, dass es bei der Evolution nicht um die Erhaltung der Art geht. Vielmehr geht es einzig und alleine um die Gene. Ein Gen möchte weiterleben und in die nächste Generation kommen. Richard Dawkins hat diese Theorie des egoistischen Gens hervorragend herausgearbeitet und zahlreiche, bis heute unwiderlegbare Beweise ins Feld geführt. Trotzdem — oder gerade wegen der egoistischen Gene — kann kooperatives Verhalten innerhalb einer eigenen Gruppe entstehen, wie im Tierreich beispielsweise gut funktionierende Rudel- oder Herdenbildung beweisen.

Die Spieltheorie, die sowohl in der Modellierung evolutionärer Prozesse als auch in der Wirtschaftswissenschaft eine große Rolle spielt, erklärt in vielen Fällen, weshalb manches Mal kooperatives Verhalten und manches Mal egoistischeres Verhalten den Genen den größten Vorteil bringt. Im Vergleich zu anderen Lebewesen hat sich das menschliche Sozia verhalten höchst komplex entwickelt. Nur im ökonomischen Bereich besteht bei der Anpassung an die vom Menschen selbst geschaffene Umwelt noch ein Nachholbedarf.

Heute verfügen Menschen über höchst ambivalente Verhaltensmuster, die sehr unterschiedlich eingesetzt werden können. Eigentlich sollten sie dazu dienen zu kooperieren und dadurch allen Vorteile zu bringen. Diese Verhaltensmuster sind aber auch dazu geeignet, dass wir andere Menschen auf eine Weise beeinflussen, die hauptsächlich uns selbst Vorteile bringt. Das muss allerdings nicht bedeuten, dass der Vorteil des einen automatisch der Nachteil des anderen sein muss. Beeinflussung ist nicht per se schlecht, wenn sich niemand dabei oder danach schlecht fühlt.

Die Stärken und Schwächen des Gehirns sind immer zwei Seiten derselben Medaille. Vieles von dem, was uns auf der einen Seite erfolgreicher macht und das Leben erleichtert, wirkt sich in einer anderen Situation oder Konstellation negativ aus. Deshalb haben wir im Gehirn verschiedene miteinander kooperierende Systeme, die grundsätzlich geeignet sind, abstrakte Sachverhalte und zum Beispiel auch die Absichten anderer zu durchschauen und zu bewerten. Bei so komplexen Dingen wie Geld und Preise funktioniert es allerdings nicht immer so, wie wir es erwarten.

Seit mehr als 30 Jahren erforscht der amerikanische Psychologe und inzwischen emeritierte Professor der Arizona State University Robert B. Cialdini, wie man das Verhalten von Menschen beeinflussen kann. Bei seiner wissenschaftlichen Arbeit stand stets die praktische Seite im Vordergrund. Ihn interessierte, welche Formen der Einflussnahme wirksam sind und wie man sie ethisch einsetzen kann.

Cialdini identifizierte sechs psychologische Grundprinzipien, die unser Verhalten beeinflussen:

- soziale Bewährtheit,
- Konsistenz,
- Sympathie,
- Autorität,
- Reziprozität und
- Knappheit.

Was es mit diesen Prinzipien auf sich hat, lesen Sie in den folgenden Abschnitten.

Der Preis allein ist nicht entscheidend

7.1.1 Tun, was andere tun

Das Prinzip der sozialen Bewährtheit geht davon aus, dass wir uns in unserem Verhalten und unseren Entscheidungen an Vorbildern orientieren oder an Menschen, die uns ähnlich zu sein scheinen. Die Mutter kauft für ihre Kinder die Schokoladenriegel, die sie auch schon selbst als Kind von ihrer Mutter erhalten hat. Der erwachsene Enkelsohn wählt für seine Kinder die Karamellbonbons aus, die er schon von seinem Großvater bekommen hat.

Ähnlich groß ist die Bedeutung des Verhaltens der Nachbarn. Weil der Nachbar seine Frontscheibe nach einem Steinschlag austauschen musste, fährt man selbst zur Werkstatt, um die Scheibe des eigenen Wagens kontrollieren zu lassen. So lehrt es uns zumindest die Werbung. Der Verkauf von Versicherungen funktioniert ebenfalls nach dem Ähnlichkeitsprinzip.

Das Prinzip der sozialen Bewährtheit besagt, dass wir unser Verhalten an Vorbildern oder an Menschen orientieren, die uns ähnlich zu sein scheinen.

Auch bei der Preiswahrnehmung finden wir das Prinzip der sozialen Bewährtheit. Die deutsche Preisstudie 2009 von OC&C hatte ergeben, dass der Media Markt als günstiger wahrgenommen wurde als der Durchschnitt der Unterhaltungselektronikmärkte. Das reale Preisniveau lag jedoch über diesem Durchschnitt. Ganz offensichtlich orientieren sich die Kunden an dem Verhalten anderer Menschen, die ebenfalls vom günstigen Preis des Media Markts überzeugt sind.

Man kann die Macht der sozialen Netzwerke gar nicht hoch genug einschätzen. Die Empfehlungen anderer Kunden spielen besonders im Internet eine immer größere Rolle, wenn es um die Entscheidung für oder gegen ein Produkt geht. Immer wenn Qualität und Gebrauchswert diskutiert werden, rückt der Preis als Entscheidungskriterium in den Hintergrund.

Bei welchen Produkten und Dienstleistungen die soziale Bewährtheit eine Rolle spielt, lässt sich mithilfe der Neuromarketing-Instrumente EEG und fMRI ermitteln. Finden viele Menschen ein Produkt gut, wird dadurch ein entsprechender Anker gesetzt und die Wahrnehmung der Qualität bezieht sich dann auf einen neuen Referenzpunkt.

7.1.2 Dabei bleiben

Konsistenz ist die Bereitschaft, einmal getroffene Entscheidungen beizubehalten und zu wiederholen. Selbst wenn man feststellt, dass eine einmal getroffene Entscheidung nicht optimal war, neigt man eher dazu, Gründe zu suchen, die diese Entscheidung rechtfertigen, als sein Verhalten zu ändern.

Konsistenz ist die Tendenz, an einmal getroffenen Entscheidungen festzuhalten. Preissenkungen können unter diesem Gesichtspunkt kontraproduktiv sein.

Preissenkungen sind unter dem Gesichtspunkt der Konsistenz kontraproduktiv. Der frühere Chef der Werbeagentur Grey, Bernd Michael, brachte dies mit dem Satz „Wer zu früh kauft, den bestraft das Sonderangebot" auf den Punkt. Wer zu früh kauft, hat mit seiner Ungeduld einen Fehler gemacht. Dass neue Produkte nach der Markteinführung im Preis sinken, ist allerdings ein gemeinhin akzeptierter Effekt. Wer als Erster das neue iPhone besitzen möchte, ist auch durchaus bereit, dafür mehr zu zahlen.

Handelt es sich aber um Produkte mit einem niedrigen Involvement, kann es durchaus sein, dass Preissenkungen vom Kunden übel genommen werden. Da ist es besser, den Anfangspreis zu Beginn eines Produktzyklus als günstig darzustellen und Preiserhöhungen absehbar zu machen. Die Entscheidung der Kunden, ein Produkt zu einem späteren Zeitpunkt für einen höheren Preis zu kaufen, steht nämlich nicht im Widerspruch zum Konsistenzprinzip.

7.1.3 Die innere Haltung bestimmt den Verkaufserfolg

Dass Sympathie den Verkaufserfolg fördert, ist bekannt. Nicht umsonst werden prominente Persönlichkeiten in der Werbung eingesetzt, wenn man davon ausgeht, dass sie in der Zielgruppe einen Sympathiebonus haben. Aber auch bei Verkäuferinnen und Verkäufern spielt die Sympathie, die der Kunde entwickelt, eine große Rolle. Oft sind bestimmte Merkmale wie Geschlecht, Alter und Körpergröße ausschlaggebend, obgleich sie in der Regel nichts mit dem zu verkaufenden Produkt gemeinsam haben.

Der Kunde kauft lieber von Verkäufern, die ihm sympathisch sind.

Noch wichtiger sind aber die vom Kunden unbewusst wahrgenommenen Mikroausdrücke in der Mimik und Gestik des Verkäufers. Dies wurde besonders durch die Forschungsarbeit von Paul Ekman bestätigt. Ein für Bruchteile von Sekunden nach unten gezogener Mundwinkel bei der Verkäuferin kann den ganzen Erfolg eines Verkaufsgesprächs zerstören. Wahrscheinlich ist sich der Kunde nicht einmal bewusst, warum er plötzlich das Gefühl hat, mit seinen Wünschen nicht ernst genommen zu werden. Diese Fähigkeit, Mikroausdrücke wahrzunehmen, ist evolutionär bedingt und nicht zu kontrollieren. Es ist also wichtig, dass jeder Verkäufer gegenüber seinen Kunden eine positive Grundhaltung mitbringt.

7.1.4 Autorität braucht Substanz und äußere Form

Ähnlich wie mit der Sympathie verhält es sich auch mit der Autorität. Es gehört zu den evolutionären Grundmustern des Menschen, Autoritäten zu folgen — sei es nun der Arzt in einem weißen Kittel, der eine Leistung empfiehlt, die von der Krankenkasse nicht bezahlt wird, sei es die Weinempfehlung des Sommeliers in einem Restaurant oder die Beratung durch einen Baumarkt-Mitarbeiter beim Kauf eines Werkzeugs.

Autoritäten zu folgen, gehört zu den evolutionären Grundmustern des Menschen.

Autorität hat sehr unterschiedliche Wurzeln. Es kann die Kleidung ebenso sein wie die Körpersprache oder das präsentierte Fachwissen. Ein Arzt, der seine Patienten im Sommer in kurzen Hosen empfängt, wird weniger Autorität auf ältere Patienten ausstrahlen als jemand in weißem Kittel oder gar in grüner OP-Bekleidung. Ein Sommelier im Hawaii-Hemd kann vielleicht in bestimmten Restaurants teures Mineralwasser verkaufen, in anderen aber keinen Wein. Und einem Baumarkt-Mitarbeiter im Dress eines Bankers wird man nicht zutrauen, dass er selbst schon einmal mit dem Werkzeug gearbeitet hat.

Autorität beruht also sowohl auf Äußerlichkeiten wie auch auf Erfahrung und Können. Am besten ist es, wenn beides miteinander Hand in Hand geht. Einem Bekannten von mir ist vor langer Zeit einmal passiert, dass ein wortgewandter Jungverkäufer versuchte, ihm für das Diktiergerät Aufnahmekassetten zu verkaufen, die bei Videokameras eingesetzt werden. Der Verkäufer hatte offensichtlich absolut keine Ahnung, was der Kunde wollte und brauchte. Dass dann das Gespräch über den zweiten Wunsch, nämlich noch einen Flachbildfernseher zu kaufen, gar nicht erst zustande kam, ist leicht nachzuvollziehen.

7.1.5 Geschenke und Gegenleistungen

Die Reziprozität ist eine der am stärksten verbreiteten Normen der menschlichen Kultur. Jemand, der etwas bekommen hat, wird versuchen, sich dafür zu revanchieren, um nicht in einem dauerhaften Schuldverhältnis zu stehen. Hier spielen kostenlose oder verbilligte Probeabonnements eine ebenso große Rolle wie Probefahrten mit einem Neuwagen, Probierpackungen, die anderen Produkten beigefügt sind oder Probeverkostungen im Supermarkt.

Wer etwas geschenkt bekommt, wird versuchen, sich dafür zu revanchieren.

Die Reziprozitätsregel finden wir auch bei den meisten Formen der Verhandlung. Der Verkäufer ist bereit, dem Kunden mit einem Preis entgegenzukommen, allerdings nur unter der Voraussetzung, dass dieser sich für ein teureres Gerät entscheidet. Jede Form der Zurückweisung eines Angebots führt dazu, dass der Zurückweisende bei einer Variation des Angebots eher bereit ist, dieses anzunehmen. Daraus ergibt sich die klare Regel, dass ein anfangs hoher Preis nicht automatisch zu einem Nichtzustandekommen des Geschäfts führt, sondern die Verhandlungsbereitschaft des Käufers eher gefördert wird, wenn er zunächst einmal ablehnt.

7.1.6 Selten heißt teuer und umgekehrt

Das bekannteste Prinzip, um eine bestehende Kaufbereitschaft zu fördern, ist wohl das der Knappheit. Nicht umsonst gibt zum Beispiel Amazon seinen Kunden das Signal „Nur noch drei Stück auf Lager". Knappheit macht Produkte wertvoller und fördert die Angst, einen Verlust zu erleiden, indem man ein bestimmtes Produkt nicht bekommt. Bestimmte Armbanduhren von Rolex wurden und werden weit über dem empfohlenen Preis gehandelt, weil sie nur in geringer Stückzahl gefertigt wurden und entsprechend schwer erhältlich sind.

Knappheit macht Produkte begehrenswerter.

Tatsächlich weiß der Kunde nie, wie viele Exemplare eines Produkts tatsächlich bei einem Händler oder einem Lieferanten auf Lager sind. Selbst wenn es heißt, „Nur drei Stück auf Lager", muss das nicht bedeuten, dass dieses Lager am folgenden Tag nicht wieder gut gefüllt ist. Auch der Hinweis „Verkauf nur, solange der Vorrat reicht" hat nur dann Bedeutung, wenn der Händler nur einen einzigen Laden und keine weiteren Filialen hat.

Viele Ikea-Kunden haben die Erfahrung gemacht, dass in ihrem Ikea-Haus vor Ort ein bestimmtes Möbelstück ausverkauft war und erst in ein paar Wochen wieder eintreffen sollte, während es im Ikea-Haus am anderen Ende der Stadt durchaus in ausreichender Menge verfügbar war. Knappheit ist also ein sehr zweischneidiges Schwert. Mit Knappheit sollte ein Verkäufer immer nur dann argumentieren, wenn diese sich durch Stückzahlen, Lieferzeiten und gewünschtem Lieferzeitpunkt beim Kunden verifizieren lässt.

7.2 Wenn Geld auf Wirklichkeit stößt – Ohne Geld kein Preis

Warum nimmt Geld in unseren Köpfen eine Sonderstellung ein? Aus ökonomischer Sicht ist Geld nichts Besonderes. Es ist ein Zahlungsmittel. Genauer müsste man von einem Zwischentauschmittel sprechen, das es uns ermöglicht, Waren und Dienstleistungen zu erbringen oder zu erwerben, ohne direkte Tauschgeschäfte tätigen zu müssen. Mit Geld einzukaufen ist wesentlich einfacher, als wenn man jemanden suchen muss, der unser selbst gezüchtetes Gemüse gegen Nägel tauscht, die der Töpfer gern hätte, um uns dafür eine Schüssel zu geben, die wir schließlich beim Bäcker gegen Brot eintauschen.

Eine nur am Bedarf oder an Wünschen orientierte Tauschwirtschaft ohne Geld würde heute nicht mehr funktionieren. Unsere Gesellschaft mit ihrer Arbeitsteilung ist dafür inzwischen zu komplex. Dabei muss das Geld nicht unbedingt aus Scheinen und Münzen bestehen, wie die Zigarettenwährung der Nachkriegszeit gezeigt hat. Und im bargeldlosen Zahlungsverkehr existiert Geld ohnehin nur als Ziffernfolge im Computer. Selbst Payback-Sammelpunkte, Webmiles oder sonstige Wertsymbole, auf die wir uns geeinigt haben, sind eine Art Geld.

Geld ist außerdem noch eine Recheneinheit und ein allgemein verbindlicher Wertmaßstab. Allerdings hat Geld einen nominalen und einen realen Wert, was wir oftmals nicht berücksichtigen. Ökonomisch gesehen, ist Geld auch eine Art Speicher. Wir können Geld sparen und einen Vorrat an Kaufkraft anlegen. Dabei müssen wir allerdings aufpassen, dass die Inflation nicht die Kaufkraft auffrisst.

7.2.1 Geld als Symbol

Geld hat neben den ökonomischen Funktionen auch verschiedene symbolische Bedeutungen. Für manche Menschen ist es der alleinige Erfolgsmaßstab. Viel Geld zu verdienen und viel mehr Geld zu besitzen, als sie selbst für den aufwendigsten Lebensstil benötigen würden, ist für sie zum Selbstzweck geworden.

Dabei spielt es eigentlich keine Rolle, wie viel Geld sie haben, sondern nur, dass sie mehr haben als die Menschen, mit denen sie sich vergleichen. Insofern unterscheiden sie sich nicht von den allermeisten Normalbürgern. Sobald das, was wir für unsere Grundbedürfnisse halten, gedeckt ist, beginnt der Vergleich mit Nachbarn, Verwandten und Arbeitskollegen.

Verschiedene Studien haben gezeigt, dass die meisten Menschen es vorziehen würden, wenn sie 100.000 Euro besäßen und alle anderen nur 50.000, anstatt 200.000 Euro zu haben, aber die anderen hätten 300.000.

Beim Geld kommt es dem Menschen nicht auf die absolute Höhe an, sondern darauf, dass er mehr hat als die anderen.

Da wir uns unsere Kontoauszüge aber nicht einfach nur auf die Brust heften können, um andere Menschen zu beeindrucken, müssen wir das Geld wieder in andere, oft archaisch anmutende Statussymbole umwandeln. Die Urmenschen besaßen Steinäxte, die so groß waren, dass man sie zu nichts mehr gebrauchen konnte, außer sie als Statussymbol mit sich herumzuschleppen.

Mit Geld kann man sich Statussymbole leisten.

Für die meisten Deutschen ist Geld an sich kein Statussymbol, sondern eher Mittel zum Zweck. Geld ist mit der Lust verbunden, sich all das kaufen zu können, was man sich wünscht. Es dient dazu, sich Statussymbole leisten zu können, wie zum Beispiel ein teures Auto oder ein luxuriöses Haus. Nur für den Geizigen ist der Besitz von Geld ein Wert an sich und nicht mehr Mittel zum Zweck. Geiz ist eine übertriebene oder sogar zwanghafte Sparsamkeit, die sich einerseits darin äußert, nicht mit anderen Menschen teilen zu wollen, andererseits aber auch mit einer Abneigung gegen das Geldausgeben.

Während Sparen in unserer Gesellschaft als bürgerliche Tugend gilt, gehörte und gehört auch heute noch die demonstrative Verschwendung zu den Tugenden der Oberschicht. Thorsten Veblen, der 1899 das Buch „Theorie der feinen Leute" veröffentlicht hat, ist der Ansicht, dass das Verlangen nach Prestige das eigentliche Prinzip ist, das Menschen zum Handeln antreibt.

Dieses Prestige kann man laut Veblen einerseits durch demonstrativen Müßiggang und andererseits durch demonstrativen Konsum erreichen. Mit demonstrativem Müßiggang meint er nicht die Tatsache, dass man gar nichts tut, sondern dass man etwas tut, was nicht produktiv ist und trotzdem Geld kostet. Heute könnte man zum Beispiel bestimmte Sportarten wie Polospielen und Hochseesegeln dazu zählen. Demonstrativer Konsum zeigt sich heutzutage vor allem in überdimensionierten, luxuriösen Häusern, teuren Sportwagen und einer Vielzahl von teuren Markenprodukten, wie zum Beispiel Kleidung, Uhren und Schmuck. All dies darf nicht nur viel Geld kosten, sondern muss es auch, um seinen Zweck zu erfüllen.

Es gibt auch Produkte, die einfach teuer sein müssen.

Dabei spielt es keine Rolle, wie der hohe Preis gerechtfertigt wird. Viele Dinge sind nur einfach teuer, weil sie teuer sein müssen, um sich zu verkaufen. In Manhattan können Sie sich einen Hamburger aus dem Fleisch vom Kobe-Rind mit Trüffeln für 150 Dollar kaufen. Macht er Sie satter als einer für zwei Dollar?

Nein, aber vielleicht zufriedener. Zumindest so lange, bis Sie erfahren, dass es in einem anderen Restaurant diesen Burger mit Trüffeln und Goldflocken für 175 Dollar gibt und Ihr Kollege an der Wall Street ihn sich gerade in der Mittagspause geleistet hat. Aber keine Sorge, Sie können ihn schlagen mit einer Omelette, die mit Kaviar und Hummer belegt ist und nur schlappe 1.000 Dollar kostet. Die Gastronomen freuen sich über solche Kunden. Man kann keine besseren Geschäfte machen, als teure Produkte zu verkaufen, deren Sinn nur darin besteht, teuer zu sein.

Was hat es mit den Statussymbolen auf sich? Auch hier lohnt sich wieder ein Blick ins Tierreich und in die Evolution. Evolution basiert auf der Prämisse, dass die Gene in die nächste Generation kommen wollen. Dafür ist es wichtig, sich fortzupflanzen. Die Gehirne sind hierfür nur Mittel zum Zweck. Für die Männchen im Tierreich zeigen Statussymbole, dass man in der Lage ist, für den Nachwuchs zu sorgen und sicherzustellen, dass dieser wiederum seine Gene weitergibt. Diese Information macht Männer für Frauen interessant und erhöht wiederum die Fortpflanzungswahrscheinlichkeit. Beim Pfau ist das Rad das Statussymbol, beim Menschen das Auto. Nun erklärt sich auch, weshalb manche Produkte einfach teuer sein müssen.

7.2.2 Bei Geld setzt der Verstand aus

Wenn es um Geld geht, sind es nicht die für das rationale Denken zuständigen Hirnregionen, die die Führung übernehmen, sondern der alte, archaische Bereich, der für Emotionen und Triebbefriedigung zuständig ist. „Offenbar assoziieren wir Geld so sehr mit Bedürfnisbefriedigung, dass beides quasi identisch ist", sagt Prof. Armin Falk von der Universität Bonn. In seinem Neuroeconomics Lab zeigte er mithilfe der funktionellen Magnetresonanztomografie, dass ein höherer Nominalwert das Belohnungssystem stärker aktiviert und dem Gehirn mehr Befriedigung verschafft als ein niedriger, auch wenn die reale Kaufkraft sich nicht verändert.

Bei der Wahl zwischen zwei Geldbeträgen mit identischer Kaufkraft zieht das Gehirn den höheren Betrag vor.

Den Versuchspersonen wurde ein bestimmter Geldbetrag angeboten, mit dem sie ihren wöchentlichen Lebensbedarf bestreiten sollten. Sie sollten entscheiden, ob sie diesen Betrag haben wollten oder einen doppelt so hohen, wobei sich allerdings dann auch alle Preise verdoppeln würden. Das heißt, die reale Kaufkraft blieb absolut gleich. Trotzdem entschied sich die Mehrheit der Probanden für den höheren Nominalbetrag, der offensichtlich ein besseres Gefühl und mehr Befriedigung erzeugte.

Unser Belohnungssystem kann einfach nicht mit Geld umgehen. Es schätzt den nominalen Wert höher ein als den realen, es erliegt also der Geldillusion. Von Geldillusion sprechen die Wirtschaftswissenschaften im Allgemeinen, wenn die Inflation nicht wahrgenommen wird. Das heißt, wenn Menschen annehmen, ihr Geld habe auf Dauer den gleichen Wert.

Dieser Effekt tritt besonders häufig im Bereich von Finanzprodukten auf. Wenn der Kunde eine Lebensversicherung abschließt, freut sich sein Gehirn über die hohe Versicherungssumme und er überlegt nicht, welche Kaufkraft dieser Betrag in 30 Jahren haben wird. Genauso ist es bei allen anderen Anlageprodukten, ob kurzfristig oder für die Altersvorsorge gedacht. Auch Immobilienbesitzer erliegen der Geldillusion, wenn sie davon ausgehen, dass der Wert ihrer Immobilie beständig steigen wird.

Nicht nur bei der Geldanlage kommt die Geldillusion zum Tragen, sondern auch bei der Kreditnahme. Wer kennt sich wirklich aus mit dem Unterschied zwischen dem effektiven und dem nominalen Zinssatz? Unser Belohnungssystem tut das nicht.

Preise werden gefühlt und nicht gerechnet.

Außerdem ist das Belohnungssystem nicht dafür gemacht, konkret zu rechnen, sondern eher mehr oder weniger unscharfe Wertschätzungen vorzunehmen. Preise werden deshalb oftmals gefühlt und nicht gerechnet.

7.2.3 Geld wird vom Gehirn codiert

Geld ist ein Phänomen, das im Kopf des Menschen auf höchst komplexe Weise behandelt wird. Es kommt nicht nur darauf an, wie viel Geld jemand hat oder in der Zukunft haben wird, sondern auch darauf, woher dieses Geld stammt und wie es ausgegeben wird. Jede Geldsumme, die ein Mensch einnimmt, die er besitzt oder ausgibt, wird mit einem ganz bestimmten Code versehen, der über die gesamte Dauer der Verfügbarkeit dieses Gelds aktiv ist.

Wie der Mensch mit Geld umgeht, hängt davon ab, wie er dazu gekommen ist.

1.000 Euro, für die man hart gearbeitet hat, werden anders betrachtet als 1.000 Euro, die man geschenkt bekommen oder im Lotto gewonnen hat. 1.000 Euro, die man als Schwarzgeld vor dem Fiskus beiseite geschafft hat, sind etwas anderes als 1.000 Euro aus einer Erbschaft.

Man legt das Geld je nachdem, wie es codiert ist, anders an oder gibt es auch anders aus. Das alles lässt sich im Rahmen der sozialwissenschaftlichen Forschung belegen. Ererbtes Geld wird eher zu niedrigen Zinsen angelegt, als zur Tilgung eines Dispositionskredits mit hohen Zinsen eingesetzt. Denn es entscheidet nicht der ökonomische Verstand, sondern das Gefühl.

Ebenso sind Besitzer von Schwarzgeld eher für riskante Geldanlagen zu haben. Das geschieht nicht etwa, weil sie sich ohnehin außerhalb der Rechtsordnung bewegen. Viele Steuerhinterzieher sind ja durchaus solide Bürger, die niemandem außer dem Staat etwas wegnehmen würden. Vielmehr besitzt das Schwarzgeld offenbar eine Codierung, die es leichter macht, auch seinen Verlust zu ertragen.

Es ist also für die Verkäufer von Finanzprodukten durchaus interessant, in Erfahrung zu bringen, aus welchen Quellen das Geld ihrer Kunden stammt, um ihnen dann die Angebote machen zu können, die der „Codierung" des Gelds am ehesten entsprechen und für die Verkäufer die höchste Rendite abwerfen.

Die Codierung des Gelds gilt natürlich auch für zukünftige Einnahmen, wenn man zum Beispiel in Erwartung einer Erbschaft oder einer fälligen Kapitallebensversicherung größere Ausgaben tätigt, die man sich sonst sorgfältiger überlegt hätte.

Wie wir die Stärken und Schwächen des Gehirns nutzen können

Zum Beispiel wird der Kauf eines Feriendomizils, sei es in Spanien oder Schweden, durchaus weniger „Kopfschmerzen" bereiten, wenn man erwartet, den damit verbundenen Kredit durch Geld abzulösen, für das man nicht gearbeitet hat, sondern das „von allein" kommt.

7.2.4 Die besondere Macht des Bargelds

Bargeld in Form von Münzen und Geldscheinen wird vom Gehirn ganz anders wahrgenommen als sogenanntes Buchgeld auf dem Bankkonto. Das eine existiert real, es ist eine Sache, die man im wahrsten Sinne des Wortes „begreifen" kann. Das Geld auf dem Konto ist nur eine Reihe von Ziffern. Wenn man mit Bargeld bezahlt oder auch bezahlt wird, wird das als ein sinnlicher Akt empfunden.

Bezahlen mit Bargeld wird als sinnlicher Akt empfunden.

Der Verlust ist real sichtbar, denn man gibt etwas weg. Wenn man sich von realem Geld trennt, wird das Schmerzzentrum im Gehirn stärker aktiviert, als wenn man mit einer EC-Karte bezahlt und den Kaufakt nur mit einer Unterschrift oder der Eingabe einer Geheimzahl und ihrer Bestätigung beschließt.

Insofern ist es nicht verwunderlich, dass man heute auch bei Discountern wie Aldi oder Lidl mit EC-Karte bezahlen kann. Das Einkaufen und besonders das Mehrkaufen als ursprünglich beabsichtigt wird den Kunden auf diese Weise viel leichter gemacht. Der EC-Karte sieht man eben einfach nicht an, wie viel man ausgegeben hat, dem leeren Portemonnaie schon.

Allerdings wenden routinierte Käufer den „Bargeldtrick" auch umgekehrt an. Das funktioniert natürlich nicht in Supermärkten oder anderen Großmärkten, aber bei Einzelhändlern, mit denen man über den Preis verhandeln kann, schon. Der Käufer unterstreicht sein Preisangebot dadurch, dass er das Geld in der von ihm beabsichtigten Höhe bar auf den Tisch legt. Am besten hat er sein Geld in verschiedenen Brieftaschen und Portemonnaies verteilt, sodass er dem Verkäufer auch gleich noch zeigen kann, dass mehr bei ihm nicht drin ist.

Bezahlen mit Bargeld erleichtert dem Verkäufer die Trennung von der Ware.

Hier wird durch das Bargeld im Gehirn des Verkäufers das Belohnungssystem angeknipst. Er hat wie Dagobert Duck plötzlich Dollarzeichen in den Augen. Das Schmerzzentrum, das durch die Trennung von der Ware angesprochen wird, zeigt wesentlich geringere Aktivitäten als das Belohnungssystem.

Wir wissen ja, dass Verluste in der Regel stärker schmerzen, als Gewinne begeistern. Doch wenn hier das Bargeld so greifbar vor einem liegt, dürften die Chancen für den Käufer auf einen günstigen Abschluss deutlicher gestiegen sein, als wenn er nur mit seiner EC-Karte oder Kreditkarte wedelt.

7.2.5 Geld macht unsozial – Wie Geldsymbole den Kunden beeinflussen

Bei der Erforschung dessen, wie sich Menschen beim Verarbeiten eines nachfolgenden Reizes durch einen vorhergehenden Reiz beeinflussen lassen, dem sogenannten Priming, hat man natürlich auch die Wirkung von Geld auf das Verhalten untersucht. Die Haupterkenntnis war, dass Geldsignale egoistisches und egozentrisches Verhalten fördern.

Studenten, die eine Weile auf ein Bild mit Münzen verschiedener Währungen geblickt haben, brauchten im anschließenden Versuch bis zu 70 Prozent mehr Zeit, um bei der Lösung eines komplizierten Problems um Hilfe zu bitten, und wendeten nur halb so viel Zeit auf, anderen zu helfen, wenn diese sie um Hilfe baten.

Geldsignale fördern egoistisches und egozentrisches Verhalten.

Wer sich intensiv mit Geld und Geldsymbolen befasst hatte, zog es danach vor, sowohl allein zu arbeiten als auch seine Freizeit ohne andere Menschen zu verbringen. In einem Dialogexperiment rückten diese Testpersonen auch deutlich weiter von ihren Gesprächspartnern ab als diejenigen, die sich gedanklich nicht auf Geld fixiert hatten. Man konnte also mit einem Zentimetermaß die Wirkung des Geldes auf die Distanz zwischen den Menschen messen.

Geld schafft aber nicht nur eine Distanz zwischen den Menschen, es fördert auch den Wunsch nach Unabhängigkeit. Man möchte nicht von anderen abhängig sein, aber man möchte auch nicht, dass andere von einem selbst abhängig sind.

Die Erfahrung lehrt uns, dass man mit Geld vieles, aber längst nicht alles bezahlen kann. Es gibt neben der ökonomischen auch noch so etwas wie eine soziale Währung. Die meisten Menschen sind durchaus bereit, anderen zu helfen, ohne dafür eine finanzielle Gegenleistung zu erwarten. Sie akzeptieren Dankbarkeit, auch wenn diese mit einem Geschenk verbunden ist. Aber alles, wofür ein Preis vereinbart wurde, wird nach ökonomischen Regeln abgewickelt und nicht mehr nach sozialen.

In einem Experiment von Dan Ariely stand ein junger Mann neben seinem Lieferwagen vor einem Hauseingang. Er bat verschiedene Passanten, ihm dabei zu helfen, ein unhandliches Möbelstück im Treppenhaus nach oben zu tragen. Die meisten waren bereit, ihm zu helfen. Ebenso war es auch, wenn es um ein zweites Möbelstück ging. Wenn er ihnen einen Schokoriegel nach dem Tragen des ersten Möbelstücks als kleines Zeichen der Dankbarkeit anbot, nahmen sie diesen auch gern an. Wenn der junge Mann aber von vornherein eine Geldsumme für das Tragen des Tisches anbot, lehnten die meisten Passanten ab.

Ganz offensichtlich ist es so, dass Geld und seine Symbole das Gehirn in seinen Entscheidungen vom sozialen System mit seinen Eckpunkten Hilfsbereitschaft, Einfühlungsvermögen und Fairness auf das Marktsystem mit den Eckpunkten Egoismus, Vorteilsnahme und soziale Kälte umschalten. Und in der Regel ist ein Wechsel zurück ins soziale System nicht mehr möglich.

Wenn Geld ins Spiel kommt, wechseln die Menschen vom sozialen System ins ökonomische.

Geld und seine Symbole macht uns alle zu Ebenbildern des Ebenezer Scrooge, den Charles Dickens in seiner Weihnachtsgeschichte so treffend beschrieben hat und den die Geister von drei Weihnachtsfesten einer harten Gehirnwäsche unterzogen, um aus ihm wieder einen anständigen Menschen zu machen.

Was bedeutet das für die Praxis? Geldsymbole sollten in der Werbung nur dann verwendet werden, wenn es um Produkte geht, die der Selbstdarstellung der Kunden oder ihrem Eigennutz dienen. Lebensversicherungen, die nur der Versorgung der Hinterbliebenen dienen, lassen sich mit Geldsymbolen nur schlecht verkaufen. Kapitallebensversicherungen, die das eigene Alter angenehmer werden lassen, schon eher.

Geldsymbole eignen sich nur für die Werbung für Produkte, die der Selbstdarstellung oder dem Eigennutz des Kunden dienen.

Geldsymbole sind für preiswerte Family Vans, in denen nicht nur Frau und Kinder, sondern auch noch die Eltern und der Hund mitfahren können, absolut ungeeignet. Ein zweisitziger Sportwagen lässt sich damit schon besser verkaufen. Und in einer Werbung für die Aktion Mensch, in deren Lotterie man ja nicht nur selbst, sondern auf jeden Fall alle gewinnen sollen, haben Geldsymbole nun überhaupt nichts verloren. Deshalb werden die Gewinne in den Hintergrund gerückt und der Slogan „Das Wir gewinnt" in den Vordergrund gestellt.

Wenn der Kunde ein Geschenk kaufen soll, ob nun zu Weihnachten oder zum Muttertag, sind Geldsymbole ebenfalls kontraproduktiv. Geschenke sind Teil des sozialen Systems und nicht des ökonomischen.

7.2.6 Viel Geld macht nicht unbedingt glücklich

Daniel Kahneman hat in seinem neuen Buch „Schnelles Denken, langsames Denken" auch auf den Zusammenhang von Geld und Glück hingewiesen. In den USA hat die Höhe des Gehalts zumindest ab einer gewissen Schwelle keinerlei Einfluss mehr auf das erlebte Glück. Diese Schwelle liegt in wohlhabenden Gegenden bei einem Haushaltseinkommen von etwa 75.000 Dollar. In den meisten anderen Ländern wird diese Schwelle abhängig vom allgemeinen Lebensstandard meist niedriger und nur selten höher liegen.

Nur bis zu einer gewissen Einkommenshöhe macht Geld glücklich.

Wer mehr Geld als den Schwellenwert verdient, wird nicht mehr glücklicher werden. Zwar wächst die Zahlungsbereitschaft mit der Höhe des frei verfügbaren Einkommens, das Geld sitzt also lockerer, aber der Kauf von teuren Dingen zu hohen Preisen dient eher der Selbstbestätigung als der Zunahme des Glücks.

Wirklich teure Dinge können also gar nicht teuer genug sein, solange es Menschen gibt, die über die Mittel verfügen, sie zu bezahlen. Wahrscheinlich verschiebt sich bei diesen reichen Leuten, HNWIs (High Net Worth Individuals) genannt, ganz einfach das Adaptationsniveau für Preise.

Mit dem Reicher- oder Ärmer-Werden ändert sich das Adaptationsniveau für Preise.

Zu den HNWI werden alle die Menschen gezählt, die mindestens eine Million US-Dollar zur freien Verfügung haben. Weltweit gab es im Jahr 2010 10,9 Millionen HNWIs mit einem Gesamtvermögen von 42,7 Billionen US-Dollar, heißt es im World Wealth Report 2011 von Merrill Lynch Global Wealth Management und Capgemini. Gemessen an der Zahl der HNWIs steht Deutschland mit rund 924.000 weltweit an dritter Stelle nach den USA mit 3,104 Millionen und Japan mit 1,739 Millionen. Zusammen leben dort also 53 Prozent aller weltweiten HNWIs.

Bei einem Normalbürger gilt ein Auto, das so viel kostet wie ein Einfamilienhaus, als zu teuer. Bei den Menschen, die über viel Geld verfügen, ist der Preis eines Rolls Royce gerade einmal so hoch wie der ihres Sportboots, mit dem sie vom Hafen zu ihrer auf der Reede ankernden Jacht fahren. Und ihr Privatjet kostet wiederum nur einen Bruchteil dieser Jacht. Die Mechanismen sind in den Köpfen der Reichen eben nicht anders als in den Köpfen der Normalbürger, nur ist das Bankkonto besser gefüllt.

7.2.7 Warum Kaufen glücklich macht

Solange das Kaufen nur der Befriedigung fundamentaler Bedürfnisse dient, kann man sicherlich davon ausgehen, dass es nicht besonders glücklich macht. Dies wäre nur der Fall, wenn der Mensch kaum Geld zur Verfügung hat. Diese Bedürfniskäufe spielen in unserer heutigen Gesellschaft aber eine immer geringere Rolle. Kaufen ist vielmehr Ausdruck des Lebensgefühls geworden. Es heißt auch nicht mehr „Kaufen", sondern „Shoppen" und gehört für Millionen von Menschen zu ihren liebsten Freizeitbeschäftigungen.

Kaufen macht glücklich, weil es unser Belohnungssystem aktiviert.

INFOKASTEN: Wichtige Gehirnareale und ihre Funktionen

Großhirn:
Das Großhirn ist der Länge nach in zwei Hälften und durch quer verlaufende Furchen in vier Hirnlappen untergliedert: Stirnlappen (frontaler Cortex), Scheitellappen (parietaler Lappen), Hinterhauptlappen (okzipitaler Lappen) und Schläfenlappen (Temporallappen). In den hinteren drei Lappen (okzipital, parietal, temporal) findet großteils Wahrnehmung statt. Hier wird gesehen, Sprache verstanden, gehört, Aufmerksamkeit zugewiesen und es werden Gedächtnisschleifen aktiviert. Der Frontallappen, der beim Menschen fast die Hälfte des Gehirns umfasst, ist für Sprechen, Motorik, Handlung und Planung zuständig.

Präfrontaler Cortex:
Der präfrontale Cortex ist Teil des Frontallappens. Er ist das oberste Kontrollorgan für Entscheidungen und eine der Situation angemessene Handlungssteuerung. Hier laufen alle wichtigen Informationen zusammen, neben den zu verarbeitenden sensorischen Signalen Informationen über den emotionalen Zustand und aus dem Belohnungssystem. Das alles wird mit Gedächtnisinhalten zusammengeführt. Außerdem reguliert der präfrontale Cortex emotionale Prozesse, er ist für die Strategieentwicklung und Langzeitplanung zuständig sowie dafür, dass soziale Normen beachtet werden.

Amygdala:
Die Amygdala, auch Mandelkern genannt, befindet sich paarweise im medialen Teil des Temporallappens. Sie ist wesentlich an der Entstehung der Angst beteiligt und allgemein für die emotionale Einfärbung von Informationen zuständig, die sie aus sämtlichen Sinnessystemen erhält. Die Amygdala verarbeitet externe Impulse, führt zur Freisetzung von Stresshormonen und beeinflusst das vegetative Nervensystem, dessen Aktionen als Gefühle wieder auf das Gehirn zurückwirken.

Nucleus accumbens:
Der Nucleus accumbens spielt eine besondere Rolle im Belohnungssystem, da er entscheidend an Glücksgefühlen, Lachen, aber auch an Sucht beteiligt ist. Er gehört zum limbischen System, das für die Entstehung von Emotionen und für das Gedächtnis wichtig ist. Das limbische System lässt sich nicht an einer bestimmten Stelle lokalisieren, sondern bezieht sich auf das Zusammenwirken verschiedener Hirnareale.

Produkte, die hohes soziales Prestige versprechen, aktivieren besonders die sogenannte Brodmann-Region 10. Dieses Areal liegt im präfrontalen Cortex, gleich hinter der Stirn. Hirnscans der funktionellen Magnetresonanztomografie haben gezeigt, dass dieser Bereich besonders gut durchblutet ist, wenn es um Produkte geht, die das Selbstbewusstsein stärken und dem Menschen Identität verleihen. Dazu gehören vor allem Markenprodukte, mit denen wir unseren Mitmenschen zeigen können, dass wir uns etwas leisten können.

Der Kauf von Markenprodukten kann auf das Gehirn durchaus ähnlich wirken wie Suchtmittel. Beim Kauf setzt unser Belohnungssystem Dopamin frei, das uns einen Kick versetzt. Kurz danach fällt man in ein Loch, also will man mehr kaufen. Und je weniger Selbstbewusstsein man hat, desto abhängiger wird man von den Marken.

Selbst im Anlagegüterbereich spielt das Prestige, das die Güter versprechen, eine herausragende Rolle. Warum legen Unternehmen bzw. ihre Chefs so viel Wert auf die prunkvolle Gestaltung ihrer Firmensitze? Warum lassen sich Banken Prachtbauten und Paläste errichten? Rational zu begründende Zweckbauten findet man im Bankenviertel der Frankfurter City ebenso selten wie unter den neuen Firmenzentralen in Berlin.

7.3 Kunden haben keine Ahnung vom Wert der Produkte

William Poundstone schreibt in „Priceless": „In der neuen Preispsychologie sind die Werte schlüpfrig und kontingent, so verschwommen wie die Bilder in einem Jahrmarkt-Spiegelkabinett." Die klare Botschaft der Verhaltensökonomie lautet: Kunden haben letztlich keine Ahnung, was etwas wert ist und was sie in der Folge dafür zu zahlen bereit sein sollten. Sie bewerten ein Angebot nicht selten aufgrund einer Mischung aus Zufall und Willkür.

Je weniger ein Produkt verstanden wird, desto wichtiger wird die Beziehung zwischen Käufer und Verkäufer und desto wichtiger werden Anker. Blättern Sie doch einmal die Prospekte großer Elektronik-Fachmärkte durch und vergleichen Sie die Angebote zwischen den verschiedenen Fernsehern. Verstehen Sie die Leistungsmerkmale der unterschiedlichen Geräte und welche Auswirkung sie auf den Preis haben? Die meisten Kunden tun dies nicht. Für sie sind die Größe des Bildschirms und der Preis des Fernsehers die beiden einzig verständlichen Angaben.

Kunden bewerten Produkte und Dienstleistungen meist zufällig und abhängig von der Situation.

In einer Welt, in der die Menschen nicht verlässlich wissen, was sie mögen, werden sie auch nicht in der Lage sein, den Wert einer Ware und ihren Preis verlässlich einzuschätzen. Der MIT-Verhaltensökonom Dan Ariely nennt dies „kohärente Arbitrarität". Damit bezeichnet er Inseln vernünftigen und schlüssigen (kohärenten) Verhaltens in einem Ozean der Willkür (Arbitrarität).

Menschen bewerten Waren und Erfahrungen zunächst eher zufällig und abhängig von der jeweiligen Situation. Das ist der schwache Punkt, an dem sie entsprechend beeinflussbar sind. Haben sie sich aber erst einmal für eine bestimmte Bewertung entschieden oder an einen bestimmten Preis gewöhnt, sind ihre weiteren Bewertungen durchaus schlüssig. Hier wurde also ein Anker gesetzt.

Der Mensch tendiert dazu, an einer einmal getroffenen Bewertung festzuhalten bzw. sich in nachfolgenden Entscheidungen schlüssig zu verhalten.

Bei dem Preis für ein Brot kann jeder Käufer auf seine Erfahrungen vom Vortag, von der Vorwoche oder auf das vergangene Jahr zurückgreifen. Er kann aber auch Überlegungen anstellen, welchen Materialwert das Brot hat und wie viel Arbeitszeit aufgewendet wurde.

Kunden haben keine Ahnung vom Wert der Produkte

Bei anderen Produkten, wie zum Beispiel Pauschalreisen, Strompreisen oder Mobilfunktarifen haben Nichtfachleute überhaupt keine Vorstellungen davon, wie die Kostenseite für Flug, Hotel und Bewirtung im jeweiligen Urlaubsland aussieht, wie und wo der Strom, der aus der Steckdose kommt, erzeugt wurde und welche Kosten der Betreiber eines Mobilfunknetzes hat. Jeder Anbieter wird sich auch hüten, seine Kunden über die Kosten aufzuklären.

Eine wichtige Erkenntnis von Ariely war auch, dass sich ein Kaufakt der Vergangenheit in der Zukunft viel einfacher wiederholen lässt. Wenn der Kunde einmal Geld für etwas ausgegeben hat, kann es durchaus sein, dass er nicht mehr weiß, warum er das tat, aber zumindest unbewusst ist die Erinnerung da, dass er es getan hat. Der Käufer unterstellt dann, dass er selbst aus einem guten Grund so gehandelt haben wird. Wahrscheinlich weiß er nicht mehr, warum, aber das spielt auch keine Rolle.

Wenn der Kunde ein Produkt schon einmal gekauft hat, fällt ihm der Kauf beim zweiten Mal leichter.

Wichtig ist, dass man etwas kennt, wenn man es ein zweites Mal und dann immer wieder kauft. Der Kunde bewegt sich dann in eingefahrenen Bahnen. Diese Wiederkaufrate ist für den Handel und für die Hersteller bei der Einführung neuer Produkte von größter Wichtigkeit. Dass einmal etwas gekauft wird, weil das Label „neu" draufsteht, gehört zur Neugier des Menschen. Genauso gut, wie sich dann positive Erfahrungen in Wiederkäufen niederschlagen, sind es aber auch negative Erfahrungen, die in Zukunft das Schmerzzentrum aktivieren. Kein Wunder also, dass viele neue Produkte schnell wieder vom Markt verschwinden.

INFOKASTEN: Kognitive Verzerrungen

Hier finden Sie eine Auswahl relevanter kognitiver Verzerrungen, die die Preiswahrnehmung und Kaufentscheidung beeinflussen:

Anchoring Effect (Ankereffekt):
Menschen werden bei bewusst gewählten Zahlenwerten von aktuellen Umgebungsinformationen beeinflusst, ohne dass ihnen dieser Einfluss bewusst ist.

Attentional Bias (Aufmerksamkeitseffekt):
Tendenz, bei Entscheidungen die Aufmerksamkeit nur auf bestimmte Reize zu richten und relevante Daten zu missachten.

Bandwagon Effect (Herdentrieb):
Tendenz, das zu tun, was viele andere auch tun.

Confirmation Bias (Bestätigungsfehler):
Tendenz, Informationen so auszuwählen und zu interpretieren, dass diese die eigenen Erwartungen erfüllen.

Contrast Effect (Kontrasteffekt):
Tendenz, etwas höher oder niedriger zu bewerten, wenn man es mit einem gleichzeitig betrachteten, dazu in Kontrast stehenden Objekt vergleicht.

Decoy Effect (Ködereffekt):
Die Präferenzen für zwei Objekte ändern sich, wenn ein drittes Objekt vorhanden ist.

Denomination Effect (Stückelungseffekt):
Tendenz, mehr Geld auszugeben, wenn man mit kleineren Scheinen oder Münzen bezahlt.

Distinction Bias (Bewertungsverzerrungen):
Wenn zwei Optionen gleichzeitig bewertet werden, erscheinen die Unterschiede zwischen ihnen größer, als wenn sie getrennt bewertet werden.

Endowment Effect (Besitztumseffekt):
Tendenz des Menschen, Güter, die er besitzt, überzubewerten bzw. höher zu bewerten als solche, die ihm nicht gehören.

Framing Effect (Einrahmungseffekt):
Unterschiedliche Formulierungen ein und derselben Botschaft beeinflussen das Verhalten des Empfängers unterschiedlich.

Hyperbolic Discounting (Zukunftsabschlageffekt):
Präferenz für sofortige Bezahlung oder Belohnungen gegenüber späteren. Dabei werden Zeitunterschiede anders bewertet, wenn man sie in die Zukunft verschiebt.

Loss aversion (Verlustaversion):
Der Schmerz, ein Gut abzugeben, ist größer als der mit einem Kauf verbundene Nutzen.

Money Illusion (Geldillusion):
Tendenz, sich auf nominale Werte zu konzentrieren statt auf reale.

Monetary Magnitude (Geldsummenirrtum):
Bei Aufteilung in kleinere Zahlungsströme wird der Preis als geringer wahrgenommen.

Payment Decoupling (Zahlungsentkopplungseffekt):
Die physische Trennung von Zahlung und Kauf bewirkt, dass der Preis insgesamt weniger wahrgenommen wird.

Payment Depreciation (Entwertungseffekt):
Frühere Ausgaben werden mental abgeschrieben.

Payment Transparency (Zahlungstransparenzeffekt):
Das Zahlungsmittel beeinflusst die Preiswahrnehmung.

Pain of Paying (Zahlungsschmerz):
Es ist grundsätzlich für den Menschen schmerzhaft, sich von einem Teil seines Gelds oder Vermögens zu trennen.

Post-purchase Rationalization (Nachträgliche Begründungstendenz):
Tendenz, getätigte Käufe im Nachhinein mit rationalen Argumenten zu begründen.

Status quo Bias (Bestandsillusion):
Präferenz für das Bestehende.

Sunk-Cost Effect (Rückschaueffekt):
Berücksichtigung bereits getätigter Ausgaben bei aktuellen Kaufentscheidungen.

7.3.1 Mental Accounting – Viele Gewinne, wenig Verlust

Nach der Theorie des Mental Accounting hat jeder Kunde bei Kaufentscheidungen mehrere Konten im Kopf, bei denen er den Nutzen als Gewinn und die Zahlung als Verlust verbucht. Ein hoch differenziertes Angebot besteht für jeden Kunden aus mehreren Gewinnen, aber eben auch aus mehreren Verlusten. Bietet man ihm jedoch einen Bündelpreis an, dann steht mehreren Gewinnen nur ein einziger Verlust gegenüber. Das macht solche Bündel attraktiv.

Dieses Prinzip wird zum Beispiel bei Fernsehverkaufssendungen angewandt. Der Kunde erhält ein Produkt zu einem bestimmten Preis und dazu mehrere Gratisprodukte, für die er nichts zu bezahlen braucht. Wenn er die Kaufmenge verdoppelt, erhält er in der Regel noch einmal einen Rabatt, den er wiederum als Gewinn verbuchen kann. Unter dem Strich entsteht so also der Eindruck, viele Gewinne erhalten zu haben und nur zwei Verluste.

Bei den sogenannten Shop-in-Shop-Systemen war und ist es auch heute gelegentlich noch üblich, dass bei jedem Shop getrennt bezahlt werden muss. Beim Markenshop für Krawatten bezahlte man, beim Markensockenshop bezahlte man, bei den Markenpullovern wieder und natürlich auch bei der Parfümerie. Diese Aneinanderreihung von verschiedenen einzelnen Zahlungsvorgängen führte dazu, dass das Bezahlen bei der internen Kontoführung aufaddiert wurde und der Kunde irgendwann aufhörte einzukaufen, weil er unbewusst das Gefühl hatte, nun sei es genug.

Inzwischen ist es meist so, dass man wie im Supermarkt die in den verschiedenen Shops gekauften Produkte in einem Körbchen sammelt und nur noch ein Mal an einer Zentralkasse bezahlt. Die Umsätze bei diesem System stiegen erkennbar für alle daran beteiligten Shops. Es ist also wichtig, den Kunden so viele Dinge wie möglich kaufen zu lassen und ihn dabei so selten wie möglich zur Kasse zu bitten.

Wenn der Kunde mehrere Produkte kaufen soll, muss man ihn so selten wie möglich zur Kasse bitten.

7.3.2 Anker dienen als Entscheidungshilfe

Um schnellere und bessere Entscheidungen zu treffen, nutzt das Gehirn den sogenannten Ankereffekt. Als Anker kann man jede Art von Vorwissen bezeichnen, das sich als unbewusster Bezugspunkt für eine Entscheidung eignet, die unter Ungewissheit getroffen werden muss. Diese Anker sind nicht nur Zahlen oder Preise, sondern alle Formen von Aussagen oder Informationen, die zur Verfügung stehen. Das Gehirn ist unbewusst ständig auf der Suche nach Ankern, denn sie sind Abkürzungen in komplizierten Denkprozessen.

Anker wirken unbewusst, können aber bewusst gesetzt werden.

Wie leicht es ist, einen Anker zu setzen, zeigen immer wieder verhaltensökonomische Experimente. So ließ Ariely Studenten die Preise für Pralinenschachteln, Computermäuse und Weinflaschen schätzen. Allerdings durften sie ihren Schätzpreis erst nennen, nachdem sie sich die letzten beiden Ziffern ihrer Sozialversicherungsnummer bewusst gemacht hatten. Die Sozialversicherungsnummer ist in den USA für jeden Bürger fast noch wichtiger als sein Geburtsdatum.

Diejenigen, bei denen die beiden Endziffern dieser Nummer zwischen 50 und 99 lagen, schätzten die Preise anschließend signifikant höher ein als diejenigen, deren Nummer zwischen 01 und 49 endete. Besonders stark kam dieser Effekt bei Produkten zum Tragen, deren Preisspanne auf dem Markt besonders groß und der Preis daher schwer zu schätzen ist. So wurde beispielsweise der Preis für eine Flasche Cotes du Rhone von der einen Gruppe fast doppelt so hoch eingeschätzt wie von der anderen.

Vergleichs- oder Referenzpreise sind Anker, die vom Kurzzeitgedächtnis zur Verfügung gestellt werden. Es kann dabei aber auch um Qualität oder Größe gehen.

Andere Anker werden erinnert. Wie sagte der Opa Hoppenstedt bei Loriot? „Früher war mehr Lametta." Viele Anker beziehen wir also aus der Erinnerung. Eine Riesenbockwurst muss größer sein als die Bockwurst, an die wir uns erinnern, als wir das letzte Mal bei einem Imbiss waren. Und genauso erwarten wir, dass in einer XXL-Verpackung mehr drin ist als in einer normalen, auch wenn wir in diese Verpackung nicht hineinsehen können.

Auch die Begriffe Fairness oder Unfairness wirken wie Anker, obwohl jeder vielleicht etwas unterschiedliches darunter versteht.

7.3.3 Die Bauchentscheidungen werden im Kopf gefällt

Kunden leiden heute weniger an einem Informationsmangel als unter einem Informationsüberfluss. Sie wählen deshalb Vereinfachungsstrategien (Heuristiken), um das Preisniveau der verschiedenen Anbieter besser einschätzen zu können.

Grundsätzlich werden die Kunden zwei unterschiedliche Heuristiken anwenden. Die eine ist die Rekognitions-Heuristik, die auf dem „Wiedererkennen" beruht, und die andere ist die sogenannte Cue-Heuristik, die dazu dient, nach guten Gründen für eine Entscheidung Ausschau zu halten.

Bei der Rekognitions-Heuristik geht es wirklich nur darum, etwas wiederzuerkennen. Es kommt nicht darauf an, sich an bestimmte Eigenschaften zu erinnern oder einen Wissenshintergrund zu haben. Ein schlichtes „Das kenne ich" reicht aus, um ein Produkt unter anderen, „Die kenne ich nicht", auszuwählen. Natürlich spielen dabei Marken und Symbole sowie unbewusst gespeicherte Präferenzen eine Rolle.

Jemand, der zum Beispiel eine Affinität zu Nestlé-Produkten hat, wird auch ein neues Nestlé-Produkt eher kaufen als ein neues von der Konkurrenz Kraft. Natürlich können auch bestimmte Eigenmarken des Handels die Wiedererkennung fördern und die Entscheidung beeinflussen.

Die Suche nach Gründen ist etwas komplexer. Aber auch sie erfolgt aus der Intuition heraus, ohne dass der Entscheider sich darüber im Klaren ist, warum er eine bestimmte Heuristik wählt. Ein guter Grund, eine bestimmte Entscheidung zu treffen, beruht auf einer sozialen Heuristik, die da lautet: „Mach das, was die anderen tun." Man orientiert sich also am Verhalten anderer. Im Zweifelsfall schaut man, welche Produkte andere Kunden in ihren Einkaufswagen gelegt haben.

Eine andere Überlegung zu dieser sozialen Heuristik, die sich an anderen orientiert, ist die Frage: Was hätte mein Vater bzw. meine Mutter gewählt? Bei dieser Heuristik spielen also sowohl soziale Bewährtheit als auch Autorität eine Rolle.

Die Suche nach Gründen für eine bestimmte Entscheidung kann aber auch auf dem „One Reason Decision-making" beruhen, das der Regel „Take the Best" („Nimm das Beste") folgt. Hier sucht man nach einem einzigen guten Grund, sich für ein bestimmtes Produkt zu entscheiden. Welcher das ist, hängt vom Einzelfall ab.

Kauft man eine Packung Fleischsalat, kann es der Fleischanteil sein. Man wählt die Packung, die am meisten Fleisch enthält, also 70 Prozent statt 60 Prozent. Natürlich lassen sich solche Take-the-Best-Entscheidungen manipulieren. Steht auf der Packung Fleischsalat, die 60 Prozent enthält, auf dem Deckel „jetzt 10 % mehr", kann die Wahl durchaus auch auf diese fallen.

Die Kernfrage, die sich jeder Hersteller und Händler beantworten muss, ist also: Wonach sucht der Kunde, welches ist das einzige alles entscheidende Kriterium? Kauft der Kunde ein Produkt nur nach dem Preis, ist für ihn bei einem Fernseher die Bildgröße oder die Qualität entscheidend? In den Märkten haben alle Fernseher, die dort ausgestellt sind, eine hervorragende Bildqualität, ganz einfach deshalb, weil sie ihre Bilder in der Regel alle vom selben Blu-Ray-Player empfangen und nicht etwa von einer Satellitenschüssel.

Wichtig ist, zu akzeptieren, dass der Kunde also auf der Suche ist nach dem alles entscheidenden Grund für einen Kauf und dass er nicht eine größere Zahl von Gründen in seine Entscheidung einbezieht. Sind allerdings zwei Produkte weitgehend identisch, wird er nach dem einen Grund für seine Entscheidung suchen, die das eine Produkt vom anderen unterscheidet. Dieser Grund kann dann bei den beinahe identischen Produkten sehr marginal sein — vielleicht gefällt ihm bei einem Fernseher die Größe, Form und Handhabung der Fernbedienung besser.

Wenn ein Anbieter die von seinen Kunden verwendeten Heuristiken kennt und versteht, wie sich diese auf die Preisbeurteilung auswirken, kann er seine Informationen und Preisdarstellungen so ausrichten, dass diese eine größere Entscheidungsrelevanz beim Kunden haben. Mithilfe von EEG oder fMRI lassen sich die Entscheidungsgründe von Kunden sicherlich genauer definieren als allein durch die Erfahrung der Verkäufer.

7.3.4 Die Situation beeinflusst die Preiswahrnehmung

Die jeweilige Situation, in der wir uns befinden, entscheidet ganz wesentlich über unsere Preiswahrnehmung und unsere Zahlungsbereitschaft. Im Urlaub und beim samstäglichen Shopping sitzt das Geld deutlich lockerer als beim Kauf dringend benötigter Artikel des täglichen Bedarfs. Die wenigsten Menschen sind in ihrem Verhalten konsistent, sondern versuchen sich einer gegebenen Situation in adäquater Weise anzupassen.

In bestimmten Situationen wird gekauft, ohne auf den Preis zu achten.

Mancher Vorgesetzte, der auf penible Weise die Reisekostenabrechnungen seiner Mitarbeiter überprüft und bei jeder Taxiquittung fragt, ob man nicht auch billiger mit öffentlichen Verkehrsmitteln hätte fahren können, gibt bei einem Candle-Light-Dinner mit Freunden durchaus auch noch eine zweite Runde Champagner aus, ohne den Preis in der Getränkekarte zu überprüfen.

Die Kunst eines Verkäufers besteht also darin, die jeweilige Situation genau so zu gestalten, dass die Zahlungsbereitschaft wächst und die Preiswahrnehmung in den Hintergrund tritt. Dabei ist es egal, ob uns dieser „Verkäufer" als Bankberater, Kellner, Zahnarzt oder Baumarktexperte gegenübertritt.

7.3.5 Weniger ist mehr – Die richtige Auswahl

Im Jahr 2000 machten die Psychologen Sheena Iyenga und Marc Lepper mit der Marmeladenmarke „Wilkin & Sons" in einem kalifornischen Supermarkt ein Experiment zum Entscheidungsverhalten der Kunden. Sie bauten einen Probierstand mit 24 Marmeladen auf und baten die Kunden, die Marmeladen zu probieren, in der Erwartung, dass die am besten schmeckenden Brotaufstriche dann auch gekauft werden. Ob dieses Experiment zum Entscheidungsverhalten bei großer Auswahl wirklich das erste seiner Art war, ist heute nicht mehr festzustellen. Zumindest war es das, welches in Marketingkreisen die größte Aufmerksamkeit fand.

Wie wir die Stärken und Schwächen des Gehirns nutzen können

Sehr viele Supermarktkunden fanden die Möglichkeit, unter 24 Sorten von Marmelade auszuwählen, sehr interessant. Am Ende haben von all jenen, die probiert haben, aber nur drei Prozent gekauft. Am folgenden Tag wurde das Angebot, das zur Auswahl stand, auf sechs Sorten reduziert. Das lockte zwar nicht mehr ganz so viele Kunden, die probierten, an, aber knapp ein Drittel von ihnen haben etwas gekauft.

Bei einer zu großen Auswahl kann es vorkommen, dass weniger gekauft wird als bei einer kleinen.

7.4 Das Gehirn ist ungeduldig – Was Preise mit Zeit zu tun haben

Das Belohnungssystem liebt schnelle Belohnungen, auch wenn sie nur klein sind, während das Entscheidungssystem hohe Belohnungen mag, auch wenn sie erst zu einem späteren Zeitpunkt eintreten. Im Gehirn sind also eine zeitliche Präferenz und eine Größenpräferenz verankert, die immer wieder gegeneinander antreten. Diese Tatsache wurde in den unterschiedlichsten Experimenten und in den vielfältigsten Situationen nachgewiesen.

Das Belohnungssystem bevorzugt schnelle Belohnungen, auch wenn sie klein sind. Das Entscheidungssystem mag lieber hohe Belohnungen, auch wenn sie später eintreffen.

Ob man nun Studenten eine kostenlose Mahlzeit heute oder zwei kostenlose Mahlzeiten in einer Woche angeboten hat oder ob es darum ging, entweder Geld in die Altersversorgung zu stecken oder lieber jetzt in den Urlaub zu fahren, immer entscheiden sich Menschen, wenn sie die jeweilige Situation nur abstrakt und theoretisch betrachten sollen, für die langfristige Variante mit dem größeren Nutzen. Wenn man sie allerdings in die konkrete Entscheidungssituation stellt, wird der schnellen Lösung doch überwiegend der Vorzug gegeben.

Bei einem Experiment konnten die Probanden zwischen einer kleinen und sofortigen Belohnung und einer späteren höheren Belohnung wählen. Fast alle entschieden sich für den Warengutschein in Höhe von fünf Dollar, der sofort eingelöst werden konnte, und nicht für den Gutschein über 40 Dollar, der erst nach sechs Wochen gültig war.

Auch wenn es darum ging, entweder einen Gewinn von 100 Dollar sofort ausbezahlt zu bekommen oder einen Gewinn von 200 Dollar in drei Jahren, wählten die meisten Testpersonen die kurzfristige Variante. Sollten die Probanden sich allerdings entscheiden, ob sie einen Gewinn von 100 Dollar in drei Jahren haben wollten oder 200 Dollar in sechs Jahren, dann wählten die meisten die langfristige Variante. Offensichtlich spielte die Differenz von drei Jahren keine Rolle mehr, wenn sie entsprechend weit in der Zukunft liegt. In diesem Fall spricht man von Hyperbolic Discounting, das heißt, Zeitunterschiede werden anders bewertet, wenn man sie in die Zukunft verschiebt.

Ein kurzfristig zu realisierender Gewinn aktiviert offensichtlich die Vorstellungen darüber, was man damit anfangen kann, so stark, dass die Attraktivität der kleinen Summe überproportional verstärkt wird. Je lebhafter diese Vorstellungen sind, desto aktiver ist das Belohnungssystem und kann sich entsprechend gegen das Entscheidungssystem durchsetzen.

Dies alles erklärt die Tatsache, dass so viele Menschen lieber Geld in den Konsum stecken als in ihre Altersvorsorge. Und es ist wohl auch der Grund dafür, dass ein sehr großer Teil aller Versicherungen nach einigen Jahren wieder gekündigt werden, bevor die Versicherungsleistungen fällig sind.

Für das Thema NeuroPricing ergibt sich daraus die Konsequenz, dass kleine Gimmicks den Kauf eines Produkts und die Akzeptanz des geforderten Preises besser verstärken als zum Beispiel Rabattpunkte, die erst dann in einen Gutschein verwandelt werden können, wenn genügend Punkte gesammelt wurden. Dass viele Einzelhandelsunternehmen dennoch lieber Rabatt- oder Treuepunkte geben, hängt damit zusammen, dass es ihnen mehr um Kundenbindung geht als um das einzelne Produkt.

7.4.1 Das „Kaufe-jetzt-und-zahle-später-Prinzip"

Experimente unter Einsatz der funktionellen Magnetresonanztomografie haben gezeigt, dass das Bezahlen mit Kreditkarte als weniger schmerzhaft empfunden wird als das Bezahlen mit Bargeld. Kunden, die mit Kreditkarte bezahlen, kaufen mehr und sie kaufen auch teurere Produkte. Warum ist das so?

So wie ein entfernt stehendes Haus kleiner und unbedeutender erscheint, ist es auch mit den Schmerzen, die durch das Geldausgeben entstehen. Muss ganz konkret Geld aus dem Portemonnaie genommen werden, um an der Kasse zu bezahlen, ist es schmerzhafter, als wenn man mit Kreditkarte bezahlt und der abgebuchte Betrag erst in ein paar Tagen oder am Monatsende sichtbar wird. Die Zahlungsfrist lässt den Betrag als weniger bedeutend erscheinen.

Wer mit Kreditkarte bezahlt, kauft mehr und auch teurere Produkte.

Wenn man mit einer Kreditkarte bezahlt, kann man sich sofort Wünsche erfüllen, auch wenn man kein Geld zur Verfügung hat. Man braucht die Befriedigung der Wünsche also nicht aufzuschieben. Aber auch wenn man Geld zur Verfügung hat, wird die endgültige Bezahlung von der Erfüllung der Wünsche zeitlich und räumlich getrennt.

Irgendwann erst tauchen auf dem Kontoauszug Zahlen auf, die ein kleines Minuszeichen tragen. Oft erfolgt die Tilgung der Kreditsumme sogar nur in kleinen Raten, soweit die mehr oder weniger ökonomischen Begründungen.

Wahrscheinlich geht es aber hauptsächlich darum, dass die Geldwahrnehmung bei der Kreditkartenzahlung überhaupt nicht stattfindet. Geld, ob Münzen oder Scheine, sind Realität und werden vom Gehirn auch als Geld erkannt, selbst wenn es sich um ausländische Währungen handelt, mit denen man im Urlaub bezahlt. Diese Geldwahrnehmung wird bei einem Cluburlaub oder einem Urlaub in einem Ferienpark gern unterdrückt. Zum sofortigen Bezahlen gibt es dort bunte Perlen oder Chips, die so wenig wie möglich an Geld erinnern sollen.

Kreditkarten stimulieren den Kunden sogar dann zum Einkauf, wenn es sich gar nicht um „echte" Kreditkarten handelt, also kein Kredit eingeräumt wird. Diese „unechten" Kreditkarten funktionieren wie EC-Karten. Jeder Kauf wird sofort vom Konto abgebucht, wofür dann gern von den Banken großzügigere Überziehungskredite eingeräumt werden, die allerdings für den Kunden ziemlich teuer sind. Doch auch das scheint viele Kunden nicht zu stören.

7.4.2 Wenn Zahlung und Nutzen zeitlich entkoppelt sind

Das Prinzip der Entkoppelung von Zahlung und dem daraus zu ziehenden Nutzen wirkt sich übrigens auch in umgekehrter Weise aus. Wer sich heute eine Eintrittskarte für ein Konzert kauft, das erst in einem halben Jahr stattfindet, wird vielleicht auf den Besuch des Open-Air-Konzerts verzichten, wenn zu dem Zeitpunkt ein Unwetter über die Stadt zieht. Jemand, der sich seine Karte gerade erst an der Abendkasse gekauft hat, als das Gewitter heraufzieht, wird dagegen nicht darauf verzichten, an der Veranstaltung teilzunehmen.

Wenn die generelle Zahlungsbereitschaft vorhanden ist und das Ereignis unmittelbar bevorsteht, ist beides kaum noch voneinander zu trennen. Liegt ein halbes Jahr dazwischen, spielt der schon bezahlte Eintrittspreis eine weitaus geringere Rolle, wenn es andere Gründe gibt, auf die Teilnahme an diesem Event zu verzichten.

7.4.3 Der Schmerz des Bezahlens und wie man ihn vermeidet

Dass der Preis einer Ware oder Dienstleistung im Schmerzzentrum des Gehirns wahrgenommen und bewertet wird, habe ich schon häufiger erwähnt. Die Preiswahrnehmung und der Akt des Bezahlens gehen also immer mit einer als negativ empfundenen Gehirnaktivität einher. Wie stark diese negative Empfindung ist, hängt jedoch nicht von der absoluten Höhe der Summe ab, sondern von dem mit dem Kauf verbundenen Nutzen.

Wenn Sie beim Kauf Ihres Neuwagens den Grundpreis fast verdoppeln, weil Sie so gut wie alles kaufen, was auf der Zubehörliste steht, kann der damit verbundene Schmerz ziemlich niedrig ausfallen. Bestellen Sie sich an einem Imbiss aber eine Currywurst für 2,50 Euro, die Ihnen anschließend überhaupt nicht schmeckt, kann der Schmerz über diese verhältnismäßig kleine Summe deutlich höher ausfallen als der Schmerz über Zubehör in Höhe von 25.000 Euro. Es ist also nicht die absolute Summe, die im Schmerzzentrum verarbeitet wird, sondern die Verlustempfindung an sich.

> *Der Schmerz des Bezahlens hängt nicht von der Höhe der Summe ab, sondern von dem mit dem Kauf verbundenen Nutzen.*

Warum ist das so? Wahrscheinlich werden im Gehirn die Aktivitäten des Schmerzzentrums mit denen des Belohnungssystems abgeglichen. Beim Autozubehör überstrahlt die Freude über das Erworbene alle anderen Wahrnehmungen und das Entscheidungssystem erkennt auch noch, dass durch den Kauf von Zubehör im Paket sogar Tausende Euro gegenüber dem gespart wurden, was man hätte bezahlen müssen, wenn man die Teile einzeln in der Zubehörliste ausgewählt hätte.

Bei der Currywurst war die Vorfreude im Belohnungssystem riesengroß. Gleich würde man eine leckere Wurst essen, die nicht nur den Hunger stillt, sondern auch noch ein tolles Geschmackserlebnis liefert. Der Preis ist in Ordnung und spielt keine Rolle. Doch dann die große Enttäuschung: Das Belohnungssystem stellt seine Aktivitäten ein, der Geschmackssinn signalisiert „Das ist ja ekelhaft!", und plötzlich fährt das Schmerzzentrum seine Aktivitäten hoch. Und dann gibt auch noch das Entscheidungssystem seinen Kommentar: „Dafür hast du auch noch Geld ausgegeben." An dieses Erlebnis wird man sich noch lange erinnern und diese Imbissbude für immer meiden.

Wenn man allerdings sein Auto mit all dem Zubehör in Empfang genommen hat und damit 14 Tage gefahren ist, hat man sich an all den zusätzlichen Luxus gewöhnt und empfindet ihn als ganz normal und selbstverständlich. Die zunächst gespürte Begeisterung hat sich aufgelöst, aber auch die Erinnerung an die zusätzlichen Kosten wird immer schwächer.

Der Schmerz des Bezahlens hängt davon ab, ob der Preis im Nachhinein als fair empfunden wird.

Was kann man daraus lernen? Einerseits kann ein Kunde die einzelnen Komponenten und deren spezifische Preise meist nicht genau überschauen. Deshalb orientiert er sich am Gesamtpreis des Pakets und vergleicht ihn mit der Summe aller Einzelpreise und nicht mit den einzelnen Preisen der Paketkomponenten. Empfindet er ihn als fair, in unserem Beispiel lag der Paketpreis 10.000 Euro unter der Summe der Einzelpreise, dann erscheint ihm das Angebot attraktiv. Unbewusst unterstellt er dem Verkäufer, dass dieser ihm einen Preisnachlass eingeräumt hat, weil er mehr Ausstattung kaufte.

Dies ist eine ganz simple und im Gehirn der meisten Käufer fest installierte Heuristik. Kauft man mehr von demselben, wird es billiger, lautet die einfache Regel. Warum das so ist, wird nicht hinterfragt, sondern mit Mutmaßungen unterlegt. Der Verkäufer könnte an mehr Umsatz interessiert sein, er könnte seine Lagerbestände räumen wollen oder Ähnliches. Der Käufer ist auch bereit zu glauben, dass es aufwendiger ist, nur einzelne Elemente aus dem Ausstattungspaket ins Auto einzubauen, als wenn man alle installiert, und dass deshalb die Kosten für die Einzelkomponenten höher liegen. Die Idee, dass die Einzelteile nur deshalb einen höheren Preis haben, um in ihrer Summe den Paketpreis niedriger aussehen zu lassen, kommt ihm meist nicht.

Aber nun noch einmal zurück zur Currywurst. Wie wäre es gewesen, wenn die einfache Currywurst 2,50 Euro gekostet hätte und als Mittagsmenü mit Pommes frites, Mayonnaise und einem kleinen Getränk nur 4,95 Euro im Gegensatz zur Summe der Einzelpreise 2,50 für die Wurst, 2,00 Euro für die Pommes und 1,50 Euro für das Getränk? Hätte der günstige Preis des Menüs die Schmerzen über die schlecht schmeckende Wurst gedämpft? Bei manchen Menschen wäre das vielleicht sogar der Fall, bei anderen nicht.

Das Gehirn ist ungeduldig – Was Preise mit Zeit zu tun haben

Was auf jeden Fall gewirkt hätte: Wenn der Imbissbesitzer die Initiative ergriffen hätte, als er gesehen hat, dass die Wurst nach dem ersten Bissen weggeworfen wurde. „Hat die Wurst nicht geschmeckt? Das tut mit leid. Darf ich Ihnen als Ersatz dafür kostenlos eine Thüringer Bratwurst oder eine Frikadelle anbieten?"

In diesem Fall wäre das Belohnungssystem des Kunden sofort wieder aktiviert und der Schmerz gedämpft worden. Plötzlich steht hier nicht nur das Wort „kostenlos" im Raum, sondern der Kunde wird das Verhalten des Verkäufers auch noch als fair empfinden. Wahrscheinlich wird ihm die Bratwurst oder die Frikadelle sofort viel besser schmecken. Die Situation wäre gerettet und der Imbissbudenbesitzer hätte in Zukunft einen zufriedenen Kunden mehr.

Natürlich hätte er die Situation auch noch verschlimmern können. „Ihnen schmeckt die Wurst nicht? Was haben Sie für einen komischen Geschmack? Alle anderen haben sie bisher immer gern gegessen." Mit diesen wenigen Worten hätte er das negative Erlebnis seines Kunden in dessen Gedächtnis nur noch tiefer eingegraben. Nicht nur, dass dieser sich darüber ärgert, Geld für etwas ausgegeben zu haben, was ihm nicht gefiel, er wird auch noch respektlos behandelt und aus der Gemeinschaft der Imbissbudenbesucher ausgegrenzt. Eine schlimmere soziale Strafe kann es nicht geben.

Ob ein Preis als fair empfunden wird, hängt nicht nur von der absoluten Höhe des Preises ab, sondern auch davon, wo und in welcher Situation man kauft. Eine Imbissbude in einem Freizeitpark „darf" mehr verlangen als eine Imbissbude in einem Einkaufszentrum, wo man ohnehin schon Geld ausgegeben hat. Eine Imbissbude, die etwas Besonderes bietet, „darf" auch mehr verlangen. Das Besondere kann aus einer hübschen, bunten Serviette bestehen oder aus einer „Curry-Spezialmischung extrascharf". Ob die Serviette teurer ist als eine schlichte weiße oder ob die schärfere Currymischung teurer ist als die mildere, spielt für den Kunden keine Rolle, da er dies ohnehin nicht beurteilen kann.

Teil III:
An den Stellschrauben drehen

8 NeuroPricing in der Praxis

Was Sie in diesem Kapitel erwartet:

Es werden verschiedene Beispiele aus der Praxis vorgestellt, die durch Analogien auch für andere Branchen anwendbar gemacht werden können.

8.1 Wenn nur der Nutzen zählt – Value Based Pricing

Viele Hersteller von hochpreisigen Investitionsgütern haben sich in der jüngeren Vergangenheit vom reinen Produktionsunternehmen zu Anbietern komplexer Dienstleistungen gewandelt. Zum Beispiel bietet der Aufzughersteller Schindler neben seinem klassischen Geschäftsmodell, bei dem er Aufzüge als Bestandteile von Gebäuden an die Bauherren und Betreiber verkauft, seinen Kunden auch noch ein anderes nutzenbasiertes Modell an.

Beim klassischen Verkauf der Aufzüge erhält Schindler den Kaufpreis und verdient anschließend an der Wartung und dem Service in Verbindung mit dem jeweiligen Aufzug. Im alternativen Modell zahlt der Gebäudebetreiber nur für die Nutzung der Aufzüge, also für zurückgelegte Wegstrecken und die Häufigkeit der Haltepunkte. Damit sowohl Schindler als auch die Aufzugnutzer auf ihre Kosten kommen, kann dieses Modell kostenmäßig mit monatlichen oder jährlichen Flatrates unter Berücksichtigung weiterer variabler Bestimmungsgrößen genau nach den Bedürfnissen des Betreibers festgelegt werden.

8.1.1 Ein vollkommen neuer Preisbildungsansatz

Was bei dem oben vorgestellten Beispiel mit den Aufzügen vordergründig so aussieht, als würde es sich dabei nur um den Ersatz für klassische Finanzierungsmodelle wie Kauf auf Kredit oder Leasing handeln, entpuppt sich bei näherem Hinsehen aber als völlig neuer Preisbildungsansatz. Man setzt bei den Preisüberlegungen nicht bei den Herstellungs- oder Dienstleistungskosten und auch nicht bei den Finanzierungskosten an. Der „Value Based Pricing" genannte Ansatz konzentriert sich ausschließlich auf den jeweiligen Nutzen für den Kunden und dessen Zahlungsbereitschaft.

Um bei dem Beispiel mit den Aufzügen zu bleiben: Der Gebäudebetreiber ist nicht am Besitz eines Aufzugs interessiert, sondern nur daran, Personen zu transportieren und die Mitarbeiterzahl für das Gebäudemanagement so gering wie möglich zu halten. Die Frage, die es zu klären gilt, ist: Was ist — alternativ zum Benutzen einer Treppe — eine Fahrt im Aufzug wert? Value Based Pricing bietet dem Nutzer von hochwertigen Investitionsgütern den Vorteil, dass er nicht direkt in die Finanzierung von Anlagen einsteigen muss, also kein Kapital binden muss, sondern sich ausschließlich um die Nutzenseite kümmern kann.

Dieses Value Based Pricing kann sehr vielfältig, zum Beispiel im medizinischen Bereich beim Betrieb funktioneller Magnetresonanztomografen, bei Wasseraufbereitungsanlagen oder in der Energie- und Wärmeerzeugung eingesetzt werden. Wichtig ist immer, dass sich der Nutzen exakt quantifizieren lässt. Selbst bei Flugzeugtriebwerken wurde von General Electric schon in den 1990er-Jahren das „Pricing by Hour" eingeführt. Die Fluggesellschaften müssen die Turbinen nicht mehr kaufen und für deren Wartung zahlen. Stattdessen bilden einzig und allein die Betriebsstunden die Kostenbasis.

8.1.2 Höhere Gewinne, aber Tücken im Detail

Sowohl Praktiker als auch Wissenschaftler sind sich im Prinzip darüber einig, dass sich mit dem Value Based Pricing (VBP) generell höhere Gewinne erzielen lassen als mit den klassischen kostenbasierten oder konkurrenzbasierten Preisbildungsverfahren. Da die Kunden den Nutzen von Produkten oder Dienstleistungen unterschiedlich beurteilen, ist allerdings auch ihre Zahlungsbereitschaft unterschiedlich. Man muss sich ihnen also differenzierter nähern. Mithilfe des Value Based Pricings versucht das produzierende oder die Leistung erbringende Unternehmen daher, die Zahlungsbereitschaft seiner Kunden zu erkunden und sie zu nutzen.

Schauen wir uns die drei grundlegenden Pricingansätze, das kostenbasierte, das konkurrenzbasierte und das wertbasierte Pricing, noch einmal kurz an:

Beim kostenbasierten Pricing orientiert sich der Preis an den Material- und Herstellungskosten, an den umzulegenden Gemeinkosten und am Gewinnaufschlag. Diese Daten sind mithilfe der Kostenrechnung relativ leicht zu beschaffen und werden vom Kunden in dieser Konstellation auch meist als fair und nachvollziehbar empfunden.

Preiserhöhungen sind immer dann leichter durchzusetzen, wenn die Material- oder Lohnkosten allgemein gestiegen sind. Die Notwendigkeit, mehr Gewinn zu machen, ist in der Regel schwieriger zu kommunizieren. Kostenbasierte Preise können leicht zu niedrig ausfallen, weil sie die Zahlungsbereitschaft der Kunden nicht berücksichtigen.

Konkurrenzbasiertes Pricing orientiert sich am Wettbewerb. Bei einigen Produkten ist es leicht, vergleichbare Konkurrenzpreise zu ermitteln, bei anderen schwieriger. Es ist oft nicht einfach, seinen Kunden einen höheren Preis als den, den der Wettbewerber ansetzt, zu vermitteln. Im Prinzip sind die Basisdaten zwar leicht zu beschaffen, in der Praxis versuchen jedoch die meisten Unternehmen, ihren Wettbewerber zu unterbieten. Konkurrenzbasiertes Pricing führt deshalb häufig zu Preiskriegen.

Zu oft wird auch der Kundennutzen aus den Augen verloren und das eigene Produkt oder die Dienstleistung in den Mittelpunkt der Aufmerksamkeit gestellt. Häufig kommt es auch zu einem „Ingenieurdenken", bei dem die inneren Werte eines Produkts, die dem Kunden verborgen bleiben, eine überproportionale Bedeutung gewinnen.

Beim Value Based Pricing ist es wichtig, nicht nur die behaupteten Wünsche des Kunden zu kennen, sondern auch seine „inneren" Bedürfnisse. Der Preis wird nicht nur durch die Wertschaffung, die das Produkt oder die Dienstleistung dem Kunden bietet, festgelegt, sondern auch durch seine Zahlungsbereitschaft. Diese wird einerseits durch die Wettbewerbssituation, aber natürlich auch durch die finanziellen Möglichkeiten des Kunden begrenzt.

8.1.3 Die Kosten der Marktforschung erhalten ein überproportionales Gewicht

Das größte Problem aus Sicht des preissetzenden Unternehmens ist es, mithilfe der Marktforschung Basisinformationen zu beschaffen. Eine Umfrage hat ergeben, dass sich 79 Prozent der Führungskräfte gegen ein Value Based Pricing aussprechen, weil sie in den mit der Marktforschung verbundenen Kosten ein wesentliches Hindernis sehen. Ohne eine wie auch immer geartete Marktforschung ist Value Based Pricing aber nicht möglich.

Oftmals wären die Kosten dieser Marktforschung jedoch nicht das Problem, wenn man den erhaltenen Daten trauen würde. Hieraus ergibt sich ganz klar die Forderung an die NeuroPricing-Experten, das Vertrauen in ihre Methoden herzustellen, deren Wirksamkeit und die für ihre Kunden vorteilhafte Kosten-Nutzen-Relation zu beweisen. Das ist aber oft erst im Rahmen einer konkreten Aufgabenstellung möglich.

Ein Problem wird darin gesehen, dass mehr individuelle, am Kunden orientierte Lösungen notwendig sind und weniger Standardlösungen. In diesem Zusammenhang spricht man vom Versioning, weil man von einem Produkt oder einer Dienstleistung verschiedene Versionen anbieten muss, so wie wir es bereits aus der Automobilindustrie kennen.

Ein möglicher Punkt beim Value Based Pricing ist die Errichtung von Barrieren, dem sogenannten Fencing, um eine Trennung zwischen den Kundengruppen mit unterschiedlicher Zahlungsbereitschaft zu schaffen. Das beste Beispiel dafür sind Zeitschriften-Abonnements, die für Studenten gegen Vorlage des Studentenausweises günstiger sind als für normale Abonnenten.

Im Business-to-Business-Geschäft muss aufgrund der Komplexität der Produkte und Dienstleistungen bei der Einführung von Value-Based-Preisen sehr darauf geachtet werden, alle zukünftig auftretenden Kostenaspekte im Voraus zu bewerten und zu gewichten. Aspekte wie ein überproportional hoher Verschleiß von Maschinen bei bestimmten Kunden werden von den Kunden in den Preisverhandlungen mit Sicherheit marginalisiert werden. Dies lässt sich an folgendem Beispiel verdeutlichen: Wenn ein internationaler Baukonzern Straßenbaumaschinen benötigt und diese nach den damit erstellten Kilometern bezahlen möchte, macht es sicherlich einen Unterschied, ob diese Maschinen in Mitteleuropa oder in Sibirien am Polarkreis eingesetzt werden. Bleibt der Einsatzort bei den Preisverhandlungen unberücksichtigt, kann dies für den Maschinenhersteller zu unvorhersehbaren Zusatzkosten führen.

Gerade in Massenmärkten ist es kaum möglich, für jeden Kunden einen anderen Preis zu gestalten, wie es die Theorie fordert. Deshalb versucht man hier, Kunden, die über identische Merkmale vorrangig beim Preisinteresse, bei der Preiskenntnis und bei den Preisintentionen verfügen, in Segmenten zusammenzufassen.

8.1.4 Unterschiedliche Preise für ähnliche Angebote

Wann Kunden unterschiedliche Preise für ähnliche Angebote als unfair betrachten, ist zwar schon empirisch ermittelt worden, die konkreten dahinterliegenden neuronalen Prozesse sind allerdings noch nicht transparent. Dass Fluggesellschaften und Hotels höchst unterschiedliche Preise für ein und dieselbe Leistung verlangen, je nach Reisedatum, Reservierungszeitpunkt, Verkaufskanal oder Kundenstatus, wird von den Kunden akzeptiert.

Als Coca-Cola versuchte, den Preis für die Getränke aus Verkaufsautomaten durch die Messung der Außentemperatur zu steuern — je heißer, desto teurer —, stieß das Unternehmen auf vehemente Ablehnung und beendete dieses Projekt, zumindest vorläufig.

Im September 2000 hatte Amazon in den USA damit begonnen, die Buchpreise kundenorientiert zu gestalten. Als ein Kunde merkte, dass der Preis für ein bestimmtes Buch sank, wenn er ein Cookie im Browser deaktivierte, und der Buchpreis wieder stieg, wenn er das Cookie reaktivierte, war der Aufschrei in der Öffentlichkeit groß. Amazon musste die Orientierung seiner Preise an der individuellen Zahlungsbereitschaft der Kunden wieder einstellen. Ganz offensichtlich sind Bücher keine Produkte, bei denen man als Kunde sein eigenes Kaufverhalten als Maßstab für den Preis akzeptiert.

Wenn ich mich als Kunde allerdings erst kurz vor dem Abflug für ein Ticket entscheide, erscheint es mir ganz selbstverständlich, dass dieses Ticket mehr kostet als das meines Sitznachbarn, der sich schon vor sechs Wochen für den Flug entschieden hat.

8.2 Verbraucherwünsche als Preismaßstab

Der neue Family Van Dacia Lodgy kostet in der Basisversion 9.990 Euro, als Neuwagen wohlgemerkt. Kein anderer Autohersteller setzt so konsequent auf Mobilität zum niedrigsten Preis wie die Marke Dacia. Im Jahr 2004, nach der Markteinführung der ersten kleinen Stufenheck-Limousine von Dacia, wurden die Fahrer dieses Wagens noch wegen ihres „Armeleuteautos" aus dem „Ostblock" mitleidig belächelt. Das ist heute längst nicht mehr der Fall. Wer heute einen Dacia fährt, gilt als ebenso preis- wie qualitätsbewusst. Und inzwischen beginnen andere Volumenhersteller, mit neuen Modellen in den Dacia-Markt einzubrechen.

8.2.1 Gute Gewinne trotz Low-Cost-Strategie

Dacia verfolgt als einziger Hersteller einen Low-Cost-Ansatz entlang der gesamten Wertschöpfungskette, hat die Strategieberatung Berylls festgestellt und einmal die Preiskalkulation zwischen einem Dacia und einem vergleichbaren Fahrzeug einer Volumenmarke nachgerechnet.

Die Kosten für einen Dacia, der für 10.000 Euro beim Händler steht, teilen sich wie folgt auf: Material 5.150 Euro, Fertigung 550 Euro. Für die Entwicklung des Fahrzeugs wurden anteilig 300 Euro ausgegeben, für Marketing und Vertrieb 1.150 Euro. Die Verwaltung schlägt mit 800 Euro zu Buche. Der Gewinn bei einem Dacia liegt bei 450 Euro, hinzu kommt dann noch die Mehrwertsteuer in Höhe von 1.600 Euro. 450 Euro Gewinn, das klingt nicht nach viel, aber es sind immerhin 5,36 Prozent vom Nettopreis.

Bei einem Volumenhersteller würde ein vergleichbares Fahrzeug 16.350 Euro kosten, also 39 Prozent mehr. Dieser Preis kommt zustande durch Materialkosten in Höhe von 7.700 Euro, Fertigungskosten von 1.250 Euro, Entwicklungskosten anteilig in Höhe von 700 Euro, Marketing- und Vertriebskosten von 2.200 Euro und Verwaltungskosten von 1.350 Euro. Der Gewinn liegt hier mit 550 Euro zwar 100 Euro über dem von Dacia, beträgt aber nur vier Prozent vom Nettopreis, auf den noch 2.600 Euro Mehrwertsteuer zu zahlen sind.

Würde man auch beim Dacia nur einen Gewinn von vier Prozent kalkulieren, läge der bei 336 Euro. Die tatsächlich realisierten 450 Euro Gewinn sind also satte 33,93 Prozent höher als beim anderen Volumenmodell. Der Dacia rechnet sich also sowohl für den Hersteller als auch für den Käufer. Kein Dacia-Kunde beschwert sich über zu hohe Preise und das Unternehmen muss auch nicht nach zusätzlichen Argumenten suchen, die den Preis rechtfertigen.

8.2.2 Für Neuheiten zahlt der Kunde mehr

Aber zum Glück für die Autoindustrie gibt es ja auch noch Autofahrer, die nicht nur nach preiswerter Mobilität Ausschau halten. Bei der Einführung der Mercedes A-Klasse im Jahr 1997 waren die Kunden durchaus bereit, für das Basismodell 750 Euro mehr zu zahlen, als es der Hersteller ursprünglich geplant hatte. Der Grund lag nicht nur in der Marke Mercedes, sondern auch in dem vollkommen neuen Konzept und einer gegenüber vergleichbaren Modellen verbesserten Ausstattung.

Manchmal werden Autohersteller bei aller Professionalität von ihren Kunden doch noch überrascht. So ging es zum Beispiel der Firma Porsche, die im September 2005 den Porsche Cayman auf der Internationalen Automobilausstellung in Frankfurt vorstellte. Dieses Coupé basiert auf der Technik des Roadster-Modells Boxter S. Obwohl der Boxter mit seinem Klappverdeck die aufwendigere Karosserie besitzt, war das Cayman-Coupé mit einem Preis von 58.500 Euro rund zehn Prozent teurer als der offene Porsche.

Normalerweise ist es so, dass die Cabrios ungefähr zwischen sieben und 14 Prozent teurer sind als das entsprechende Coupé. Dass es hier nicht der Fall war, lag nicht nur daran, dass der Motor des Wagens 15 PS mehr hatte, sondern eben auch am neuen Produktnamen und an seiner Positionierung auf dem Markt. Der Porsche Cayman war eben nicht einfach nur ein Boxter mit festem Dach, sondern ein vollkommen eigenständiges Auto.

Die Idee, eine bestehende Linie fortzuschreiben und sich am marktüblichen Verhalten der Wettbewerber zu orientieren, hat sich als weniger profitabel erwiesen als die Bereitschaft, über den Tellerrand hinaus zu denken. Diese veränderte Positionierung in der Wahrnehmung der Kunden macht es bei vielen Produkten möglich, überdurchschnittliche Gewinne zu erzielen, ohne dass dies als überzogen oder unfair betrachtet wird.

8.3 Mit innovativen Produkten das Geschäft ankurbeln

Dass man mit innovativen Produkten das Geschäft ankurbeln und damit auch den Gewinn steigern kann, bewies die englische Versicherungsgesellschaft Norwich Union. Im Jahr 2005 brachte sie die „Pay As You Drive"-Kfz-Versicherung auf den Markt. Die Grundidee ist eine dem individuellen Fahrverhalten entsprechende Versicherungsprämie. Eine in das Auto eingebaute „Blackbox" registriert, wann und wie oft das Auto gefahren wird, und eine GPS-Anlage zeichnet die jeweilig zurückgelegten Entfernungen auf.

Die „Pay As You Drive"-Versicherung gibt es in einer Version für 24- bis 65-jährige Versicherungsnehmer und in einer für 18- bis 23-Jährige. Die Grundlage bilden statistische Daten über die Unfallhäufigkeit sowie die Anzahl der Verletzungen bzw. der tödlichen Unfälle in der jeweiligen Versichertengruppe.

So hat man festgestellt, dass 45 Prozent der tödlichen Unfälle von jungen Autofahrern zwischen 23.00 Uhr abends und 6.00 Uhr morgens stattfinden. Verglichen mit anderen Autofahrern ist für junge Fahrer die Wahrscheinlichkeit, in der Nacht einen Unfall zu erleiden, zehn Mal höher und in den Wochenendnächten sogar 15 Mal höher. Die Wahrscheinlichkeit einer Verletzung in der Zeit von 1.00 Uhr nachts bis 5.00 Uhr morgens liegt bei den jungen Autofahrern um 56 Prozent höher als bei den älteren.

Also muss der junge Autofahrer für Nachtfahrten zwischen 23.00 und 6.00 ein Pfund pro Meile Versicherungsprämie zahlen und für die anderen Zeiten fünf Pence pro Meile. Dabei erhält er monatlich 100 Meilen Tagesfahrten gratis. Die „Blackbox" muss der Kunde für 199 Pfund erwerben. Außerdem fällt eine monatliche Basisprämie für die Feuer- und Diebstahlversicherung an.

Diese innovative Idee hat auf der einen Seite den Umsatz und den Gewinn der Versicherungsgesellschaft gesteigert. Auf der anderen Seite hat sie ein Alleinstellungsmerkmal geschaffen, das den direkten Vergleich mit den Wettbewerbern unmöglich macht.

Auch die jugendlichen Autofahrer haben von diesem Versicherungsmodell ganz erhebliche Vorteile. Da ist zunächst einmal die Kostentransparenz, weil sie nur dafür zahlen, was sie durch ihre Fahrten tatsächlich in Anspruch nehmen. Sie können ihre Kosten nicht nur kontrollieren, sondern auch gezielt steuern, zum Beispiel indem sie die unnötigen oder besonders risikoreichen Fahrten vermeiden.

Gleichzeitig wird das Risikobewusstsein der jungen Leute im Vergleich zum konventionellen Versicherungsmodell deutlich angehoben, da sie risikobehaftetes Verhalten von ihrer monatlichen Rechnung ablesen können und es so nicht bei den üblichen Sicherheitsappellen mithilfe von Plakataktionen an den Autobahnen bleibt. Dieses verbesserte Risikobewusstsein wirkt sich auch positiv auf die Unfallhäufigkeit aus. Wenn die Zahl der Unfälle abnimmt, bedeutet es für die Versicherten weniger Verletzungen und weniger Ärger, aber natürlich auch weniger Kosten für den Versicherer.

Diese Art der Versicherung ist ein gutes Beispiel für Value Based Pricing. Im Prinzip finden wir ein solches Modell auch schon in Ansätzen in der Krankenversicherung, die zum Beispiel regelmäßige Zahnarztbesuche und Vorsorgeleistungen dadurch honoriert, dass sie bei Zahnersatz höhere Anteile zahlt. Auch davon profitieren beide Seiten. Der Versicherte braucht wahrscheinlich keinen oder erst später einen Zahnersatz, was ihm viele Unannehmlichkeiten erspart, und die Krankenversicherung spart Kosten, die ja durchaus vermeidbar sind.

Wahrscheinlich lässt sich dieses Modell, durch Preise auf Verhalten Einfluss zu nehmen und Verhaltensänderungen zu lenken, auch auf andere Sozialleistungen übertragen.

8.4 Teuer hilft und heilt – Preiseffekte bei Medikamenten

Wenn teure Weine besser schmecken als billige und ein teures Essen ebenfalls, kann man sich natürlich fragen, ob dieses Prinzip nicht auch auf andere Lebensbereiche zu übertragen ist. Und tatsächlich: Teure Medikamente wirken besser als billigere, das wurde bereits in verschiedenen Experimenten nachgewiesen.

So hat Dan Ariely 82 Versuchsteilnehmern leichte Elektroschocks verabreicht. Dann gab er allen Probanden eine Tablette, die die Schmerzen lindern sollte. Die eine Hälfte erhielt eine Broschüre, in der behauptet wurde, dass es sich dabei um ein neu entwickeltes Schmerzmittel handle und der Preis je Tablette 2,50 Dollar betrage. In der Broschüre für die andere Hälfte der Versuchspersonen wurde der Preis je Tablette mit zehn Cent angegeben.

Das Ergebnis war: Unter den Probanden, die das vermeintlich teure Medikament erhalten hatten, ließ nach der Tabletteneinnahme bei 85 Prozent der Teilnehmer das subjektive Schmerzempfinden deutlich nach. Unter den Probanden, die das vermeintliche billige Präparat eingenommen hatten, stellte sich nur bei 61 Prozent eine Schmerzlinderung ein. Dabei hatte es sich bei allen Tabletten um identische Placebos gehandelt, die keinen Wirkstoff enthielten.

Die Wirkung von Placebos ist noch weitgehend unerforscht. Sie bietet aber für die Pharmaindustrie noch große Potenziale. Selbstverständlich haben nicht nur Schmerzmittel eine gefühlte Wirkung, sondern auch andere Placebos erzielen messbare Wirkungen. Einer der kostenmäßig wichtigen Bereiche ist der des Bluthochdrucks. Ob und wie weit Placebos eine dauerhaft blutdrucksenkende Wirkung haben können, ist aber noch nicht geklärt.

Es ist auch noch nicht klar, wie solche Informationen über die vom Patienten erwarteten Wirkungen im Gehirn wahrgenommen und verarbeitet werden. Auf jeden Fall spielt auch das Verhalten und die Überzeugung des Arztes eine große Rolle, wenn es darum geht, ob und welche Ergebnisse die von ihm verordneten Medikamente oder angewendeten Maßnahmen beim Patienten haben. Wenn es aber so ist, dass der Preis über das Belohnungssystem konkrete Körperwahrnehmungen wie Schmerzen beeinflussen kann, dürfte das auch für Erkrankungen mit unklarem Hintergrund von großer Bedeutung sein.

8.5 Ausblick

Ich habe Ihnen mit „NeuroPricing" gezeigt, was Preise und Gehirn miteinander zu tun haben. Es liegen noch große Aufgaben vor den experimentellen Neurowissenschaften. Wie verarbeiten Nervenzellen Preise, Geld und Zahlen? Welche neuronalen Mechanismen unterliegen der Preiselastizität? Welche Rolle spielen Hormone?

Das Pricing steht dabei vor großen Herausforderungen. Immer wieder wird die neurowissenschaftliche Forschung neue Ergebnisse zutage bringen. Pricing und Marketing müssen sich mit diesen Erkenntnissen auseinandersetzen. Um erfolgreich an Universitäten gelehrt zu werden, kann Marketing nicht länger als geistes- oder sozialwissenschaftliche Kunst verstanden werden, sondern muss im Kontext naturwissenschaftlicher Disziplinen wie der Experimentalpsychologie und den Neurowissenschaften gelehrt und erforscht werden. Es gilt, die neuroökonomischen Grundlagen und Ergebnisse in die Praxis umzusetzen. Mein Ziel war es, mit NeuroPricing eine Brücke zwischen Theorie und Praxis zu schlagen. Freuen Sie sich auf die Zukunft: Die Neurowissenschaften werden uns noch viele faszinierende Einblicke in unser Seelenleben bieten. Es liegt an Ihnen, diese Erkenntnisse für Ihr Unternehmen oder Ihren Arbeitgeber umzusetzen.

Literaturverzeichnis

Kapitel 1: Was der Preis mit dem Gehirn zu tun hat

Glimcher P. W., Camerer C. F., Fehr E, Poldrack R. A. (Eds.): Neuroeconomics: Decision making and the brain. Academic Press 2009.
Ein Standardwerk mit Beiträgen fast aller prominenten Wissenschaftler aus der Neuroökonomie.

Homburg C., Koschate N.: Behavioral Pricing-Forschung im Überblick, Teil 1 und Teil 2. ZfB 75, 2005, 383 — 423 und 501 — 524.
Ein fundierter Überblick über wissenschaftliche Studien im Bereich Behavioral Pricing.

Müller K.-M.: Product pricing using novel tools from neuroscience. The Pricing Advisor, 11, 2010, 1 — 4.
Einer der ersten Artikel zum Thema NeuroPricing. Geeignet als kurze Einführung ins Thema.

Plassmann H., O'Doherty J., Shiv B., Rangel A.: Marketing actions can modulate neural representations of experienced pleasantness. PNAS 105, 2008, 1050 — 1054.
Diese Studie zeigte, dass Belohnungszentren des Gehirns aktiviert werden, wenn ein verköstigter Wein als teuer deklariert wurde.

Poldrack R. A.: Inferring mental states from neuroimaging data: from reverse inference to large-scale decoding. Neuron 72, 2011, 692 — 697.
Ein wissenschaftlicher Überblick über den aktuellsten Stand der Reverse-Inference-Forschung.

Poldrack R. A.: Can cognitive processes be inferred from neuroimaging data? Trends in Cognitive Science 10, 2006, 59 — 63.
Eine objektive Abhandlung über die Reverse-Inference-Problematik.

Poundstone W.: Priceless. The Myth of Fair Value (and How to Take Advantage of It). New York 2010.
Eine hervorragende Einführung in das Thema Pricing mit starkem Fokus auf Behavioral Pricing.

Literaturverzeichnis

Thomas M., Simon D. H., Kadiyali V.: The Price Precision Effect: Evidence from Laboratory and Market Data. Marketing Science 29, 2012, 175 — 190.
Eine experimentelle Studie, die zeigt, dass gerundete Preise höher eingeschätzt werden als „exakt" erscheinende Preise.

von Randow G.: Das Ziegenproblem: Denken in Wahrscheinlichkeiten. rororo 2004.
Eine exzellente Einführung in die Wahrscheinlichkeitsstatistik, die für Laien wie für Experten geeignet ist. Von Randow geht intensiv auf das Bayestheorem und bedingte Wahrscheinlichkeiten ein.

Kapitel 2: Von der Psychophysik zur Prospect Theory

Clifford C. W. G., Rhodes G. (Eds.): Fitting the mind to the world — Adaptation and after-effects in high-level vision. Oxford University Press 2005.
Zahlreiche Beiträge zur visuellen Adaptation von jeweiligen Experten. Behandelt sowohl neuronale Mechanismen als auch die Protctypen-Theorie.

Gescheider G. A.: Psychophysics: The Fundamentals. Routledge 1997.
Eine fundierte Einführung in die Psychophysik, welche die klassischen Methoden und die Signalentdeckungstheorie ausführlich mit zahlreichen praktischen Beispielen und gut erklärten Rechenwegen darstellt.

Kahneman D.: Thinking fast and slow. Penguin 2011.
Ein Buch, das das Lebenswerk des Nobelpreisträgers Daniel Kahneman zusammenfasst. Kahneman und sein Kollege Amos Tversky entdeckten zahlreiche für die Verhaltensökonomie relevante psychologische Effekte und entwickelten daraus die Prospect Theory. Die klassischen Artikel „Judgment under uncertainty: Heuristics and biases" und „Choices, Values, and frames" werden in diesem Buch als Anhang mitgedruckt.

Kandel E. et al. (Eds.): Principles of Neural Science. McGraw-Hill 2008.
Ein klassischer Grundlagentext der Neurobiologie, der empfehlenswert ist, um die biologischen Grundlagen der vier Systeme zu verstehen, die an Entscheidungen beteiligt sind.

Kohn A.: Visual adaptation: physiology, mechanisms, and functional benefits. Journal of Neurophysiology 97, 2007, 3155 — 3164.
Ein detaillierter Überblick über den aktuellen Stand der Wissenschaft im Bereich der visuellen Adaptation.

Müller K.-M.: Neural Mechanisms of Visual Adaptation to Complex Figures. Dissertation Eberhard-Karls-Universität Tübingen und Graduate Partnership Program at NIH in Bethesda, MD, 2010.
Meine Dissertation beinhaltet mehrere publizierte Experimente zur visuellen Adaptation. Die Synopsis behandelt Adaptationseffekte in wesentlich detaillierterer Form, als dies hier möglich war.

Singer W: Ein neues Menschenbild? Gespräche über Hirnforschung. Suhrkamp Taschenbuch Wissenschaft, 2003.
Eine Sammlung verschiedener Interviews und Streitgespräche des bekannten deutschen Hirnforschers Wolf Singer. Singer erläutert in verständlichen Worten, weswegen viele Neurowissenschaftler das Konzept eines freien Willens ablehnen.

Williams L. E., Bargh J. A.: Experiencing Physical Warmth Promotes Interpersonal Warmth. Science 24, 2008, 606 — 607.
Originalarbeit, welche aufzeigt, dass scheinbar unbedeutende Dinge wie warme oder kalte Kaffeebecher Emotionen beeinflussen.

Wilson T. D., Houston C. E., Etling K. M., Brekke N.: A new look at anchoring effects: Basic anchoring and its antecedents. Journal of Experimental Psychology. General 125(4), 1996, 387 — 402.
Originalarbeit zum Ankereffekt, in welcher Probanden explizit über die Anker aufgeklärt wurden. Die Probanden konnten der Wirkung der Anker trotzdem nicht ausreichend bewusst gegensteuern.

Kapitel 3: Die hohe Kunst des Pricings

Nagle T. T., Hogan J. E., Zale J.: The Strategy and Tactics of Pricing — A Guide to Growing More Profitably. Prentice Hall 2011.
Eine praktische Einführung ins Pricing aus betriebswirtschaftlicher Sicht.

Simon H., Fassnacht M.: Preismanagement. Gabler 2008.
Das umfassende deutschsprachige akademische Standardwerk zum Thema Pricing.

Simon-Kucher & Partners: Global Pricing Study 2011: „Weak pricing cuts profits by 25%". 2011.
Studie basierend auf einer Befragung von fast 4.000 Entscheidungsträgern weltweit.

Literaturverzeichnis

Kapitel 4: Die klassische Marktforschung und die Methoden des Neuromarketing

Berns G. S., Moore S. E.: A neural predictor of cultural popularity. Journal of Consumer Psychology 22, 2012, 154 — 160.
Die Aktivität im Belohnungszentrum korreliert wesentlich höher mit dem Markterfolg von Popsongs als Fragebogendaten.

Dooley R.: Brainfluence. 100 ways to persuade and convince consumers with neuromarketing. Hoboken, New Jersey 2012.
Der beliebte Neuromarketing-Blogger Roger Dooley gibt einen unterhaltsamen Überblick über das Neuromarketing.

Karmarkar U.: Note on neuromarketing. Harvard Business School Note 2011, 512 — 031.
Prof. Karmarkar hat sowohl in der Neurobiologie als auch in den Wirtschaftswissenschaften promoviert. Die Harvard-Professorin gibt fachkundige Tipps zum Einsatz von Neuromarketing in Unternehmen. Der Beitrag ist besonders für Entscheider geeignet, die den Einsatz von Neuromarketing-Technologien im eigenen Unternehmen erwägen.

Luck S. J.: An introduction to the event-related potential technique. MIT Press, Cambridge MA, 2005.
Eine hervorragende und ausgesprochen wissenschaftlich-kritische Einführung in die Elektroenzephalografie. Der Autor Steven Luck ist einer der erfolgreichsten EEG-Wissenschaftler weltweit.

Mitra P. P., Pesaran B.: Analysis of dynamic brain imaging data. Biophysical Journal 76, 1999, 691 — 708.
Eine klassische Abhandlung über die akkurate Analyse dynamischer Hirndaten wie EEG und fMRI, geschrieben von zwei der bekanntesten Experten auf diesem Gebiet.

Pradeep A. K.: The buying brain: secrets for selling to the subconscious mind. Hoboken, New Jersey 2010.
Zahlreiche Beispiele, wie EEG als Marktforschungsinstrument erfolgreicher eingesetzt werden kann als Fragebögen.

van Drongelen W.: Signal Processing for Neuroscientists — an introduction to the analysis of physiological signals. Associated Press 2007.
Der Autor vermittelt die notwendigen mathematischen und elektrotechnischen Grundlagen, die man benötigt, um EEG-Daten wissenschaftlich auszuwerten.

Wilson T. D., Nisbett R. E.: The accuracy of verbal reports about the effects of stimuli on evaluation and behavior. Social Psychology 41(2), 1978, 118 — 131.
Diese Studie ist ein Klassiker unter den zahlreichen Experimenten, welche nachweisen, dass Menschen kein Verständnis für die Beweggründe ihres eigenen Verhaltens haben.

Kapitel 5: Die Denkfallen der Verkäufer

Binmore K.: Game Theory: A very short introduction. Oxford University Press 2007.
Eine prägnante Einführung in die Spieltheorie. Der Autor erläutert die verschiedenen Spielsituationen, die in der Verhaltensökonomie intensiv untersucht wurden. Er geht sowohl auf die Ergebnisse der Verhaltensökonomie ein als auch auf die mathematisch optimalen Lösungen.

Cialdini, R. B.: Die Psychologie des Überzeugens. Ein Lehrbuch für alle, die ihren Mitmenschen und sich selbst auf die Schliche kommen wollen. Bern 2002.
Cialdinis Arbeiten beruhen durchwegs auf Experimenten und empirischen Befunden. Er erläutert detailliert die Prozesse der Beeinflussung.

Kapitel 6: Zahlen, Preise, Preissysteme

Ariely D.: Denken hilft zwar, nützt aber nichts. Warum wir immer wieder unvernünftige Entscheidungen treffen. München 2008.
Dan Arielys Abhandlungen über die faszinierenden Effekte des menschlichen Entscheidungsverhaltens kann ich jedem Pricingverantwortlichen empfehlen.

Coulter K. S., Coulter R. A.: Small sounds, big deals: Phonetic symbolism effects in pricing. Journal of Consumer Research 37(2), 2012, 315 — 328.
Die Autoren zeigen, dass auch der Klang von Preisen eine Rolle im Konsumentengehirn spielt.

Núñez R., Cooperrider K., Wassmann J.: Number concepts without number lines in an indigenous group of Papua New Guinea. PLoS ONE 7(4), 2012, e35662.
Der Zahlenstrahl ist ein gelerntes Konzept.

Seligman M. E. P., Maier S. F.: Failure to escape traumatic shock. Journal of Experimental Psychology 74, 1967, 1 — 9.
Die Originalarbeit zur gelernten Hilflosigkeit.

Literaturverzeichnis

Seymour B., McClure S. M.: Anchors, scales and the relative coding of value in the brain. Current Opinion in Neurobiology 18, 2008, 1 — 6.
Ein wissenschaftlicher Überblick über den Stand der Neurophysiologie bezüglich Ankern und der Codierung von Werten im Gehirn.

Tremblay L., Schultz W.: Relative reward preference in primate orbitofrontal cortex. Nature 398, 1999, 704 — 708.
Zellen im orbitofrontalen Cortex von Rhesusaffen reagieren auf Belohnungen. Diese Originalstudie wies nach, dass die Reaktion der Zellen vom Spektrum der verfügbaren Belohnungsreize abhängt.

Kapitel 7: Wie wir die Stärken und Schwächen des Gehirns nutzen können

Buonomano D.: Brain Bugs: How the Brain's Flaws Shape our Lives. W. W. Norton & Company 2011.
Zahlreiche Beispiele für kognitive Verzerrungen mit gutem Bezug zur Evolutionsbiologie.

Chabris C., Simons D.: The Invisible Gorilla and Other Ways Our Intuitions Deceive Us. Crown Archtype 2010.
Intensive Diskussion psychologischer Illusionen.

Dawkins R.: The Greatest Show on Earth: The Evidence for Evolution. Free Press Transworld 2009.
Eine gute Einführung in die Prinzipien der Evolution.

Dawkins R.: The Selfish Gene: 30th Anniversary Edition — with a new Introduction by the Author. Oxford University Press 2006.
Der bekannteste Titel des Erfolgsautors Richard Dawkins erklärt die evolutionären Grundlagen des Verhaltens. Das Werk ist die bedeutendste verhaltensbiologische Publikation und auch für Laien leicht verständlich und lesenswert.

Elger C. E., Schwarz F.: Neurofinance — Wie Vertrauen, Angst und Gier Entscheidungen treffen. Haufe, Freiburg 2009.
Die Grundlagenwissenschaft der Neuroökonomie inspirierte zwei angewandte Disziplinen: NeuroPricing und Neurofinance. In ihrem Buch mit dem Titel „Neurofinance" erklären die Autoren den Zusammenhang zwischen Geld, Anlageverhalten und dem Gehirn.

Iyenga S. S., Lepper M. R.: When choice is demotivating: Can one desire too much of a good thing? Journal of Personality and Social Psychology 79(6), 2000, 995 — 1006.
Die Entscheidungsforscher Iyenga und Lepper zeigen, dass zu viel Auswahl kontraproduktiv für eine Entscheidung sein kann.

OC&C Strategy Consultants: Preisstudie 2009: Krise stärkt Preisbewusstsein.
Die Strategieberater von OC&C gehen davon aus, dass Anbieter als günstig wahrgenommen werden können, selbst wenn dies tatsächlich nicht der Fall ist.

Kapitel 8: NeuroPricing in der Praxis

Dolan R. J., Simon H.: Power pricing — how managing price transforms the bottom line. The Free Press, New York 1996.
Die Pricingexperten Dolan und Simon führen zahlreiche praktische Pricingbeispiele an und erläutern umsetzungsorientierte Pricingstrategien und Taktiken.

Waber R. L-, Shiv B., Carmon Z., Ariely D.: Commercial Features of Placebo and Therapeutic Efficacy. JAMA 299, 2008.
Die Originalarbeit, in welcher belegt wurde, dass teure Placebos besser wirken als günstige.

Danksagungen

Während der Gründungsphase eines Unternehmens ein Buch zu schreiben, erfordert viel professionelle Unterstützung. Ohne meine Mitgründer Davide Baldo und Ellen Brölz, die mir in den letzten Monaten immer wieder den Rücken freigehalten haben, wäre dieses Buch nicht zustande gekommen. Gemeinsam entwickelten wir die NeuroPricing Toolbox. Monatelange Diskussionen, Analysen, experimentelle Feinabstimmungen und viele Überstunden waren notwendig, um die NeuroPricing Toolbox auszuarbeiten. Es hat sich gelohnt. Vielen Dank Ellen und Davide!

Der Aufbau der Neuromarketing Labs wurde durch die unzähligen wertvollen Hilfestellungen und Tipps der vielen Freunde des Unternehmens ermöglicht, die ich leider nicht alle aufzählen kann. Dennoch möchte ich einige Unterstützer für ihre Verdienste um die Neuromarketing Labs besonders hervorheben: Gerhard H. W. Bach und Christel Renz von der ChefCoach GmbH in Stuttgart; Dr. Sven Johannes Mühlberger von MS Concept Rechtsanwälte in Waiblingen; Manfred Klene von Senioren helfen Junioren; Martin de Munnik von Neurensics Amsterdam, der gemeinsam mit uns Neurensics in Deutschland aufbauen wird.

Für die praktische Umsetzung bei der professionellen Durchführung des Buchprojekts bedanke ich mich beim Haufe Verlag. Markus Singer inspirierte mich, eine erste Idee zu entwickeln. Steffen Kurth und Heiner Huß überzeugten mich davon, aus der Idee ein Buch werden zu lassen und managten das Projekt fachkundig. Helmut Haunreiter und Friedhelm Schwarz schliffen wochenlang an Sätzen und Inhalten. Heidi Frank von Visualwerk unterstützte mich mit einigen gelungenen Grafiken.

Für ein Buch über Gehirn und Preise bedarf es der Unterstützung aus zwei Lagern: einerseits Biologie und Psychologie andererseits Marketing und Pricing. Für die zahlreichen hilfreichen Kommentare zu früheren Manuskriptversionen bedanke ich mich sehr herzlich bei folgenden Experten auf diesen Gebieten: Prof. Dr. Alexander Maier von der Vanderbilt University, Dr. Corinna Volk vom Robert-Bosch-Krankenhaus Stuttgart, Ellen Brölz und Konstantin Leidermann von den Neuromarketing Labs, Dr. Katia Rumpf und Jan Bordon von Simon-Kucher & Partners und Mathias Hartmann von der Daimler AG.

Dr. Kai-Markus Müller, im September 2012

Stichwortverzeichnis

A

absolute Preisdifferenz	29
Adaptation	31, 60
neuronale	37
psychologische	34
Adaptationsbild	33
Adaptationsniveau	30
Adaptationsreiz	37
Adaptationstheorie	30
Adaptationszeit	35, 48
ALS	22
Altruismus	
reziproker	53
Alzheimer	22
Anchoring Effect	171
Anker	174
Ankereffekt	47
Ankerpreis	106
Arbeitseinheit	123
Ärger	57
Ariely, Dan	146, 166, 195
Atomismus	58
Attentional Bias	171
Aufmerksamkeit	127

B

Bandwagon Effect	171
Bargeld	164
Bauchentscheidungen	175
Behavioral-Pricing-Forschung	19, 21
Belohnungssystem	54, 55, 62, 63, 126, 178
Berger, Hans	86
Berns, Gregory	98
Besitztumseffekt	51
Bracketing	141
Bundling	141

C

Chunks	113
Confirmation Bias	172
Conjoint-Analyse	78
Conjoint-Befragung	80
Conjoint-Methode	78
Consumer Neuroscience	77
Contrast Effect	172
Cortex	86
Coulter, Keith	134
Coulter, Robin	134

D

Decoy	143
Decoy Effect	172
Decoy-Produkte	146
Decoy-Strategie	141
Dehaene, Stanislas	29, 113
deklaratives Gedächtnis	59
demonstrativer Konsum	161
Denomination Effect	172
Dienstleistungen	67
Direktmarketing	116
Distinction Bias	172

E

EC-Karte	164
Eckartikel	127
Eckpreise	127
EEG	24
EEG-gestütztes NeuroPricing	86
Elektroenzephalografie	11, 82
emotionales System	56
Empfindlichkeitserhöhung	31
Endowment Effect	172
Entscheidungsprozess	42

Stichwortverzeichnis

Entscheidungsregeln	19
Entscheidungssystem	60
Entscheidungstheorie	46
Entscheidungsverhalten	47
Entscheidung unter Unsicherheit	47
Erinnerungen	45
Evolutionsbiologie	52
experimentelle Psychologie	27
extremer Preisanker	18
Eye Tracking	11

F

Fairness	16, 110
Falk, Armin	162
Fechner, Gustav Theodor	27
fMRI	24, 85
fMRI-Scans	12, 96
Framing Effect	172
freier Wille	63
Freud, Sigmund	77
Frontallappen	55
Fühlen	42
funktionelle Kernspintomografie	11
funktionelle Magnetresonanztomografie	86, 96, 124

G

Gage, Phineas P.	61
Galton, Francis	114
Gedächtnis	58
Gedächtnissystem	54, 58
Geld	162, 163, 165
Glück	167
Geld als Symbol	160
Geldsymbole	165, 166
gelernte Hilflosigkeit	137
Gerechtigkeitsempfinden	17
Gesellschaft für Konsumforschung	75
Gesichtsprototyp	34
Gewinn	47, 51, 65, 70
Gewinnmarge	66
Gewinnsteigerung	69
Gewöhnung	54
GfK	75
Global Pricing Study 2011	65
Gyrus cinguli	56

H

Habituation	60
Helson, Harry	30
High-End-EEG-Geräte	87
High-Involvement-Produkt	50
Hirnforschung	11
Hirnreaktion	
Varianz	92
Hirnscan	96, 97
hohe Preisforderung	17
Homo oeconomicus	13
Hyperbolic Discounting	172

I

IfD	76
Informationsverarbeitung	42
innovative Produkte	193
Institut für Demoskopie	75
Insula	62
Introspektion	81, 82
Involvement	50
Iyenga, Sheena	177

K

Kahneman, Daniel	29, 41, 46, 167
Karmarkar, Uma	87
Kaufbereitschaft	131, 158
Kaufen	168
Kaufentscheidung	29, 51
Käufer	18, 105
Kernspintomografie	
funktionelle	11
Kognition	57
Kombination	147
konkurrenzbasiertes Pricing	189
Konsistenz	156
Konsum	

demonstrativer	161
Konsumentengehirn	19
Kontrastprinzip	48
Kontrollzentrum	60
Koschate, Nicole	19
kostenbasiertes Pricing	188
Kostensenkung	68
Kreditkarte	179
Kurzzeitgedächtnis	113

L

Langzeitgedächtnis	59
Leopold, David	19
Lepper, Marc	177
limbisches System	55
Lindstrom, Martin	24, 62
Lokalisationsanalyse	89
Loss aversion	172
Low-Cost-Strategie	192
Low-Involvement-Produkt	50

M

MacLean, Paul	56
Magnetoenzephalografie	11
Magnetresonanztomografie	82
funktionelle	96, 124
Malinowski, Bronislaw	34
Marketing	11
Marketingkampagne	57
Marktanteile	67
Marktforschung	75, 76, 189
Probleme	76
quaitative	76
quantitative	76
Marktsystem	62
Markttrends	76
Marktwirtschaft	65
Medikamente	195
mehrdimensionale Preise	147
Mental Accounting	50, 173
Messung in Echtzeit	88
Milner, Peter	54
Mini-Schrumpf	121, 122
Monetary Magnitude	173
Money Illusion	172
Moore, Sarah	98
MRI-Scanner	96

N

Nacheffekt	33, 43, 48
visueller	33
Nachfrage	70
Nervenzellen	22
Ermüdung	38
Hemmung	38
Neuheiten	192
Neunerpreise	117, 118
Neuner-Preisendungen	20
Neurensics	57, 86
Neuromarketing	11, 24, 75, 77, 84
Emotionen	57
Vorteil des	85
Neuromarketing-Dienstleistung	87
Neuromarketing Labs	86, 88
neuronale Adaptation	37
Neuronen	41
Neuroökonomie	21
Neurowissenschaft	77
Neurowissenschaften	11
Niedrigpreissegment	118
Nisbett, Richard	81
Núñez, Rafael	114

O

OC&C	155
Olds, James	54
optische Täuschungen	43
orbifrontaler Cortex	61

P

Pain of Paying	173
Paketpreise	149, 181
parietaler Cortex	90
Payment Decoupling	173

Stichwortverzeichnis

Payment Depreciation	173
Payment Transparency	173
Plassmann, Hilke	22
Post-purchase Rationalization	173
Poundstone, William	15, 170
präfrontaler Cortex	61
Preis	69
prototypischer	37
Preisanker	18, 128, 129
extremer	18
Preisbeurteilung	177
Preisbewegungen	12
Preisdifferenz	29
absolute	29
Preisempfindung	130
Preisentscheidung	62
Preisentscheidungen	19
Preiserhöhung	29, 67, 70
Preisfärbungseffekt	130
Preisfigureneffekt	115
Preisfindung	72
Preisforderung, hohe	17
Preisforschung	86
Preisgedächtnis	60
Preisgestaltung	104
Preisinformationen	12, 19
Preiskalkulation	29
Preiskrieg	72
Preislabilität	135, 137
Preismaßstab	123, 191
Preisnachlässe	104
Preisniveau	29
Preisoptik	130
Preisreduktion	29
Preisschwellen	117
Preisschwelleneffekt	20
Preissenkung	29
Preisstabilität	67
Preisstrategien	71
Preiswahrnehmung	28, 29, 42, 46, 73, 177
Preiswissen	59

Price Metric	118, 119, 123
Price-Sensitivity-Meter	78
Pricing	
konkurrenzbasiert	189
kostenbasiert	188
Pricingkompetenz	67
Pricing Power	65
Pricingpraxis	110
primäre Sehrinde	92
Produkte	
innovative	193
Produktpreis	85
Prospect Theory	27, 41
Prototypen	34, 35
Prototypentheorie	41
prozedurales Gedächtnis	59
Psychologie	
wissenschaftliche	77
psychologische Adaptation	34
Psychophysik	79

Q

qualitative Marktforschung	76
quantitative Marktforschung	76

R

Rabattsignale	59
Rangel, Antonio	22
Referenzpreis	108, 128, 135
Referenzpreise	175
relative Wahrnehmung	48
Reverse Inference	23
reziproker Altruismus	53
Reziprozität	154, 158

S

Schadenersatzforderungen	17
Schmecken	42
Schmerz des Bezahlens	181
Schmerzzentrum	62
Schultz, Wolfram	145

Selten, Reinhard	99
sensorischer Reiz	43
Shop-in-Shop-System	174
Simon-Kucher & Partners	65
Sinnesorgane	42
Sinnesphysiologie	30
Sinnesreiz	43
Smith, Adam	13
soziale Bewährtheit	155
soziales System	62
Sozialverhalten	57
soziodemografische Faktoren	83
Speisekarten	140
Starbucks-Studie	87, 88
Status quo Bias	173
Stevens, Stanley Smith	29
Stichprobenauswahl	83
Strumpfhosenexperiment	81
Sunk-Cost Effect	173
Sympathie	156
Synapsen	22

T

Telefontarife	148
Telefonverkauf	105
Testbild	33
Tiefstpreisgarantie	103
Tremblay, Léon	145
Trockenelektroden	87
Troxler-Effekt	30
Tuningrichtung	38
Tversky, Amos	29, 41, 46

U

Ultimatumspiel	109, 110, 111
Umsatzerlöse	65
unmittelbare Gehirnreaktion	88
Unsicherheit	
Entscheidung unter	47

V

Value Based Pricing	189
Van-Westendorp-Methode	92
van Westendorp, Peter	78
Van-Westendorp-Preismodell	78
ventrales tegmentales Areal	55
Verbalisierung	81, 82
Verbraucherwünsche	191
Verkäufer	14, 103, 105
Denkfallen	103
Verkäuferprovisionen	106
Verlust	47
Verlustaversion	47, 51
Verlustkonto	50
Vertrauensspiel	110, 111
visueller Nacheffekt	33
von Randow, Gero	25

W

Wahrnehmung	
relative	48
Wahrnehmungspsychologie	27
Wahrnehmungstäuschung	82
Wahrnehmungsverzerrung	107
Weber, Ernst Heinrich	27
Weinexperiment	22
Wert	57
Wille	63
Williams	
Lawrence	46
Wilson, Timothy	49, 81
Wirtschaftswunder	75
wissenschaftliche Psychologie	77

Z

Zahlen	113
Zahlungsbereitschaft	14

€ 29,95 [D]
3. Auflage | 295 Seiten
Bestell-Nr. E00143
ISBN 978-3-648-02938-1

Der Klassiker zum Neuromarketing

Die meisten Kaufentscheidungen fallen aufgrund von uns unbewussten Programmen, die sich im Laufe der Evolution gebildet haben. Der Bestseller-Autor Hans-Georg Häusel zeigt anhand neuester Erkenntnisse der Hirnforschung, wie man zu einem Logenplatz im Kopf des Kunden kommt. Das Buch liefert unverzichtbares Wissen für jeden Marketingprofi.

Jetzt bestellen!
www.haufe.de/bestellung ✆ 0800/50 50 445 (kostenlos)
oder in Ihrer Buchhandlung